CongLing KaiShi DuDong
XiaoShouXue

这本书里的营销经验
至少值10亿美金！

从零开始读懂
销售学

乔拉拉 ◎ 编著

立信会计出版社
LIXIN ACCOUNTING PUBLISHING HOUSE

图书在版编目（CIP）数据

从零开始读懂销售学 / 乔拉拉编著. —上海：立信会计出版社，2014.6
　（去梯言）
　ISBN 978-7-5429-4189-3

Ⅰ.①从… Ⅱ.①乔… Ⅲ.①销售学-通俗读物 Ⅳ.①F713.3-49

中国版本图书馆CIP数据核字（2014）第058219号

策划编辑　蔡伟莉
责任编辑　何颖颖
封面设计　久品轩

从零开始读懂销售学

出版发行	立信会计出版社		
地　　址	上海市中山西路2230号	邮政编码	200235
电　　话	(021) 64411389	传　　真	(021) 64411325
网　　址	www.lixinaph.com	电子邮箱	lxaph@sh163.net
网上书店	www.shlx.net	电　　话	(021) 64411071
经　　销	各地新华书店		
印　　刷	固安县保利达印务有限公司		
开　　本	720毫米×1000毫米	1/16	
印　　张	20.75	插　页：1	
字　　数	285千字		
版　　次	2014年6月第1版		
印　　次	2017年3月第6次		
书　　号	ISBN 978-7-5429-4189-3/F		
定　　价	36.00元		

如有印订差错，请与本社联系调换

前言

全球高端财经圈存在着这样一个事实：世界上80%的富翁都做过销售员。销售作为一种职业，既能充分发挥个人能力，又能充分实现个人价值。销售员可以从工作中不断获取能量，以促进个人发展速度；也可以不断经受历练，以获得更多的个人发展机遇。

每一家企业都期待自己可以拥有一支勇猛无敌的销售队伍；每一个销售员都希望自己可以成为这支金牌队伍中的先锋队员。然而，在数以千万计的销售员中，像乔·吉拉德、原一平那样的销售巨人，实在是微乎其微。绝大多数的销售员，还是在寒来暑往，顶风冒雨中辛苦奔波，但是得到的收获确实相当的微小。那么，同样是销售员，为什么就不能像乔·吉拉德、原一平那样成功呢？其实归根结底，就是在销售技巧和销售方法上存在问题。

销售是一个被认可的过程，首先要让对方认可自己，只有对销售员认可了才有第二步，然后就是要让对方认可公司，认可产品。任何一个创造优秀业绩的业务员都是一个能被客户接受和认可的业务员。只要让对方认可了自己，认可了公司，认可了产品，销售就一定能成功。

成功的销售不仅仅要依靠完美的产品，更需要完美的业务员。

日本东京贸易公司有一位专门负责为客商订票的小姐，她给德国一家公司的商务经理购买往来于东京、大阪之间的火车票。不久，这位经理发现了一件趣事：每次去大阪时，他的座位总是靠列车右边的窗；返回东京时又总是靠左边的窗口。经理问小姐其中缘故，小姐笑答："车去大阪时，富士山在你右边，返回东京时，山又出现在你的左边。我想，外国人都喜欢日本富士山的景色，所以我替你买了不同位置的车票。"就这么一桩不起眼的小事使这位德国经理深受感动，促使他把与这家公司的贸易额由400万马克提高到1 200万马克。

  一个小小的细节，为公司带来了很大的收益，很多时候，销售就是从提供服务开始的。要想取得卓越的销售业绩，就要从现在开始，约束自己的行为，让自己成为最能被客户接受的人。修炼自己，培养能帮助自己成为优秀业务员的好习惯，努力提升自己的个人修养，向世界上最伟大的推销员学习销售之道，这样才能在老板和客户之间更好地生存下去，才能取得更好的业绩。

  《从零开始读懂销售学》一书，给广大推销员提供了实用的销售方法，有助于销售人员清晰、准确、自信地传达信息；讲述了一系列销售技巧，以提高销售人员的表达能力，使客户能够感受到销售人员给予他们的关注和敬意，使销售人员的产品介绍引人入胜，让销售人员的诚信深入人心，帮助销售人员与客户建立长期合作的伙伴关系，让销售人员的销售额直线提升。

  作为一名销售人员，你会从本书中得到实用的、鼓舞人心的销售建议，涉及产品介绍、客户拜访、客户交谈、电话销售、网络销售、销售成交、销售服务、销售回款等方面的精彩内容。祝你早日成为一名顶尖的销售人员！

目 录

上 篇 最要读懂的销售心理——销售就是察言观色攻心

第1章 心理8定律 2

250定律 2

哈默定律 5

1%定律 6

金斧头定律 9

梅菲定律 12

墨菲定律 14

帕金森定律 16

麦吉尔定理 18

第2章 心理修炼术 21

要乐观不要倾向消极 21

将热情融入销售当中 24

永远保持自信的心态 27

没有不可能，一切皆有可能 30

爱将使你成为伟大的推销员 32

劳逸结合，会休息才能做得好 35

学会排解销售中的压力 36

最阻碍成功销售的四种心态 42
　　拥有优秀销售员那样的品性 44
　　要养成良好的销售习惯 47

第3章　心理读人术 50

　　掌握顾客的消费心理 50
　　读懂不同顾客的性格特征 53
　　读懂上门顾客的心理 67
　　读懂不同年龄段顾客的消费心理 75
　　察言观色，读懂客户的肢体语言 81
　　读懂客户表示怀疑的肢体语言 83
　　读懂客户表示不满的肢体语言 84
　　读懂客户表示积极态度的肢体语言 86
　　读懂客户表示考虑的肢体语言 87
　　读懂客户表示冷漠的肢体语言 89
　　观察把握客户的微表情微动作 90

第4章　心理博弈术 94

　　攻心为上，俘获客户 94
　　成交以后尽量避免客户反悔 96
　　欲擒故纵，抓住客户的心 98
　　以静制动，任何时候都要掌握主动 100
　　以退为进，绕个弯也许效果更好 103
　　产品示范要给客户留下深刻印象 104
　　帮助客户得出正确的结论 107
　　介绍产品时要突出卖点 108

第5章 心理降服术 ... 114

- 激发客户的购买欲望 ... 114
- 抓住客户有意购买的时机 ... 116
- 刺激客户购买的7个心理战术 ... 118
- 满足顾客需求的19个要点 ... 121
- 引起客户的注意和兴趣 ... 122
- 引导客户的兴趣向购买欲望转化 ... 123
- 不给顾客说"不"的机会 ... 125
- 自如应对客户的推脱借口 ... 127
- 应对客户拒绝的11种办法 ... 128
- 应付客户说"不"的技巧 ... 130

第6章 心理认同术 ... 134

- 人脉是赚钱的基础 ... 134
- 与客户交朋友 ... 137
- 多对顾客朋友做感情投资 ... 139
- 从竞争对手那儿抢客户 ... 140
- 成为客户最信赖的朋友 ... 142
- 推销时要谦虚低调一点 ... 143
- 与客户交往时态度要友善 ... 146
- 先做信誉,后卖产品 ... 147

下篇 最要学会的销售技巧——实用高效的销售必杀技

第7章 客户开发,迈出销售第一步 ... 152

- 大胆地与陌生人说话 ... 152
- 客户的筛选与资源的叠加积累 ... 154

准客户会出现的地方 156
　　如何锁定自己的目标客户 159
　　寻找潜在客户的主要方法 162
　　寻找自己的引路人 164
　　通过"转介绍"开拓潜在客户 165
　　寻找客户时不要忘记朋友 167
　　寻访新客源并不断地建立客源 168
　　采用合理的方法进行陌生推销 170
　　如何在展览会上抓住客户 174
　　在联谊会中结识更多准客户 179
　　与客户联谊时常采用的方法 183
　　开发经销商的八大招 187

第8章　巧设开场白，三言两语锁定乾坤 190

　　好的开场白是成功的一半 190
　　创造性的开场白 193
　　巧妙设计开场白 195
　　让自己成为宣传大使 199
　　用开场白吸引客户的注意力 202

第9章　巧妙说服，把话说到客户心坎儿里 206

　　引导对方说"是" 206
　　把握沟通的五大语言技巧 210
　　神奇的沟通用词转换法 214
　　语言、语调同步技巧 221
　　努力促进沟通的互动 223
　　销售过程中有些话不能说 226

顺着顾客的思路进行说服 229

第10章 学会倾听，默默不语听出话外音 232

沟通中要耐心倾听 232
倾听也是一门艺术 235
良好的倾听有助于推销成功 238
掌握娴熟的倾听技巧 242
积极地倾听 246
听力障碍及应对措施 252
善于倾听客户的抱怨 255

第11章 电话销售，一线值万金 257

向陌生人打电话前的心理准备 257
拨动电话号码，你准备好了吗 259
电话约见客户的常识 261
电话营销及全程策划 263
怎样用电话推介产品 267
电话营销的策略 270
电话销售巧妙处理异议 275
避免电话推销中可能出现的错误 280
让客户记住你的声音 281
在电话中找对决策人 284
缩短谈话时间，次数才是关键 288

第12章 步步为营，稳扎稳打促成交 290

准确捕捉客户购买信号 290
主动地请求客户购买 293

把握时机从说服转向成交 295
不要被客户的拒绝借口打败 297
不断加强客户的购买决心 299
谨慎完成收尾阶段工作 302
别忘记做一点附加销售 306

第13章 催收回款，实现真正的销售 309

精明收款10大技巧 309
催收货款的口才底气 314
把握催收货款的制胜因素 315
机智应对欠款人的借口 318

上篇 最要读懂的销售心理——销售就是察言观色攻心
CONGLINGKAISHIDUDONGXIAOSHOUXUE

我们每个人每天都在销售,有人销售观念,有人销售信任,有人销售爱……生活中无时无刻不在销售,学会销售就必须懂得销售心理学。

第1章　心理8定律
——销售世界中的超强神秘法则

为什么在每位顾客的背后都大约站着250个人？为什么说天下没什么坏买卖，只有蹩脚的买卖人？为什么在销售过程中需要重视每一位客户？为什么说如果坏事情有可能发生，不管这种可能性多么小，它总会发生，并引起最大可能的损失……这些神奇表象后面究竟隐藏着怎样的秘密？它与我们的销售工作又有怎样密不可分的关系？掌握销售8定律，你的世界从此改变。

250定律

乔·吉拉德是美国历史上最伟大的汽车推销员。在他刚刚任职不久，有一天他去殡仪馆，哀悼他的一位朋友谢世的母亲。他拿着殡仪分发的弥撒卡，突然想到了一个问题：他们怎么知道要印多少张卡片，于是，吉拉德便向做弥撒的主持人打听。主持人告诉他，他们根据每次签名簿上签字的人数得知，平均来这里祭奠一位死者的人数大约是250人。

不久以后，有一位殡仪业主向吉拉德购买了一辆汽车。成交后，吉拉德

第1章 心理8定律

问他每次来参加葬礼的平均人数是多少，业主回答说："差不多是250人。"又有一天，吉拉德和太太去参加一位朋友家人的婚礼，婚礼是在一个礼堂举行的。当碰到礼堂的主人时，吉拉德又向他打听每次婚礼有多少客人，那人告诉他："新娘方面大概有250人，新郎方面大概也有250人。"这一连串的250人，使吉拉德悟出了这样一个道理：每一个人都有许许多多的熟人、朋友，甚至远远超过了250人这一数字。事实上，250只不过是一个平均数。

因此，对于推销人员来说，如果你得罪了一位顾客，也就得罪了另外250位顾客；如果你赶走一位买主，就会失去另外250位买主；只要你让一位消费者难堪，就会有250位消费者在背后使你为难；只要你不喜欢一个人，就会有250人讨厌你。

这就是吉拉德的250定律。由此，吉拉德得出结论：在任何情况下，都不要得罪哪怕是一个顾客。

在吉拉德的推销生涯中，他每天都将250定律牢记在心，抱定生意至上的态度，时刻控制着自己的情绪，不因顾客的刁难，或是不喜欢对方，或是自己情绪不佳等原因而怠慢顾客。吉拉德说得好："你只要赶走一位顾客，就等于赶走了潜在的250位顾客"。

这就是说，人与人之间的联系是以一种几何级数来扩张的。无论是善于交际的公关高手，还是内向木讷之人，其周围都会有一群人，这群人大约有250个。而对于推销员来说，这250人正是你的客户网的基础，是优秀的推销员的财富。

建立良好的客户网络，与客户成为知心朋友。与客户交往过程中要以诚相待，同客户交朋友，分担他们的忧愁，分享他们的喜悦。他们可能会向你介绍他的朋友、他的客户，这样，你的客户队伍将不断扩大。

同时，当你在和他们谈你工作上的困难时，他们很可能会主动地帮助你，介绍新的客户给你认识或者帮你直接把生意做成。

与客户交朋友，不要只谈生意，不谈交情，对客户要关心、爱护和体贴，使交易双方不单纯是一种商业关系，而是富有"人情味"的，使顾客产生一种亲切感，在得到物质需求满足的同时，还得到精神情感上的满足。

美国有位叫玛丽·凯的女士，曾叙述她买轿车的经历和感受。她想买一辆黑白相间的轿车，就去汽车店挑选。在第一家店里，由于推销员没有把她当一回事，她觉得受到了冷遇，转身就走了。进了第二家汽车店，推销员对她十分热情，向她仔细介绍各种型号的汽车的性能与价格，她感到这位推销员是真正为她着想。当她偶然谈到那天是她的生日时，这位推销员马上请她稍候一会儿，15分钟后，一位秘书拿来一束鲜花，这位推销员把鲜花送给她，并祝她生日快乐。当时，她感动万分，觉得那束鲜花的价值超过百万美元。于是，她毫不犹豫地购买了那位推销员向她推荐的一辆黄色轿车，而放弃了购买黑白相间轿车的打算。

一束鲜花成了沟通交易双方心灵的桥梁，使商店里充满了友善和温馨的气息，使顾客不由得产生了深深的信任感。此时的生意当然好做了。

碰到顾客过生日当然很偶然，但这种"人情"意识每时每刻都可以在日常工作中表现出来。推销员应该与每一位客户交朋友。因为每一位客户都有许多亲朋好友，而这些亲朋好友又有同样数目的亲友关系。失去一位客户就会相应失去几十乃至百位客户，而若得到一位客户情况就会相反。因为这些人会用自己的亲身感受去影响他的亲友。如果在交易中与客户交朋友，推销员的业绩会取得令人满意的成果。

对推销员来说，顾客是上帝，是推销员的衣食父母，是一切业绩与收入的来源，因此顾客至上，顾客是王，顾客永远是对的。

日本大阪的商人精于做生意，他们对顾客非常重视和尊重，甚至在晚上睡觉时都不敢朝向顾客住处，以示敬重。

今天我们从事推销工作，唯一的任务就是把产品或服务销售出去，基于此，必须牢记下列几点：

（1）情绪低落时勿推销，以免得罪顾客。

（2）越难缠的顾客，越要设法接近，因为他们购买力强。

（3）你讨厌的顾客，也要从内心感激他，否则你的言行会不自觉地表露出你对他的反感。

（4）当顾客不讲理时，要忍让，因为顾客永远是对的。

（5）不要逞口舌之快得罪顾客，因为他们是我们的衣食父母。逞一时之快，就得付出失去顾客的惨痛代价。

不得罪每一位顾客。在每位顾客的背后，都大约站着250个人，这是与他关系比较亲近的人：同事、邻居、亲戚、朋友。

哈默定律

哈默定律源自犹太人阿曼德·哈默1987年完成的《哈默自传》。哈默为美国历史上最富传奇性的商人之一，他1898年出生于美国纽约，1917年在医学院学习期间继承了父亲的一家制药工厂，哈默从制药业起家，在经营制药厂期间，他成为了百万富翁。随着财富的不断增长，他又涉足了其他的很多领域，如艺术品、食品、石油、养殖业，等等。

人们常说在自己的领域内要下足工夫，人人都要有一项特长，而哈默却在自己的一生中诠释了如何将不同类别的生意做到极致，这源自于他对经商的深刻理解。哈默在他的自传中强调：天下没什么坏买卖，只有蹩脚的买卖人。这也就是我们现在所说的哈默定律。

翻看中国古代的典故，我们会看到这样一个小故事：有个鲁国人擅长织葛，他的妻子擅长织绢。在当时，葛一般用来做草鞋，而绢一般用来做帽子。有一天，这个鲁国人决定举家搬到千里之外的越国去谋生计。鲁国人刚一作出这个打算，身边便有人取笑他说，越国是少数民族之地，那里的人出门是从来不穿鞋、不戴帽子的，像你们夫妇这样编鞋做帽子的人到越国去干什么呀？写这个故事的人的用意主要是为了嘲笑鲁国人的愚昧无知。数千年来，看到这个故事的人们也都会对故事中的鲁国人报之轻蔑地一笑。

还有一个与上面这个故事很类似的一个国外小故事，是关于两个推销员的。有两个推销员分别被各自的公司派往太平洋上的一个岛国去开拓公司的鞋业销售市场。两个推销员到达那个岛国后惊奇地发现，原来那个岛国上的居民是赤脚走路的，他们还不知道鞋子究竟是什么东西呢。于是一个推销员给自己的公司发了一条电报过去说：这个国家的居民出门不穿鞋，我们的产品在这里没有销售市场。而另一个推销员则给自己的公司发电报说：太好了，这个国家没有一家卖鞋的公司，居民也不穿鞋，我们的产品可以在这里推广继而普及了。写这个故事的人的用意主要是为了赞赏那个善于发现潜在商机的推销员，而读者也会在心中暗自叹服那位推销员的销售眼光。

然而，这两个故事在我们中国竟然就是那样并行不悖地传播着，从来没有人感觉到其中的不妥，鲁国人继续处于被众人嘲笑的地位——在我们教育孩子的文学读本中，在我们的哲学政治考试试题中……而那位推销员却处在被众人推崇的很高的位置上，被当作优秀推销员的典型，被当作众多商家眼中善于发现商机的典范，继续风光无限着。可是我们是否认真思考过：鲁国人的做法和那位推销员的做法是一样的，为什么他在我们数千年的历史中却始终处于被嘲笑的地位呢？因此写下这两个故事，算是为那个被嘲笑的鲁国人正名吧。

从这两个故事可以看出：或取或舍显高下，一买一卖见智愚。天下没什么坏买卖，只有蹩脚的买卖人。请相信，能够看到常人所不能看到的商机，你就能取得常人所不能取得的成功。

1%定律

1986年，美国职业篮球联赛开始之初，洛杉矶湖人队面临重大的挑战。在前一年湖人队有很好的机会赢得冠军，当时所有的球员都处于巅峰，可是决赛时却

第1章 心理8定律

输给了波士顿凯尔特人队,这使得教练派特·雷利和所有的球员都极为沮丧。

雷利为了使球员相信自己有能力登上冠军宝座,便告诉大家:只要能在球技上进步1%,下个赛季便会有出人意料的好成绩。

1%的成绩似乎是微不足道的,可是,如果12个球员都进步1%,整个球队便能比以前进步12%,湖人队便足以赢得冠军宝座。结果,在后来的比赛中,大部分球员进步不止5%,有的甚至高达50%以上,这一年居然是湖人队夺冠最容易的一年。

如果一个人每天进步1%,一年进步了多少,连你自己都无法想象。如果一个民族里的每个公民都这样做,那么这个民族在世界中的地位将是什么样子,这更叫人难以想象。

乔·吉拉德曾经说过:"成功的人有时候也是被逼出来的。我想大多数人都会承认,他们之所以成功,是因为他们的坚忍不拔,不断追求成功,事实上,坚韧不拔便是成功的保证。"

每个人从小到大一定都听过许多坚持不懈最后取得成功的故事。那么现在,你需要去学习这些经过艰苦奋斗,坚持不懈地努力最后获得成就的名人。曾经在杂志上看到一个年仅十几岁的女孩子的故事。活泼可爱的她很不幸,因为一次病痛,头部以下整个瘫痪了,这样的打击对于一个十几岁左右的孩子来说几乎是致命的。所有的人都觉得这个女孩的一生注定要和悲惨及无止境的病痛联系在一起,那些曾经用在她身上的"活泼、可爱、聪明"的辉煌字眼抛弃她。然而,一个意志坚强的人,一旦对于心中的理想有着恒久的坚持,一定能够创造奇迹。就是这样一个女孩,在床上自己学习了电脑,用嘴巴含着电子笔,一笔一画地做网络动画Flash。当她拿到第一笔自己用生命和意志换回来的稿费的时候,她的生命从此再度精彩!如今,她已经是网络上一个有名气的网络动画作者了。

你可曾想过为什么一个身体残疾的人能够做到这样的坚持不懈,为了自己的理想,为什么你不能?请记住我们的忠告:坚持不懈,直到成功。

在《羊皮卷》里有这样一则故事:"在古老的东方,挑选小公牛到竞技场格斗有一定的程序。它们被带进场地,向手持长矛的斗牛士攻击,裁判以它受戮后再向斗牛士进攻的次数多寡来评定这只公牛的勇敢程度。"事实上,每个人在生命的每一天都要接受很多的考验。如果能够坚韧不拔,勇往直前,迎接挑战,那么你一定会成功。

希望你坚持不懈,直到成功。要相信自己天生就是为了成功而降临世界,自己的身体中只有成功的血液在流淌。你不是任人鞭打的耕牛,而是不与懦夫为伍的猛兽。千万不要被那些懦夫的哭泣和失意的抱怨所感染,你和他们不一样,你要意志坚定地做你的猛兽,才能啸傲在自己的领域!

希望你坚持不懈,直到成功。要相信生命的奖赏只会高悬在旅途的终点。你永远不可能在起点附近找到属于自己的钻石。也许你不知道还要走多久才能成功,而且当你走到一多半的时候,仍然可能遭到失败。但成功也许就藏在拐角后面,除非拐了弯,否则你永远看不到成功近在咫尺的景象。所以,要不停地向前,再前进一步,如果不行,就再向前一步。事实上,每次进步一点点并不太难。或许你这次考试只有50分,而你的目标是90分,那么要求下一次就得到90分,显得不现实而且太残酷了,但是如果要求你得到55分或者60分,并不是太难。你每次只需要比上一次好一点点,那么离成功就越来越近。

希望你坚持不懈,直到成功。从现在开始,你要承认自己每天的奋斗就像一滴水,或许明天还看不到它的用处,但是总有一天,滴水穿石。你每一天奋斗不止,就好似蚂蚁吞噬猛虎,只要持之以恒,什么都可以做到。不要小看那些仿佛微不足道的努力,没有它们,就没有你最后的辉煌。

希望你坚持不懈,直到成功。每个人都必然会面临失败,但是在勇者的字典里不允许有放弃、不可能、办不到、没法子、行不通、没希望……这类愚蠢的字眼。你可以失败,也可以失望,但是如果真的还想成为优秀的推销员的话,请记住你已经不再有绝望的权利!为什么要绝望,想想自己是多么的独一无二!你需要辛勤耕耘,或许必须忍受苦楚,但是请你放眼未来,勇往直前,不用太在意脚下的障碍,在哪里跌倒,在哪里爬起来。要相信,阳光总在风雨后。

希望你坚持不懈,直到成功。你应该牢牢记住那个流传已久的平衡法则,不断鼓励自己坚持下去,因为每一次的失败都会增加下一次成功的机会。这一刻顾客的拒绝就是下一刻顾客的赞同。命运是公平的,你所经受的苦难和你将会获得的幸福是一样多的。今天的不幸,往往预示着明天的好运。深夜时分,当你回想今天的一切,你是否心存感激?要知道,或许命运就是这样,你一定要失败多次,才能成功。

希望你坚持不懈,直到成功。你需要不断地尝试,尝试,再尝试。无论什么样的挑战,只要你敢面对,就有战胜的希望。因为你的潜能无限。

希望你坚持不懈,直到成功。你应该借鉴别人成功的秘诀,把过去的那些荣耀或者失败都抛到脑后。只需要抱定一个信念——明天会更好。当你精疲力竭时,你是否可以抵制睡眠的诱惑?再试一次。坚持就是胜利,争取每一天的成功,避免以失败收场。当别人停滞不前时,你不可以放纵自己,你要继续拼搏,因为只要你的付出比别人多一点点,有一天你就会丰收。

希望你坚持不懈,直到成功!

既然你已经选择了推销,你职业的目标就只能确定一个,这样才会凝聚起人生的全部力量。确定了职业目标,坚定信念、脚踏实地走一条道路,哪怕这条路崎岖不平,同行者寥寥无几,你只要甘于忍受孤独和寂寞,在诱人的岔路口仍不改初衷,就会苦尽甜来,如愿以偿。

金斧头定律

一个工人把斧头掉进了河里,他坐在河边伤心地哭起来。财神便跳进水中帮他打捞,很快拿出了一把金斧头,工人却摇头说:"这不是我的。"

财神又拿出一把银斧头来，工人还是摇头。最后，他拿出一把铁斧头，工人说："这才是我失去的斧头。"财神就把金斧头和银斧头一起送给了他。

一个贪心的家伙知道了，他故意把斧头扔进河里。很快，财神拿出一把金斧头来，没等财神问他，他马上说："这就是我丢失的那一把。"财神恨他不诚实，便与金斧头一起消失了。贪心人最终连自己的斧头也找不到了。

没有诚实，哪里来金斧头？甚至连自己的老本也会赔上。诚实是一个社会的话题，诚实赋予了一个人公平处世的品格，使人生诚实可靠，使灵魂之间不会彼此利用、互相欺骗。

这个故事就是我们所说的"金斧头定律"。作为一名优秀的推销员，在商品经济愈加完善的今天，必须具有很强的职业道德规范意识，它不但是企业形象的制约因素，也是推销员自我管理中应特别注意的事。不要说成为优秀推销员了，就是只把目标集中于做好自己的本职工作的一般推销员，也应该具备下述道德规范：

（1）以最好的外观呈现产品，不能够作出对自己、公司或产品不正当的陈述。即使在你心中对公司存有抱怨，也不能在客户面前抱怨。

（2）说话算数。即便是很小的事，也要守信，譬如说过要打电话就一定要打，你说过会什么时候在哪里出现就一定要去。不要轻易承诺，但一旦作出承诺就必须要信守诺言。不要有一次失约的事情发生。因为，你准时赴约200次才能树立起来一个诚信，而它却可能因为一次失约轰然崩塌。

（3）要懂得拒绝。如果潜在客户对产品或服务的应用或者理解不对，优秀推销员应当及早告知，而不是利用潜在客户的不理解促成交易。负责任的推销员应当在销售达成之前主动提出，这么做可以省去双方很多时间，而且会给对方留下好的印象，并且使其成为你忠实的潜在客户。否则，待客户发现问题后，会认为你有欺瞒行为。

（4）懂得负责善后。如果潜在客户确实买了用途不对的产品的话，推销员不要把黄金销售时间浪费在更正上，而更应该懂得如何善后，否则会给客户留下永远除不去的坏印象。

（5）要培养对客户的个人责任感。你的客户因有信心和对你的信任而选择购买你推荐的东西。那么你的回馈就是让那些答应过的承诺——兑现。做一个成功的人，首先要能够履行自己的诺言。

（6）当发生你能力所能控制的范围之外的情况时，立刻通知客户。诸如，生产线损坏导致工厂完全无法按照交货进度完工等，你的能力不能处理或者控制的情况发生的时候，一旦会影响出货时间，就要尽早告知客户。记住下面的忠告，"最后必须透露的，应该立刻透露"。如果你坦白，你的客户也可能会通情达理，会有耐心。记住，一旦遇到事故，你又想隐瞒，那么除非你有两倍的把握能够在曝光之前完全解决，否则千万不要自作聪明搞隐瞒。

（7）千万不要提供回扣给客户的决策者以换取订单，也许有的同事是这样做的。但是，作为一个优秀的推销员，首先应该是一个守法的人。偶尔可请客户吃顿午饭或喝杯咖啡，在过年过节的时候，赠送一些不是过于贵重的礼品。但每一分佣金还是留给你自己。提供回扣给客户的决策者和你的业务工作无关，并且，它有个不好听的名字，叫作贿赂。

（8）不贬抑竞争对手。因为这样做的话可能会招致相反效果。优秀的推销员在作简单陈述的时候要专心强调自己公司的能力和产品线的正面特点。你的潜在客户给你的时间很少，所以，不要浪费在谈论其他公司的身上。

（9）先描述自己是个好的推销方式。因为，潜在客户不只向公司购买，也在向业务代表购买。同时，你不能以"为了公司好"而有不道德的行为。因为，不道德的行为绝对不符合公司的长期利益，只会破坏公司的形象，产生长久的负面效应。

（10）始终不放松道德标准。因为月底近了，而还没达到业绩配额，也应该用道德标准严格要求自己。放松道德标准，在任何时候都是错误的事，月初或月底没有区别。

作为一个优秀的推销员,在商品经济愈加完善的今天,必须具有很强的职业道德规范意识,它不但是企业形象的制约因素,也是推销员自我管理中应特别注意的事。

梅菲定律

有一天,著名管理大师梅菲正在伏案写作,初稿出来后,感觉不满意,就一手揉烂,顺手打算扔出自己面前的窗口,但却掷打在窗框上。于是他把纸团捡起来,瞄准窗框一掷,竟然飞出窗口。

一件看似普通的小事,引起了大师的深思,并由此引出一个定律:在你的生活和工作中,往往你预料之中的事没有发生,而你预料之外的事却发生了。这看起来很没有道理,其实人生中有很多没有道理的道理。

在对梅菲定律进行研究之后,引申出两方面的结论:

(1)"怕什么就来什么"。生活中有很多这样的事情,所以有民间所说的"祸不单行","人在倒霉的时候,喝凉水都塞牙",等等。比如说很多人在一起等待测试,而单单第一个就是你;平时怎么都不停电,在你正在保存数据时停电了……这似乎都无法解释。

(2)"无心插柳柳成荫"。这是对梅菲定律较为积极的理解。生活中有很多事情并不是按照人们所期望的那样进行的,比如说你看好某球队赢球,而它偏偏却输了;偶尔一次因为找零买了一张彩票,它却偏偏中奖了……这也许在很多人看来是一种运气。

于是乎,很多推销员将初次接触的顾客分成等级,开始重点培养一些看上去很好的顾客,这似乎是符合"二八法则"和"客户管理哲学"的。当然,我们承认"二八法则"和"客户管理哲学"的科学性,但这也是建立在重视每一位顾客的基础之上的。

很多推销员应该都有这样一种经历，当你认为某一位客户即将和你签订单时，第二天他却通知你已经和其他人签了；当你第一次拜访感到失望时，却接到了该客户的要约电话。有时，事情就是这样的不合理。

为了不漏掉每一位客户，你唯一能做到的是：重视每一位客户！

大多数推销员都会有这样的经验，在拜访的客户中只有很小一部分会成功，会有随后的成交。也就是说每个推销员拜访的客户中，肯定有很大一部分是没有带来利益的，或者说，有重要的客户和不重要的客户之分。于是，很多推销员对自己的每位准客户重视程度便不一样了。对一些经过主观判断后不重要的准客户，就不重视甚至不去拜访，也许这样做没有错，因为这样做可以提高工作效率。但最大的问题是，你的这个主观判断是否准确，是否把一些可以成交的业务慷慨地漏了过去。

有这样一个故事：

小李是一家培训咨询公司的电话行销推销员，有一天晚上11时后，他接到一个电话。

这个时候，他已经工作了一天，又困又累。一般的人，在这个时候心情都会有些烦躁，他也一样。他心里想着，赶快结束工作，马上休息。

这个电话就是在这个时候打来的。

打电话来的是一位女士。小李当时问她，这么晚了打电话有什么事，不能等到明天吗？

她说，不行，因为她看了我们在报纸上发的广告，特别感动，所以不能等到明天。

接着，她马上念了一段报纸上的广告词。

听到这段广告词，小李像触了电一样，一下子来了精神。然后仔细地、耐心地听她讲述自己的感受，讲述自己的经历。

这一讲，就是一个多小时。他努力地克制着自己的困倦和劳累，尽力热情地与她相呼应，并认真回答她提出的每一个问题。从她的声音中，小李感觉到，她非常满意。

放下电话，小李看一下表，已经凌晨1时多了。

第二天根本不用我谈什么了，她和她的朋友都报名参加了培训课程。

就是这位在半夜11时后打电话的于女士，在以后的日子里，先后介绍了79位学员报名参加了公司的培训课程。

科技的发达使每个人获取信息如此地容易，所以你的客户不会刚和你接触就确定买你的产品；另外，现代人的个性越来越强，一件事情对于不同的人反应肯定不一样，在我们电话行销中也是一样。你无法判断哪一位客户百分之百地要购买你的产品或不需要你的产品，所以，最简单，也最有效的办法就是：重视你的每一个行销电话，认真对待每一位潜在客户。

研究成功者身上的特质，我们会发现，他们有一个最大的特点就是敬业。他们身上都有一种极强的敬业精神，而且，他们的敬业精神在人生的方方面面都表现出来，打电话也不例外。只要拿起电话听筒，无论通话的对方是谁都无关紧要，他们一定会认真对待，绝不会随随便便，敷衍了事。

没有不重要的顾客，只有不恰当的想法。我们无法判断哪一位客户百分之百地要购买你的产品或不需要你的产品，为了不漏掉每一位客户，我们唯一能做到的是：重视每一位客户！

墨菲定律

一位名叫墨菲的空军上尉工程师，认为他的某位同事是个倒霉蛋，不经意间开了句玩笑："如果一件事情有可能被弄糟，让他去做就一定会弄糟。"这句话迅速流传，并扩散到世界各地。在流传扩散的过程中，这句玩笑话逐渐失去它原有的局限性，演变成各种各样的形式，其中一个最通行的形式是："如果坏事情有可能发生，不管这种可能性多么小，它总会发生，并引起最大可能的损失。"这就是著名的"墨菲定律"。

随着人们对墨菲定律的深入理解，又出现了很多精妙的推论。比如，"别试图教猫唱歌，这样不但不会有结果，还会惹猫不高兴。"

"别跟傻瓜吵架，不然旁人会搞不清楚，到底谁是傻瓜？"

"不要以为自己很重要，因为没有你，太阳明天还是一样从东方升上来。"

"笑一笑，明天未必比今天好。"

"好的开始，未必就有好结果；坏的开始，结果往往会更糟。"

"东西久久都派不上用场，就可以丢掉；东西一丢掉，往往就必须要用它。"

"你丢掉了东西时，最先去找的地方，往往也是可能找到的最后一个地方。"

"你往往会找到不是你正想找的东西。"

"你出去买爆米花的时候，银幕上偏偏就出现了精彩镜头。"

"排队时，另一排总是动得比较快；你换到另一排，你原来站的那一排，就开始动得比较快了；你站得越久，越有可能是站错了队。"

"一分钟有多长，这要看你是蹲在厕所里面，还是等在厕所外面。"

不论是墨菲定律本身还是后来的推论，都是基于一个对人性的观点——害怕犯错、害怕被拒绝是人们在做一件事情前的统一反应。这对推销工作是有很大启示的，推销员几乎每天都要和拒绝打交道，有的人为此心灰气冷，有的人只是淡然一笑，也有的人会积极与顾客沟通，创造更多的机会，这三种不同的反应终究会取得不同的成绩。

从事推销工作的人，可以说是与顾客的拒绝打交道的人。战胜拒绝的人，便是成功的推销员。推销员从举手敲门，与顾客的应答，直至成交，每一关都是荆棘丛生，没有平坦的大道可走。推销员应了解推销工作的这些特点，树立工作神圣观念，面对困难，坦然相迎。

应当记住，逃避不能有第一次，第一次便是第二次、第三次的开始。好似婴儿一次被抱，就会期待着另一次被抱的安慰。一名心理学家曾说："犹豫不决、踌躇不前的心理是对自己的叛逆。如果害怕尝试，那么此人绝对无法掌握住一生的幸福。"所以与其说是一次次地逃避困难，不如说是一次次地赶走了成功。

为此，推销员必须切断自己的退路、背水一战，也就是要求推销员在精神上战胜"自我"，排除心理障碍，逼迫自己去迎接顾客的拒绝，接受挑战。

在工作中，优秀的推销员无不以"勤"为"径"。

每一个人都会遇到困难，千万不要逃避，要有面对困难的勇气，要知道每一次向困难的挑战都是向着优秀的推销员的方向迈进了一大步。

帕金森定律

帕金森定律源于英国历史学家、政治学家诺斯科特·帕金森1958年出版的《帕金森定律》一书。帕金森经过多年调查研究，发现了一个现象：一个人所做一件事所耗费的时间差别十分大。有人可以在10分钟内看完一份报纸，但有人也可以在一杯茶的陪伴下看上一个上午；一个忙人20分钟可以寄出一叠明信片，但一个无所事事的老太太为了给远方的外甥女寄张明信片，可以足足花一整天。找明信片一个钟头，寻眼镜一个钟头，查地址半个钟头，写问候的话一个钟头零一刻钟……

同样的现象也出现在工作中。同一项工作内容，把握好时间和节奏的人会用一个小时的时间来完成；而另外有些人则会花上一天的时间，而且完成的质量也不会很理想。

推销员的工作与其他工作不同。其一，没有上班和下班；其二，没有工作上限，成功没有尽头，推销多多益善。然而，时间是公平的，一天24小时，一年365天，但优秀的推销员成绩卓著，平庸的推销员却业绩平平，原因为何，两者区别就在于是否有强烈的时间观念。

今天能做的事不搁至明天，尽管所有想成功的人都深知这一点很重要，但却只有优秀的推销员们将此付诸实行。

第1章 心理8定律

日产汽车公司的推销员中,有个叫奥城良注的,16年中他一直保持推销冠军的头衔。他曾宣布,一天要跑100位客户。

100位客户该从何处找,是个相当棘手的问题,那么他是如何着手的呢?

若是白天去拜访住宅区,大都只有女主人在家,即使向她们推销汽车,成效也不大。因此,他先拜访白天正常作息的公司。

但是,尽管他白天使尽浑身解数辛勤地开拓市场,在下午6时过后,所有的公司都已下班。假设这时他已拜访了80位客户,仍然还有20位客户尚未找着。

接下来,他算准男人回家的时间,去住宅区拜访。但晚上八九点以后,顾客就不欢迎推销员去打扰了,奥城先生就到商店街继续寻找客户。即使是这样马不停蹄,到了晚上11时时,也可能还有10位客户没任何着落。此时,他就去咖啡厅、餐厅或其他深夜还在营业的场所。

即便如此,到了凌晨1时,还差5位客户。他告诫自己:若是就此回去,明天势必要拜访105位客户,这样下去,将会越积越多,无论如何,今天必须再拜访5位客户。这5位客户怎么找呢?他居然跑到警察局,以警察为对象推销汽车。

奥城先生的这种做法在常人看来,简直是不可思议,但他依然秉承着这种执著,每天固定拜访100位客户。虽然并不提倡你照搬他的做法,但他的"今天的事不拖至明天"的精神是很值得提倡的。

优秀的推销员有很强的时间观念,会秉承"一寸光阴一寸金,寸金难买寸光阴"的信条,努力工作,争取各种机会进行推销,每天有定额,不完成任务不收兵。

中国有句谚语:"业精于勤,荒于嬉。"平庸的推销员缺乏自我约束,每天打两把扑克,下盘围棋,日积月累,后来才发现差距已大得自己都不敢信了。所以,一定要有时间的观念,自己的事自己做,今日的事今日毕,好运一定会眷顾努力不懈的人。

时间观念也是衡量人的志气的标准。一个胸怀大志的人，一定会具备"时间观念"，他绝不可能对任何被动的事物满意。只有天生做人下手的材料，才会等在那里由别人分派任务给他，完不成也不着急，还振振有词，找出各种理由为自己搪塞遮掩。

因此，须牢记一点：没有时间观念的人是不能成为优秀的推销员的。

一定要有很强的时间观念，努力工作，争取各种机会进行推销，每天有定额，不完成任务不收兵。因为你一天松懈了，就会有第二天、第三天，最后则会一发不可收拾了。

麦吉尔定理

"麦吉尔定理"的提出者是美国罗思莱尔德风险公司前总经理A·麦吉尔。他说："每一位顾客都用他自己的方式看待服务。"这也是麦吉尔定理的完全解释，更形象点的说法是："有千只舌头，就有千种口味"。

对于不同的客户，应该采用不同的方法。推销员在进行推销的过程中，要仔细分析客户的类型，然后再采取有效的方法来和客户达成交易。一般来说，客户可以分为以下几大类：

一是拖延型客户。这类客户的特点是能拖则拖，直到万不得已的时候才作决定。这类客户也许有购买的意愿，但是不到有迫切需求的时候，是不会购买的。因此，推销员应该强调产品的重要性，唤起客户的购买意识，让他们自觉地意识到机不可失，时不再来。针对这类客户所做的说服工作中一定要注意投其所好，要弄清楚客户拖延的真正原因或者目的。

二是当机立断型客户。这类客户往往是遇到危急情况，实在没有多余的时间搜集和分析相关资料，只能立即作出决定。针对这类客户的要诀就在于，在平时和他们保持联系和良好的关系，以使他们在产生产品需求时，便想到了本推销员,进而购买产品。吉尼斯世界纪录最高推销成就创造者乔·吉拉德就有这样一个习惯:他经常把名片送给陌生人。因为对于他来说,一张名片的成本相当的低,但是对于客户来说,一张名片意味着在产生需求时,有一个可以满足需求的途径,所以他最后能够取得巨大的成功。

三是人情型客户。这类客户往往因为人情关系而购买产品,即使产品价格并不低。对于这类客户推销员所采用的最基本办法就是和他们保持良好的关系,最好的办法就是让客户欠你人情。比如,当客户有某种产品需求时,你告知他怎样做可以满足这种需求,或者即使客户不买你的产品,你仍然送给客户小礼物,表示感谢或者仅为了维持一种关系。这种做法在日本比较普遍。

四是主观型客户。这类客户的主观意识非常强,对产品往往有一定的了解,知道产品的质量或者价格等相关因素,也对推销员所推销的产品的竞争对手产品了解得比较透彻。遇到这种客户,推销员千万不要自作主张,认为自己非常专业,对产品的了解远非客户所能比。对于这类主观型客户推销员只有先认同该客户的某些看法,然后恭维他,适机提出自己的见解,以求和客户达成共识。在这种情况下,千万不要和客户发生争执,这样对销售并没有什么好处。

五是比较型客户。这类客户对购买哪位推销员的产品常常表现得犹豫不决,虽然他们有产品的需求,有时候需求也十分急迫,但是他们仍然试图通过不断地搜集信息,来决定应该购买什么产品和向谁购买。针对这类客户应该准备好充分的资料,尤其是竞争对手的资料。在产品介绍的过程中,也不适宜一个劲地贬低竞争对手的产品,应该给予适度的褒扬,但是这种褒扬应只局限于产品的次要方面。

六是流行型客户。这类客户为了不落人后,喜欢采购流行性商品。面对这类客户,推销员对产品的最好介绍办法就是证明该产品的人气相当旺。可以通过报纸报道和电视广告来佐证推销员的说法。针对这些客户,推销员还应该告知客户，现在已经有很多客户都在购买，这样往往会让客户产生"赶流行"的想法。

七是利益型客户。这类客户在购买产品时，往往考虑其产品的背后利益。他们所看重的是该产品能否满足自己的需求，能否有助于自己完成一个很特别的目标。针对这类客户，推销员所要做的说服工作是基础说服工作，要将产品的性能和质量进行详细介绍，而且在介绍的过程中，应该重点强调产品确实能够满足客户的需求。

八是疑心病型客户。这类客户之所以犹豫不决，是害怕承担作出决定后的后果。他们担心万一购买不当，会遭到别人的奚落或者责备。针对这类客户，推销员所要做的事情就是要向他们说明产品的基本功能，绝对能确保安全。一般来说，推销员要和此类客户建立友好的、稳定的和长远的关系。推销员一旦与这类客户形成了稳定的关系以后，产品销售就不成为问题了，因为这类客户往往对熟悉的推销员会产生很强的依赖。

当面对客户时，推销员首先应该注意的是判断客户是什么类型的客户，然后才能针对客户采取相应的措施。

每一位顾客都用他自己的方式看待服务。对于不同的客户，应该采用不同的方法。推销员在进行推销的过程中，要仔细分析客户的类型，然后再采取有效的方法来和客户达成交易。

第2章 心理修炼术
——建立良好的销售心态

用嘴不如用心,这是销售的一个铁律。口吐莲花的本领固然重要,但是心理的修习更胜一筹,因为"世界如此险恶,你要内心强大",再大的困难也敌不过一颗强大的心。

要乐观不要倾向消极

销售从来就是一份艰苦的工作,特别是对于一个销售新手而言,你会遭受很多的拒绝、工作上的压力、各种各样的沮丧、苦闷、彷徨。你每一天都用尽全力做使客户满意的事情,而自己的情绪感受和委屈挫折,不可能全部让它们正常地表达出来。

不少新手在遭遇了挫折后,会产生一些怨天尤人的情绪,"我为什么这么倒霉?他并不比我优秀,为什么就行,我为什么就不行?"这些人因为心态失衡,导致情绪低落,失去自信,影响在以后销售中的表现,陷入恶性循环。

消极状态是人类最危险的状态。不愿或不能有效地自我调节，自我激励，任由自己陷入消极状态的人，不可能成为获胜者或明星推销员。因为销售就是靠你的热情征服客户，你的消极状态会使你遭遇更多的挫折。

如果不能一次次在挫折中振作，不会让自己放松，你就会变得消极。这会让你轻易就被打倒，一步步沦落到找借口、逃避，最后消极到"熬日子"，一味地批评、谴责、抱怨，这些消极因素和消极态度具有毁坏性。消极使你失去成功和快乐，同时你也让别人不快乐；消极使你轻易发现别人的缺点，这会让你出口伤人。一定要避免消极状态。

很多时候，你只需换一个角度去思考，就会发现自己的工作充满了乐趣。而保持一个乐观的心态，正是点燃激情的不二法门。有位作者记述了这样的经历：

这天一大早，我跳上一部出租车，要去郊区参加一个重要的会议。因正好是高峰时间，没多久车子就被卡在车阵中，此时前座的司机先生开始不耐烦地叹起气来。我随口和他聊了起来："最近生意好吗？"后照镜里的脸垮了下来，声音臭臭的："有什么好？到处都不景气，你想我们出租车生意会好吗？每天十几个小时，也赚不到什么钱，真是气人！"

显然这不是个好话题，换个主题好了，我想。于是我说："不过还好，你的车很大很宽敞，即便是塞车，也让人觉得很舒服……"

他打断了我的话，声音激动了起来："舒服个鬼！不信你来每天坐12个小时看看，看你还会不会觉得舒服！"接着他的话匣子打开了，抱怨生意不好、油价还要上调，社会不公，所以人民无望。我只能安静地听，一点儿插嘴的机会也没有。

第二天同一时间，我再一次跳上了出租车，要去同一个地方参加会议。然而这一次，却开启了迥然不同的经验之门。一上车，一张笑容可掬的脸庞转了过来，伴随的是轻快愉悦的声音："你好，请问要去哪里？"真是难得的亲切，我心中有些讶异，随即告诉了他目的地。他笑了笑："好，没问题！"然而没走两步，车子又在车阵中动弹不得了。前座的司机先生手握方向盘，开始轻松地吹起口哨哼起歌来，显然今天心情不错。

于是我问："看来你今天心情很好嘛！"

他笑得露出了牙齿："我每天都是这样啊，每天心情都很好。""为什么呢？"我问，"大家不都说生意不景气、工作时间长、收入不理想吗？"司机先生说："没错，我也有家有小孩要养，所以开车时间也跟着拉长为12个小时。不过，日子还是得开心地过，我有个秘密……"他停顿了一下，"说出来先生你别笑我，好吗？"

他说："我总是换个角度来想事情。例如，我觉得出来开车，其实是客人付钱请我出来玩。像今天一早，我就碰到像你，花钱请我跟你到关外玩，这不是很好吗？等到了关外，你去办你的事，我就正好可以顺道赏赏关外的景色，抽根烟再走啦！"他继续说："像前几天我载一对情侣去东湖水库看夕阳，他们下车后，我也下来喝碗鱼丸汤，跟着他们看看夕阳才走，反正来都来了嘛，更何况还有人付钱呢？"

我突然意识到自己有多幸运，一早出来就有这份荣幸，跟一位富有激情的司机同车出游，真是棒极了。又能坐车，又很开心，这样的服务有多难得，我决定跟这位司机先生要电话，以便以后有机会再联系他。接过他的名片的同时，他的手机铃声正好响起，有位老客人要去机场，原来喜欢他的不只我一位，相信这位司机的工作态度，不但替他赢得了心情，也必定带进了许多生意。因此，换个角度看问题，就会是另一片天空。

乐观在整个销售的过程中起着重要的作用，千万不要小视。

第一，推销员是否有一颗乐观的心直接影响着销售业绩。当你设定本月销售任务50万，快到月底了，你完成了30万。最乐观的推销员会认为已经成功了一多半，决定要更加努力绝不放弃，并改进工作计划以及工作方法且积极去执行。但消极的销售人员则只看到自己这个月是不能完成任务了，还差20万呢。尽管也会想一些方法，但意识里还是认为自己不能完成了。

第二，乐观的推销员才会有充分发挥自身潜力获胜的机会。乐观的人无论遇到怎么不顺的事情，他总是能想到积极的一面，然后给自己鼓励打气，告诉自己成功就在不远处。因此，乐观的人往往能更容易出业绩。

第三，乐观的推销员更容易接近和打动顾客。乐观的人往往很开心、快乐，走到哪里都是笑声。因此，在使顾客购买产品或服务，享受产品本身带来利益的同时获得一种快乐的消费体验，使得客户更容易跟你交往和敞开心扉。

将热情融入销售当中

要想成为一名优秀的推销员就要拥有热情。热情并不是一个空洞的名词，它是一种重要的力量。也许你的精力不是那么充沛，也许你的个性不是那么坚强，但是一旦你有了热情，并好好地利用它，所有的这一切都可以克服。你也许很幸运地天生即拥有热忱，或者不太走运，必须通过努力才能获得。但是，没有关系，因为激发热情的过程十分简单——从事自己喜欢的工作。

如果没有热情，最好就不要从事销售工作。爱默生曾经说过，缺乏热情，就无法成就任何一件大事。热情是指一种对学习、生活、工作和事业的炽热感情，它是一种积极的精神状态。热情是一个人全身心投入事业的基本前提，有热情才有动力，高度的热情往往表现为激情。但激情持续的时间往往比较短，而热情持续的时间比较长。

有人曾说：推销事业是充满热情的人从事的终生职业，当热情消退时，他的推销事业也就走向了衰退。热情对于推销员来说之所以重要，就在于推销事业的性质。推销员要想成功推销商品，首先就必须突破客户的戒备和防范，将这种戒备和防范转化为信任或者同情。对于推销员而言，没有一开始就相当成功的先例，开始进行推销工作的人基本上都是相当失败的，只有随着时间的推移，经验的日积月累，推销人员才开始有所建树。这种一开始就有的挫折往往使那些没有多少热情的人们打了退堂鼓,最后坚持留下来的人基本上是两类:一类是习惯了这种生活方式的人;另一类是始终有着饱满的热情而最后取得成功的人。同时,对于推销员来说,所进行的事业是人和人的沟通,心和心的交流。推销员要想获得成功首先必须用自己的热情去感染对方。热情能够感染人,由热情散发出来的活力与生机、真诚与自信,一定能感染客户,引起客户的共鸣。试问如果一个推销人员缺乏热情、面无表情,始终冷冰冰的,那么谁会愿意去接近他,谁又会愿意让他接近?

热情是世界上最大的财富,它的价值远远超过金钱与权势。热情可以摧毁偏见和敌意,摒弃懒惰,扫除障碍。或许你已经是一名有一些热情的推销员了,只是还不足以去让客户感受你的热情,你只是在自己的心中为热情留了那么一个小小的空间。对于一个胸怀大志的人来说,若只有那么一点点热情是远远不够的,所以,增强你的热情是必须的。因此建议你试试以下五个步骤。

1. 深入了解每个问题

这个练习是帮助你建立"对某种事物的热心"的关键。简单地说就是,你想要知道自己对什么事物热心,就必须先学习更多你目前尚不热心的事。因为了解越多越容易培养兴趣。当你下次无从选择的时候,当你发现自己不耐烦的时候,想想这个原则。只有进一步了解事情的真相,才会挖掘出自己的兴趣。

2. 做事要充满热情

你对你所从事的工作是否有热情或者是否感兴趣,都会很自然地在你的行动上表现出来。你跟某人握手时要紧紧地握住对方的手说:"我很荣幸能认识你。"而那种畏畏缩缩的握手方式还不如不握,这种方式只能让人觉得你是个死气沉沉的人,没有一点好感。如果你的微笑可以活泼一点的话,那将更加能够表现你的热情。当你对别人说"谢谢你"的时候,要真心实意地说。著名的语言学权威班得尔博士说:"你说的'早安!'是不是让人觉得很舒服?你说的'恭喜你!'是不是出于真心呢?你说'你好吗?'时的语气是不是让人更高兴呢？一旦当你说话时能自然而然地渗入真诚的情感，你就已经拥有引人注意的良好能力了。"

3. 传递好消息

尝试每天回家时尽量把好消息带给家人分享，告诉他们今天所发生的值得高兴的事情。尽量讨论有趣的事情，同时把不愉快的事情抛在脑后。也就是说，只能散布好消息，把好消息告诉你的家人和同事。要多多鼓励他们，每一个场合都要夸奖他们，要知道，优秀的推销员专门传播好消息，每个月都去拜访自己的客户，并且经常把好消息带给别人。长此以往，别人也乐于见到你，因为见到你仿佛就是见到好消息了。

4. 培养客户至上的态度

每一个人，无论他默默无闻或身世显赫，文明或野蛮，年轻或年老，都有成为重要人物的愿望，正如你少年时期的那些美妙梦想。这种愿望是人类最强烈、最迫切的一种目标。你有没有想过为什么你总是看见这样的广告语："精明的主妇都使用……"、"白领阶层的人士都会使用……"、"想成为人人羡慕的对象就要使用……"其实这些广告语不外乎是在不断告诉大家：购买此商品就会进入上流社会，让人感到心满意足，因此值得你去购买。这样的广告最本质的事实是，精明的广告商都了解"人人都希望获得名誉、地位以及被人认可"。

所以，建议你运用这样一个心理暗示，每天都对自己说："我要变得热情！"并让这个自我激发深入到潜意识中去。那么，当你在奋斗过程中精神不振的时候，这个激发词就会进入到你的意识中，也就是说一旦时机到来，这样的潜意识就会激励你采取热情的行动，变消极为积极，焕发精神。

5. 要用希望来激励自己

激励自己和他人，是发动一种行为以求产生特定成效的希望或力量。激励的结果是产生一种动机，再由这种动机推动人产生行动。

推销员必须在自己的职业生涯中，始终保持热情，最优秀的推销员不是技能特别出众的推销员"天才",而是能将如火的热情贯彻始终的人。

永远保持自信的心态

自信是销售成功的第一秘诀。相信自己能够取得成功,这是销售人员取得成功的先决条件。乔·吉拉德说:"信心是销售人员胜利的法宝。"乔·坎多尔弗说:"在销售过程的每一个环节中,自信心都是必要的成分。"

销售是与人交往的工作。在销售过程中,销售人员要与形形色色的人打交道。这里有财大气粗、权位显赫的人物,也有博学多才、经验丰富的客户。销售人员要与在某些方面胜过自己的人打交道,并且要能够说服他们,赢得他们的信任和欣赏,就必须坚信自己的能力,相信自己能够说服他们,然后信心百倍地去敲顾客的门。如果销售人员缺乏自信,害怕与他们打交道,胆怯了,退却了,最终会一无所获。

销售是易遭顾客拒绝的工作。如果一名销售人员不敢面对顾客的拒绝,那么,他就根本没有希望取得好成绩。面对顾客的拒绝,销售人员只有抱着"不管什么时候,一定会成功"的坚定信念——即使顾客冷眼相对,表示厌烦,也信心不减,坚持不懈地拜访顾客,才能"精诚所至,金石为开",最终取得成功。

销售是不易取得成绩的工作。销售不像工厂里的生产,只要开动机器,就能制造出产品。有时销售人员忙忙碌碌,四处奔波,费尽千辛万苦,说尽千言万语,也难以取得成效。看到别的销售人员成绩斐然而自己成绩不佳,就会对销售失去信心。

销售是向顾客提供利益的工作。销售人员必须坚信自己的产品能够给顾客带来利益,坚信自己的销售是服务于顾客的,他就会说服顾客的;反之,如销售人员对自己的工作和产品缺乏自信,把销售理解为求人办事,低声下气看顾客的脸色，唯唯诺诺听顾客说难听话，那么，销售人员将一事无成。要想成为一名成功的推销员，一定得具有自信的心态。

自信是一切行动的原动力，没有了自信就没有行动的勇气，也没有良好的心态。如果你充满了自信，你就会充满了干劲，就会开始感觉到任何事情都是可以完成的，而且也是我们应该完成的。

推销员之所以会被拒绝进门，更重要的原因可能是在进门时犹豫了，也就是说你当时不自信。而推销员在拜访客户之前，由于害怕被客户拒绝，都有不想面对客户的感觉。因此，调整好心态、拥有自信是十分必要的。一定要随时鼓励自己，使自己充满必胜的信心。下面这个故事可以说明这一点。

小陈是一家报社的广告推销员。刚到报社时，他对自己很有信心，向经理提出：不要薪水，只按广告费抽取佣金。经理不相信地笑了笑，答应了他的请求。

于是，他列出一份名单，准备去拜访一些其他推销员以前没有洽谈成功的客户。

在去拜访之前，小陈站在床前的镜子前，把名单上的客户念了10遍，然后挥舞着双臂大声说："在第一个月月末之前，你们将向我购买广告版面！"然后，他怀着坚定的信心去拜访客户。

第一天，他和10个"不可能的"客户中的两个谈成了交易；第二天，他又成交了一笔交易……到第一个月的月末，只有一个还不买他的广告版面。

在第二个月里，每天早晨，小陈都去拜访那位拒绝买他的广告版面的客户。而每次，这位商人都回答说："不！"但每一次，小陈都假装没听到，然后继续前去拜访。

到那个月的最后一天，已经连着说了30天"不"的商人说："你已经浪费了一个月的时间了！我现在想知道的是，到底是什么支撑着你呢？"

小陈说："我并没有浪费时间，我不断鼓励自己，对自己充满信心。"

商人点点头，说："你已经教会了我自信这一课，对我来说，这比金钱更有价值，为了表示我的感激，我要买一个广告版面，当我付给你的学费。"

小陈完全凭着自信，取得了成功。在我们的生活和事业中，往往就是因为缺少这种精神而经常和成功失之交臂。

要想做好推销员，就必须要有自信心。

面对被客户拒绝，即使是行业中的顶尖推销员都有被客户拒绝的时候。遭到拒绝经常会伤害推销员的自尊和自信，因此，几乎每个推销员都有害怕被客户拒绝的心理。一个没有自信心的人是无法说服客户的。

那么究竟什么是自信心低落的主要原因呢？

1. 在这个领域中缺乏经验或者能力

一个从来没有进行过销售的推销员，当然容易缺乏自信心，而一个人做他没有经验的事情的时候，自然也没有自信心。这是非常正常的事情。想要提升在推销领域的自信心，最重要的事情就是赶快通过各种方法提升自己的推销能力，不断地去创造你的成功经验。

2. 过去曾经有过失败的经历

一些销售员会因为过去技巧不成熟与能力不够而导致推销失败，以后再次销售时，就失去了自信心。

一位优秀的推销员会在客户拒绝他的时候，立即转换失败的定义，例如，认为只是没有在正确的时间拜访客户，没有把产品介绍得很清楚，或者客户当时心情不好等。

推销员的职责就是诚恳地为客户服务，拜访客户不是求他购买产品而是向他介绍或推荐一种对他有用的产品，像医生上门看病一样，是给患者带来便利、实惠。

销售工作对推销员来说，不是一种负担，而是一种奉献，是一种乐趣。改善自己的精神状况，客户就会用期待的目光迎接你。此时，推销员成功的先兆出现了。

所以，推销员一定要建立自信心，主要是从以下几方面来建立自信。

1. 对自己自信

学会在工作点滴中体味成就感！你只有每天去体味成就，才有信心与勇气继续走下去！

但自信不等于自傲。与自傲那种腹中空空、头重脚轻的感觉截然不同，自信根生于有学识、有能力的运筹帷幄、决胜千里的感觉。

2. 对销售职业自信

推销员不是一种卑微的职业，是一种高尚、有意义的职业，是一种为客户造福利、提供方便的职业，是国民经济发展的一个重要部门和环节。也正是推销员的努力工作，人们才有更多的时间去感受生活、享受生活。要正确认识推销员这个职业，对这一职业充满信心。

3. 对公司自信

相信所属的公司是一家有前途的公司，是时刻为客户提供最好产品与服务的公司。

4. 对产品自信

只要公司产品符合国标、行业标准或者企业标准，就是合格产品，也是公司最好的产品，一定可以找到客户或者是购买者。在整个销售过程中，不要对你销售的产品产生怀疑，要相信你销售的产品是优秀产品之一。

现实中，一些业绩不好的推销员将原因归咎于产品方面。其实，任何一家公司、任何一种产品都有销售业绩突出的推销员，每个公司都有销售冠军。

其实，作为一名合格的推销员要学的东西很多，正所谓态度决定选择，选择决定行为，行为决定报酬，报酬决定生活。

没有不可能，一切皆有可能

有许多销售员，一旦遭受挫折，便心灰意冷，一蹶不振。他们以为自己的运气正在与他们作对，再挣扎也没有用。其实只要你稍加留心，就可以发现不少成功的人都曾经失败过,甚至破过产,但因他们有勇气、有决心,始终没有彻底倒下,而是更加努力地工作,希望恢复过来。

要想说服别人,非始终保住自己的自信心不可。无论遭遇怎样的挫折,也不要意志消沉。一个人如果老是拿不定主意,畏畏缩缩地做事,无异于拦住了自己的前途,这好像浮在水面的死鱼,任凭水势东飘西荡一般。而一条活鱼,则能够逆着急流,直冲而上。

在某公司,有一位仁兄,每逢公司作出决议时,他总是说:"这不可能,我们做不到!"久而久之,大家便送他一个绰号叫"一言居士"。

有一次,公司计划争取一个意义重大的客户,这关系到一项收益极高却风险很大的买卖。为了说服这个大客户,公司的经营者动用一切力量,为此伤透脑筋、举棋不定。

在讨论此决议时,一言居士依然以他一贯的作风,摆出学者的姿态开口说道:"暂且少安毋躁,让我们先来考虑这份计划的困难吧!"

"你为何总强调困难,而不想办法实施它呢?"一位业绩卓越的同事问道。

"因为……"一言居士回答,"凡事都应该做最坏的打算,并应考虑现实的问题。现在这位大客户十分固执,我们根本无法说服他。请问你将以什么样的态度去面对客户的冷淡与拒绝呢?"

同事毫不犹豫地回答说:"当然是充满信心地去说服他。"

一言居士反驳道:"这件事恐怕是知易行难,不像你说的那么轻松简单吧?你说要将他说服,可这不可能,我们根本做不到!"

同事从容不迫地说:"我可以告诉你——只要有充分的信心和勇气,就没有说服不了的人。如果你真的想知道怎样才能办到,我现在就可以展示给你看……"

随后,他从口袋里取出一张卡片交给一言居士,并且说道:"请你读一读它吧!那就是我的方法,是我从生活中的亲身体验里得到的。"

一言居士拿起卡片,以疑惑而好奇的神情默读着。

"请大声地读出来吧!"那人说道。

一言居士半信半疑地读道:"虔诚的信仰给了我无比的力量——凡事都能做到。"

同事把卡片收回,放入口袋中,同时带着肯定的口吻表示:"我曾遭遇过很多困难,那句话的确具有实际的力量。运用它,任何障碍都能消除。"

大家都明白了他的意思,而他强大的信心,也感染了每个人。

于是再也没有人说消极的话了。后来,他们将这句话纳入心中,并付诸实践。尽管现实中存有无数的困难和危险,但是他们依然成功地完成了预期的目标。

爱将使你成为伟大的推销员

在《世界上最伟大的推销员》一书中,作者讲述了一位名叫海菲的少年,一心想要推销掉一件上好的袍子,好有机会成为伟大的商人,和自己心爱的女孩在一起,可是最终他却把这样一件对自己意义重大、十分珍贵的袍子送给了一个在山洞中冻得发抖的婴孩。

正是少年这种善良的本性,感动了上苍,他最终得到了十张珍贵的羊皮卷,上面写着有关于推销艺术的所有秘诀。这位少年最终成为世界上最伟大的推销员,并建立起了显赫一世的商业王国。

这就是爱的力量,唯有爱才是幸福的根源,唯有爱才是令你成功的最深层的动力。为此,神说,你若想追求幸福,就请慷慨地向人间遍洒你的普世之爱吧。

在《羊皮卷》中这样写道:

"我要用全身心的爱迎接今天。

因为,这是一切成功的最大秘诀。武力能够劈开一块盾牌,甚至毁掉

生命,唯有爱才具有无与伦比的力量,使人们敞开心灵。在拥有爱的艺术之前,我只是商场上的无名小卒。我要让爱成为我最重要的武器,没有人能抗拒它的威力。

我的观点,你们也许反对;我的话语,你们也许怀疑;我的穿着,你们也许不赞成;我的长相,你们也许不喜欢;甚至我廉价出售的商品都可能使你们将信将疑,然而我的爱心一定能温暖你们,就像太阳的光热能融化冰冷的大地。

我将怎样面对遇到的每一个人呢?只有一种办法——在心里深深地为你祝福。这无言的爱会涌动在我的心里,流露在我的眼神里,令我嘴角挂上微笑,在我的声音里引起共鸣。在这无声的爱意里,你的心扉向我敞开了。你不再拒绝我推销的货物。"

这便是爱的力量,它是你拥有成功的最珍贵的东西。

世界不能没有爱,爱对于我们就像空气、阳光和水。爱是一笔大财产,是一笔宝贵的资源,拥有了这种财产和资源,人生就会变得富有幸福,人生就会步入成功的顶峰。

一颗良善的心,一种爱人的性情,一种坦直、诚恳、忠厚、宽恕的精神,可以说是一笔财产。百万富翁的区区财产,若与这种丰富的财产相比较,则是不足挂齿了。怀着这种好心情、好精神的人,虽然没有一文钱可以施舍人,但是他能比那些慷慨解囊的富翁行更多的善事。

假使一个人能够大彻大悟,能尽心努力地为他人服务,为他人付出爱心,他的生命一定能获得事实上的发展。最有助于人的生命发展的,莫过于从早年起,就养成爱心以及懂得爱人的"习惯"了。

尽管大量地给予他人以爱心、同情、鼓励、扶助。这些东西,在我们本身是不会因"给予"而有所减少的,反而会由于给人越多,我们自己也越多。我们把爱心、善意、同情、扶助给人越多,我们所能收回的爱心、善意、同情、扶助也越多。

人生一世，所能得到的成绩和结果常常微乎其微。此中原因，就是在爱心的给予上显然不够大方。我们不轻易给予他人以爱心与扶助，因此，别人也"以我们之道，还治我们之身"，以致我们也不能轻易获得他人的爱心与扶助。

常常向别人说亲切的话，常常注意别人的好处，说别人的好话，能养成这种习惯是十分有益的。人类的短处，就在彼此误解、彼此指责、彼此猜忌，我们总是以他人的不好、缺憾、错误的地方而批评他人。假使人类能够减少或克服这种误解、指责、猜忌，能彼此相互亲爱、同情、扶助，那么梦寐以求的欢乐世界，就能够盼望了。

有一次，一位哲学家问他的一些学生："人生在世，最需要的是哪一件事？"答案有许多，但最后一个学生说："一颗爱心！"那位哲学家说："在这爱心两字中，包括了别人所说的一切话。因为有爱心的人，对于自己则能自安自足，能去做一切与己适宜的事，对于他人，他则是一个良好的伴侣和可亲的朋友。"

我们大多数人都是因为贪得无厌、自私自利的心理，以及无情、冷酷的商业行为之故，以至于目光被蒙蔽，以致只能看到别人身上的坏处，而看不到他们的好处。假使我们真能改变态度，不要一味去指责他人的缺点，而多注意一些他们的好处，则于己于人均有益处。因为由于我们的发现，他人也能感知到他们的长处，因此得到兴奋与自尊，从而更加努力。假使人们彼此间都有互爱的精神，这种氛围一定可以使世界充满爱和阳光。

推销是和人打交道的工作，推销员必须具有爱心，才能得到顾客的认可，走上成功推销之路。

如果成为了客户信任的推销员，你就会受到客户的喜爱、信赖，而且能够和客户形成亲密的人际关系。一旦形成这种人际关系，有时客户会只因照顾你的情面，自然而然地购买商品。而要形成这种关系，就要求推销员具有爱心，注意一些寻常小事。

有位推销员去拜访客户时，正逢天空乌云密布，眼瞅着暴风雨就要来临了，这时他突然看见要拜访客户的邻居有床棉被晒在外面，女主人却忘了出来收。那位推销员便大声喊道："要下雨啦，快把棉被收起来呀！"他的这句话对这家女主人无疑是一种至上的服务，这位女主人非常感激他，他要拜访的客户也因此十分热情地接待了他。

有的推销员认为爱心于推销无关紧要，这是错误的观点，正是因为你的爱心，客户才可能信任你，进而买你的产品，使你的推销成功。

从现在起用全身心的爱来迎接今天，感谢生活吧。用爱心打开人们的心扉，用爱化作商场上的护身符，爱会使你在孤独时变得平静；绝望时变得振作。有了爱，你将成为伟大的推销员，有了爱，你将迈出成为一个优秀人士的第一步。

劳逸结合，会休息才能做得好

知足是最大的富有，贪婪是最大的贫穷。会休息的人才会工作，休息是为了更好地工作。

数年前，美国IMG公司聘用了一位精力充沛的女销售员，负责在高尔夫球场及网球场上的新人当中发掘明日之星。美国西岸有位网球选手，特别受她赏识，她决定招揽对方加盟IMG公司。

从此，纵使每天在纽约的办公室忙上12小时，她依然不忘时时打电话到加州，关心这个选手受训的情况。他到欧洲比赛时，她也会趁着出差之际，抽空去探望探望，为他打理打理。有好几次，她居然连续一周都没合眼，忙着飞来飞去，追踪这个选手的进步状况，偏偏手边还有一大堆积压已久的报告。

可悲的事终于在法国公开赛上发生了。照原定日程，这位女业务代表不必出席这项比赛，但是她说服主管，为了维持与那位年轻选手的关系，她要求到场。主管勉强应允，但条件是，她得在出发前把一些紧急公务处理完毕，结果她又几个晚上没合眼。

最后，她终于乘上了飞往巴黎的飞机，但时差及重大赛事产生的压力感随之而来，这位非常积极能干的女士，到最后已是大脑空空，此时，她尚未觉悟到"事倍功半"的道理。

抵达巴黎当天，在一个为选手、新闻界与特别来宾举行的宴会上，她依旧盯着那位美国选手，并且时时为他引见一些要人。当时是瑞典名将柏格独领风骚的年代，他刚好又是IMG公司的客户，也是那位年轻选手的偶像，自然她就介绍了他俩认识，然而，令人难堪的事却发生了。柏格正在房间与一些欧洲体育记者闲聊，她与年轻选手迎上前去。

对方望向这边时，她说："柏格，容我介绍这位……"天哪！她居然忘了自己最得意的这位球员的姓名！她实在是精疲力竭了，过度疲劳使她大脑刹那间一片空白。好在柏格有风度，尽力设法打圆场，解决了尴尬场面，可是这位年轻选手却面红耳赤、张口结舌，心中更是难过得不得了。从此他再也不相信IMG的业务代表是真心对他了。

可悲的是，她一片苦心，却由于疲劳过度这单纯的因素，而造成无可挽回的失误。她发掘的这位选手后来果真打入世界排名前十名，却从此再也不是IMG公司的客户了。

工作一定要劳逸结合。人在精神饱满时，学习效率会大幅度提高，但随着时间的推移，疲劳和厌倦就会使效率渐渐降低，这就需要有一个适当的休息过程。如果还是持续工作下去，很可能就会出现失眠、健忘等症状。要想在销售的路上永远精神饱满，就要学会劳逸结合！

学会排解销售中的压力

现代都市节奏太快，职场压力太大。作为一名销售员更是如此，每天会与形形色色的人打交道，会遇到种种意想不到的问题，可想而知，压力是多么大。因此，我们必须学会排解压力，找个出口。否则，时间久了就会生病，从而影响销售工作。

有效调适压力，应从压力源和人本身两方面入手，主要包括以下几个方面的举措。

1. 减少压力源

学会说"不"，懂得"量力而为"，减少不必要的压力源，是避免压力过大的方法之一。不要让自己绷得太紧，不要什么事都揽在自己身上，事情越多压力就会越大。要学习自我肯定，适度表达与满足自己的需求，不要承担超过自己能力限度的任务。

另外还要注意：尽量避开外界不良环境压力源。比如尽量远离喧嚣与污染，多去环境优美、安逸的地方等；尽量安排好时间，不要让自己承受时间压力；保持营养均衡，少食咖啡、糖，多补充B族维生素、维生素C等。

总之，要记得时常检查自己承受的压力状况，减少不必要的压力源，防患于未然。

2. 提高自我效能

所谓自我效能，是指个人对自己能力的判断，对自己获得成功的信念程度。高自我效能的人，有信心应对压力，将压力视为挑战而非威胁。他们在遇到挫折的情况下，不会自暴自弃，能够自我解脱，重新来过。低自我效能的人可能会视压力为威胁而惊慌失措，很容易被压力打倒。据研究，自我效能会影响人对压力的认知和应对策略，在个人压力应对历程中扮演着非常重要的角色。所以，提升自我效能是十分必要的。

自我效能的高低与个人的经验、受教育水平等有关。努力学习技能、多增加正向经验、接受自己的缺点、学会自我欣赏与自我激励，可以提高自我效能。

3. 学习有效应对方式

压力应对方式可以分为以下几种。

第一，逃避。

即运用逃避问题、责怪他人或听天由命等方式逃避压力。例如，找理由回避人际活动，整天看电视，重要的事不干专干些无关紧要的事，为躲避家庭压力而离家出走等。

第二，解决问题。

直接采取行动以解决问题，包括评估压力情境、找出行动方案并积极采取行动。

第三，寻求支持。

寻求他人支持，增强解决问题的能力。

第四，暂时搁置。

不逃避压力，但也不解决问题，而是暂时置之不管，调整自己、积蓄力量。

第五，改变自我。

从正向角度改变情绪与认知状态，增强解决问题的力量。

逃避的应对方式只是暂时躲开压力威胁，但迟早还要面对，是消极的应对方式。后四种策略是积极有效的应对，可以收到好的结果。

简单地说，我们面对压力的反应有问题解决和情绪焦点两种取向。问题解决取向，将重点放在问题本身，在评估压力情境的基础上采取有效的行为措施直接解决问题、改变压力情境。情绪焦点取向，是控制个人在压力下的情绪，事先改变自己的感觉、想法，专注于缓解情绪冲击，不直接解决压力情境。哪种取向是最有利的呢？需要具体问题具体分析。如果压力之下个人情绪激动，根本无法想出解决问题之道，那就需要先采取调整情绪的应对方式，但调整过之后别忘了解决问题，否则可能越陷越深。

总之，我们要分析出自己的习惯反应，学习有效的应对策略，有效地减轻压力。

4.学习放松技巧

放松身体，可缓解压力之下的身心紧张。放松方法有很多种，下面列举一些，希望可以助你一臂之力。

第一，大笑。

大笑可以使处于紧张状态的身体得到迅速的放松，由于血压和心跳速率有所下降，全身如同卸掉千斤重担，感到轻松。

第二，想象。

借由想象你所喜爱的地方，如大海、高山等，放松大脑；把思绪集中在想象物的"看、闻、听"上，并渐渐入境，由此达到精神放松的目的。

第三，打盹。

学会在家中、办公室、停车场等一切可能的场合借机打盹，只需十分钟，就会使你精神振奋。

第四，按摩。

紧闭双眼，用手指尖用力按摩前额和后脖颈处，有规则地向同一方向旋转，不要漫无目的地揉搓。

第五，呼吸。

快速进行浅呼吸，为了更加放松，慢慢吸气、屏住气，然后呼气，每一个阶段各持续八拍。

第六，腹部呼吸。

平躺在地板上，面朝上，身体自然放松，紧闭双目。呼气，把肺部的气全部呼出，腹部鼓出，然后紧缩腹部，吸气，最后放松，使腹部恢复原状。正常呼吸数分钟后，再重复此过程。

第七，洗浴解压。

理想的洗澡水温大约是40℃，能增加血液循环，使人得到镇静，甚至能让身体发生某种生理变化，睡上一个好觉。为了提高热水澡的镇静作用，可以和身体的连续放松动作有机地结合起来。首先，完全让手松弛，轻轻地浮在水面上，接着想象这种松弛感上升到肘部，沿着手臂、肩膀和背部到头上，出现在感到紧张的部位，同时可以哼个小曲。

第八，发展兴趣。

培养对各种活动的兴趣，并尽情去享受。

第九，伸展运动。

伸展运动可以使全身肌肉得到放松，对消除紧张十分有益。

第十，放松反应。

舒适地坐在安静的地方，紧闭双目，放松肌肉，默默地进行一呼一吸，以深呼吸为主。

第十一，摆脱常规。

经常试用不同的方法，做一些平日不常做的事，如蹦着上下楼梯。

第十二，超觉静坐法。

在吃饭前做，每次大约10~20分钟。找一个宁静的地方，舒适地坐直，双手自然垂放在大腿两侧，然后轻轻地闭上眼睛，放松肌肉，可做几次深呼吸帮助入静。然后慢慢调整为正常呼吸，缓慢而自然，集中精力默念"宁静"或"爱"，吐气时重复默念。

第十三，缓解压力操。

①两手慢慢平伸，手握拳头，慢慢用力，包括上臂、前臂、拳头。慢慢用力、再用力，感觉肌肉的紧绷，达到自己可以承受的极致。然后慢慢放松，两手慢慢放下。

②身体坐正，下巴往胸前压，两肩往后拉，然后往前压，再用力往后拉，用力，慢慢放松，动作要慢。

③眉毛上扬，用力往上扬，用力、再用力，然后慢慢松开。

④鼻子、嘴巴、眼睛用力往脸中间挤，慢慢用力，然后慢慢放松。

⑤两嘴唇紧闭，咬紧牙齿，用力咬紧牙齿，慢慢用力，然后慢慢放松。

⑥嘴巴张开，舌头抵住下齿龈，用力张开，用力抵住，用力，慢慢放松。

⑦身体坐直，身体往后仰，用力往后仰，再用力，慢慢回复原来位置，慢慢做两个深呼吸。

⑧身体坐直，两腿伸直，脚板往下压，用力伸直，再用力，慢慢放松。

5. 改变认知

遇到了挫折，不要只注意到坏的一面，不要只知道否定自己。学习从不同的角度看待问题，有助于减轻压力。比如路遇堵车，如果你烦躁不安，不停催促甚至破口大骂前面的司机，将使自己处于很大的压力之下。而如果换个角度看，你在百忙之中不正好有个放松的时间吗？可以听听音乐或者规划一下周末的出游计划等。同样一件事情，若从正面、乐观的角度思考，就会使自己充满喜悦。有时候，让我们压力大的不是别人，也不是环境，而是我们自己。

6. 有效管理时间

时间管理很重要。同样是一天24个小时，同样的工作或者学习任务，有些人不仅很好地完成了任务，还能有时间喝茶下棋、会朋识友，有些人则从早到晚地忙，还是完不成任务，更别说闲暇娱乐了。那么应该怎样做好时间管理呢？

首先要明白你的一天到底是怎么度过的。不妨先将你每天所做的事情记录下来，进行回顾分析。然后，评估一下自己的时间分配是否合理。也许你会发现自己在一些琐事上浪费了太多时间。接下来，找出问题就要调整了：先确定实际可行的生活目标，然后拟定长期与短期计划，将要完成的事情排定先后顺序，优先处理最重要的事情，将一些小事安排在适当的琐碎时间中，充分利用时间。

另外要注意以下几点：

①时间有限，不要设定过多的目标；

②时间安排要有弹性，以应对突发事件；

③善用琐碎时间。

7. 培养幽默感

创造或欣赏幽默可以缓解压力，增进身心健康。多幽默几下、多笑几声，能充分释放人们内心的敌对、焦虑与忧郁情绪，维持心理平衡，减缓不良压力。笑还可以增加氧气交换率、肌肉活动及心脏运动，能适度刺激心脏血管和交感神经系统，释放神经传递介质，刺激人体天然止痛剂的产生，增进免疫系统功能和压力抵抗力。

8. 寻求社会支持

主动寻求社会支持，也是减缓压力的有效良方。遇到困难、身处压力之下时，可以主动寻求父母、亲戚、朋友、老师等人的帮助支持。支持方式可以分为以下几种：

①情绪支持：给予承受压力者关爱、同情、了解和团体归属感；

②信息支持：与被支持者交流意见，给予忠告、建议与指导；

③尊重支持：给予被支持者充分尊重，使其产生顶住压力的自尊；

④实际帮助：给予被支持者必需的解决问题的资源；

⑤陪伴支持：与被支持者共度时光并帮其分担一些工作。

不同的压力情境需要不同的支持来源和方式。例如，工作压力家人可能分担不了，而生病的时候则需要家人陪伴。开放自己、敢于倾诉是获得社会支持的必须步骤。同时要善于帮助别人，才能在遇到困难时有人帮助。

最阻碍成功销售的四种心态

如果说动机促使我们向成功的营销事业发展，那么阻力会使我们前进的步伐停止，甚至倒退。为什么不是每个人都具有动力呢？那是因为一般情况下人的阻力比动力要大。消极性是一种需要付出巨大努力才能克服的阻力。下面我们就来介绍一下最阻碍成功销售的四种心态。

1. 安全感的丧失

当我们开始步入销售领域时，为了创收经常要有一些开支。从商业投资的角度来看，实际上是对未来的一种投资。甚至大型的企业也要花费金钱对

销售人员进行销售能力的培训，以期能从未来的客户中得到回报。为建立自己的事业，我们必须投入一些时间和金钱。

2. 怀疑自己

怀疑自己是销售中的一大阻力。对于不成功的销售，大多数的销售新人总是被"我到底做错了什么？"这样的无谓的问题困扰。真正的销售高手和初学者的区别在于高手们自问的是一个不同的问题："我到底做对了哪些？"

看待事物可以有不同的方式。一旦销售高手检查出了做对的地方，就会很容易地一直把做对的部分再次做下去。

销售专家已经学会了重要的一课：通过犯错误才能学会正确的销售手段，保持您的激情，学习怎么去做，克服失败的痛苦，坚持再坚持。

克服自我怀疑的唯一方法是面对它们，观察它们，通过去做与自己的怀疑感觉相反的事，瞪视着怀疑直到它们后退。决不对自我怀疑让步。

3. 害怕失败

大多数人害怕失败，以至于放弃尝试。永远不去尝试，也就永远不会失败，这的确是个万无一失的方法。但是，如果这样做，我们也永远体会不到任何成功的滋味。如果从不去接近客户，我们将永远不能临近销售。

"做自己最害怕的事情并且控制自己的恐惧。"如果害怕销售中的某个方面，比如电话销售，那么要想成功我们就需要面对它。曾经害怕过许多事情，可一旦做起这些事来就要比想象的容易得多。每次强迫自己做自己害怕的事情，以后这样的事情做起来就会比较容易，不再害怕了。

在销售的整个过程中，控制自己的恐惧心理，我们将会收到一个满意的结果，即满怀期待地投入到曾经害怕的销售中。

4. 痛苦的改变

变化是进步的一个可憎的对手。我们或许经常听到过这样的表述：

（1）"我们一直按照这种模式做事。"

（2）"您会适应它的——它是我办事的风格。"

（3）"我们喜欢保持固定的程序。"

干活的人的确对一成不变感到厌烦，然而他们实际上喜欢的是抗拒痛苦的改变。如果他们一旦确定改变带来的潜在利益要超过承受的痛苦，他们的抵抗情绪很快会消失。

做销售是不是只是拿着产品在休息厅或办公室附近闲逛，等着人们穿过大门来乞求买自己的东西呢？如果这样想，就大错特错了。

如果我们能够：

第一，专心打电话；

第二，走出办公室；

第三，会见那些想听我们介绍产品的人们；

第四，给那些难缠的客户回电话。

如果能遵从上述所有的步骤，那么我们就走向了成功之路。我们就不必在生意搞砸时怪罪自己的公司。我们要对自己的成功或失败负责，不管情况会是什么样的，负起责任来。

另外，做不情愿的事情是要付出极大的努力的。我们的确渴望改变。虽然对今天的自己满意仍然是需要的，但是明天若想得到更多，我们就必须要承受变化带来的痛苦。

拥有优秀销售员那样的品性

请在纸上写下5个你所知道的人的名字，在每一名字旁，对这个人做简单描述。回顾一下这些描述，你会发现每个人都是不同的，不仅是其外表不同，每人举止行为的方式也是不同的，各有特色，这种特色方式的组合就构成了每个人的个人品性，即个性。某些个性特征对于成功的推销是有积极作用的，而另一些则相反。

那么哪些应该是优秀销售员应该具备的个性特征呢？

1. 坚忍

坚忍是决心和毅力的组合。这是成功推销人员所必须具备的品质。研究表明，完成一件销售大约要推销 5 次，但如果你在收到第一个"No"之后就轻易放弃，就不会有出色的业绩。坚强一些，多跑几家顾客，有时就是那最后一家顾客对你说"Yes"。坚忍需要勇气——但这值得。

2. 热情

你的热情常常会在成败之间力挽狂澜。想一下，你自己对产品都缺乏热忱，怎么能指望顾客会有兴趣呢？仔细想一想，对于一个热情地对你说"走吧，伙计，今晚的电影听说棒极了！"的朋友，你怎会不感到心动呢？一个心情沮丧的人对你说："真是无聊死了，去看场电影吧。"你又将感觉如何呢？

3. 诚信

你的产品并不一定是质量最好或者最具特色的，你只要做到言而有信即可。相类似，你所提供的服务并不一定是最快的，只要服务是在你承诺的时间内及时提供给顾客即可，千万不要言过其实。有一位买主这样评价一位销售员："在我与他交往的日子里，他从未让我失望过。我可以相信他说过的话会实现。"如果顾客都这样评价你，那么你就具备了可靠性。

4. 尊敬

许多顾客都值得你尊敬，但是即使不是这样，你也应处处表现出对他的尊敬。你或许不会赞同或欣赏某些顾客，但他们仍值得尊敬。

5. 自信

自信是自身的一种信念，这将使他人尊重并信任你，而且这是从经验中获得的。随着不断取得成功，你的自信会增加，而这并不会被顾客所忽视。如果你充满自信地激起顾客的热忱，他们会欢迎并感谢你的建议。如何发展自信呢？每天都以一种积极的态度开始，在每一次推销前，告诉自己这一次会做成。同时，也不要为自己制定什么大目标。信心将随着你每一次目标的实现而增长。随着信心增长，设置更高的目标。你会发现自信意味着什么。

以上的列举都是一些有助于推销成功的个性特征，这些应该予以培养。还有一些不良的个性特征，销售员应该予以改正。

1. 不听顾客说话

有些推销人员认为他的职责就是向顾客讲解，因此"说"是最为重要的。但是他们错误地将"说"同"断言"等同起来，其实，说与听同等重要。要密切关注对方的反应和需要，就必须给对方说的时间，因此你要耐心地听，这样才能相互理解。

2. 攻击他人

散布流言是不会获得顾客信任的。顾客会认为你也会以同样的方式博取他人的信任，会对你有所戒备。每个人都有缺点，不要随便攻击他人。

3. 与顾客争论

跟顾客争论，是做不成生意的。即使是与业务无关的其他争论，也会在你与顾客之间构成障碍。因此，如果顾客说了某些你不同意的事情，不要立即跳出来表示反对。

4. 无聊的幽默

尽管幽默十分有效，但拙劣为之则会把事情搞坏。销售人员可能认为对顾客问题的聪明反应是机智和风趣，但顾客未必这样认为。

5. 懒惰

销售人员有大量的自由时间，没有人监督其日常工作，完全靠自己的积极主动性，如果销售人员自己不严加约束，是不会获得好的销售成绩的。

6. 不耐心

推销的成功既耗时又费力。如果不能立即成功，千万别气馁。许多技巧要想运用成熟，是需要时间的，不要因为缺乏耐心而使事业难以进步。

要养成良好的销售习惯

在销售的过程中，一个良好的习惯往往更加重要。好的习惯，可以帮助我们培养和提高工作能力，进而提高我们的销售业绩。

那么销售人员如何培养自己具有良好的销售习惯呢？首先，我们先是制造习惯，然后每天不断地重复，最后在我们的脑海中形成潜意识，不断练习，直到成为自然反应为止，随后是用习惯塑造我们。虽然，要想养成良好的销售习惯很难，通常须花去销售人员的许多时间与精力。但是要想达到更好的业绩，就要养成良好的销售习惯。

一个优秀销售员的良好作风并不是与生俱来的，而是通过自我训练得来的。进行这种自我训练要求销售员多给自己提问题，并勇于回答问题。

仔细分析下列的问题，如何把下列每一个问题应用在目前的工作上，看看每一个问题都能做"肯定"的回答吗？目前你是否在培养有助于销售工作与非销售工作的良好活动呢？

你经常获得他人的信任吗？

你能实现你的承诺吗？

你能准时提出工作报告吗？

在所有的人群关系中，你都能表现得诚恳与忠实吗？

对你自己的错误，你能持有负责的态度代替推卸责任吗？

你经常计划和安排你的活动吗？

在约会时，你会考虑到路途中可能会有延误，因而提前到达吗？

……

以上所列出的问题，只是销售员应努力培养的一些积极工作的态度罢了，当然还可以扩大到包括足以影响销售有效性的任何例行活动。目标远大的销售员，在掌握最基本的日常工作方法之后，还须再进一步确认某些工作，如下列所建议的事项。你应该养成的最基本的销售习惯有：

（1）每次约会都提前到达。

（2）对你所做的每一件事，都表现得很热诚。

（3）上司指派的每一件工作，都认真完成。

（4）工作要求超前一步。

（5）了解事实真相之后，说出你自己的意见。

（6）在任何情况下，都使自己感觉很舒畅。

（7）尽全力使你的朋友愉快。

（8）协助你的竞争对手。

（9）以实际成果来确认自己，而不用言词来吹嘘。

（10）当别人需要你的时候，马上参与并协助他们。

（11）保持冷静，因为冷静可避免受惩罚。

（12）多用耳朵倾听，少用嘴巴说话。

（13）尽量发挥你的才能。

（14）从不说"不"。

（15）同情比你更不幸的人。

（16）以取悦别人来取悦自己。

（17）遇到紧急事件，立刻反应。

（18）善良的心。

（19）读书、读书、读书，以便超越他人。

（20）把握机会的利益。

（21）善用零碎时间。

（22）尊重健康的价值。

（23）努力完成工作。

（24）排除可能导致失败的任何个性。

（25）你是你自己最重要的资产，身体与精神都要善加照顾。

（26）勇于迎接任何挑战。

现在，你已经知道该怎么养成好习惯了，所以，还等什么，马上开始吧！

第3章　心理读人术
——小动作"出卖"客户内心机密

与人的言语相比，肢体语言通常是下意识的、不易察觉的，但能更加真实地反映人的内心世界。对于销售员来说，只要用心体会就会发现，客户不经意的身体动作所透露出来的信息往往会让成交更加顺利。

掌握顾客的消费心理

俗话说：知己知彼，百战不殆。推销员在推销过程中，充分了解客户的购买心理，是促成生意成交的重要因素。

顾客在成交过程中会产生一系列复杂、微妙的心理活动，包括对商品成交的数量、价格等问题的一些想法及如何与你成交、如何付款、订立什么样的支付条件等。顾客的心理对成交的数量甚至交易的成败，都有至关重要的影响。因此，优秀的推销员都懂得对顾客的心理予以高度重视。

归纳起来，顾客的消费心理主要有以下几种。

1. 求实心理

这是顾客普遍存在的心理动机。他们购物时,首先要求商品必须具备实际的使用价值,讲究实用。有这种动机的顾客,在选购商品时,特别重视商品的质量效用,追求朴实大方,经久耐用,而不过分强调外形的新颖、美观、色调、线条及商品的"个性"特点,故在挑选商品时认真、仔细。

2. 求美心理

爱美之心,人皆有之。有求美心理的人,喜欢追求商品的欣赏价值和艺术价值,以中青年妇女和文艺界人士中较为多见,在经济发达国家的顾客中也较为普遍。他们在挑选商品时,特别注重商品本身的造型美、色彩美,注重商品对人体的美化作用,对环境的装饰作用,以便达到艺术欣赏和精神享受的目的。

3. 求新心理

有的顾客购买物品注重"时髦"和"奇特",好赶"潮流"。在经济条件较好的城市中的年轻男女中较为多见,在西方国家的一些顾客身上也常见。

4. 求利心理

这是一种"少花钱多办事"的心理动机,其核心是"廉价"。有求利心理的顾客,在选购商品时,往往要对同类商品之间的价格差异进行仔细地比较,还喜欢选购折价或处理商品。具有这种心理动机的人经济收入较低者为多。当然,也有经济收入较高而节约成习惯的人,精打细算,尽量少花钱。有些希望从购买商品中得到较多利益的顾客,对商品的花色、质量很满意,爱不释手,但由于价格较贵,一时下不了购买的决心,便讨价还价。

5. 求名心理

这是以一种显示自己的地位和威望为主要目的的购买心理。他们多选购名牌,以此来"炫耀自己"。具有这种心理的人,普遍存在于社会的各阶层,尤其是在现代社会中,由于名牌效应的影响,吃穿住行使用名牌,不仅提高了生活质量,更是一个人社会地位的体现。

6. 仿效心理

这是一种从众式的购买动机，其核心是不落后或"胜过他人"。他们对社会风气和周围环境非常敏感，总想跟着潮流走。有这种心理的顾客，购买某种商品，往往不是由于急切的需要，而是由于为了赶上他人，超过他人，借以求得心理上的满足。

7. 偏好心理

这是一种以满足个人特殊爱好和情趣为目的的购买心理。有偏好心理动机的人，喜欢购买某一类型的商品。例如，有的人爱养花，有的人爱集邮，有的人爱摄影，有的人爱字画等。这种偏好性往往同某种专业、知识、生活情趣等有关。因而偏好性购买心理动机也往往比较理智，指向也比较稳定，具有经常性和持续性的特点。

8. 自尊心理

有这种心理的顾客，在购物时，既追求商品的使用价值，又追求精神方面的高雅。他们在购买之前，就希望他的购买行为受到推销员的欢迎和热情友好的接待。经常有这样的情况，有的顾客满怀希望地进商店购物，一见推销员的脸冷若冰霜，就转身而去，到别的商店去买。

9. 疑虑心理

这是一种瞻前顾后的购物心理动机，其核心是怕"上当"、"吃亏"。他们在购物的过程中，对商品的质量、性能、功效持怀疑态度，怕不好使用，怕上当受骗，满脑子的疑虑。因此，反复向推销员询问，仔细地检查商品，并非常关心售后服务工作，直到心中的疑虑解除后，才肯掏钱购买。

10. 安全心理

有这种心理的人，他们对欲购的物品，要求必须能确保安全，尤其像食品、药品、洗涤用品、卫生用品、电器用品和交通工具等，不能出任何问题。因此，他们非常重视食品的保质期，药品有无副作用，洗涤用品有无化学危害，电器用具有无漏电现象等。在推销员解说、保证后，才能放心地购买。

11. 隐秘心理

有这种心理的人,购物时不愿为他人所知,常常采取"秘密行动"。他们一旦选中某件商品,而周围无旁人观看时,便迅速成交。青年人购买和性有关的商品时常有这种情况。一些知名度很高的名人在购买高档商品时,也有类似情况。

读懂不同顾客的性格特征

不同的顾客有不同的性格特征,这些特征,在销售过程中需要读懂。

1. 沉默型顾客

沉默型顾客在整个推销过程中表现消极,对推销冷淡。业务员与这类顾客进行沟通时很容易出现僵持局面。沉默型顾客对对方的任何陈述或激情都无动于衷,他们好像对事情都胸有成竹,自己的想法决定一切。一般来说,沉默型顾客有以下表现:

例1:顾客走进店里,巡视柜台,或仔细审视某种商品。店员上前招呼:"欢迎光临。"当看到顾客手上商品色泽鲜艳,就问:"给您孩子用吗?"如果商品样式保守,就问:"给老人用吗?"可是无论店员怎样招呼,顾客仍保持着惊人的沉默,一言不发,搞得店员尴尬不堪。

例2:一位顾客走进汽车展示厅,业务员随即上前提供服务,下面是他们的对话。

业务员:"您希望拥有一辆什么样的车子?"

顾客:"哦!"(抬头看了对方一眼)

业务员:"您更看中的是车子的哪一点?价格、款式、品牌……"

顾客:"什么都不是。"(又向另一个方向走去)

业务员:"那您……"

不论业务员如何努力地试图接近这位顾客，顾客始终表现得很冷淡。

在业务员和顾客的谈话过程中，顾客对业务员的服务，始终表现得很沉默，让人难以接近。沉默型顾客可以分为两类，可称为天生沉默型和故意沉默型。

（1）天生沉默型。

这类顾客在与业务员的沟通过程中并非假装没听到，也不是对什么不满，只是天生的性格使他们不爱说话。例1中的那位顾客就属于这种类型。

应对这类顾客，业务员可尽量诚恳地为顾客解说或从其反应中了解顾客的意向，然后对症下药。有时业务员也可以提出一些简单的问题来激发顾客的谈话欲。如果顾客对商品缺乏专业知识并且兴趣不高，推销员此时就一定要避免讨论技术性问题，而应该就其功能进行解说，以打破沉默；如果顾客是由于考虑问题过多而陷入沉默，这时不妨给对方一定的时间去思考，然后提一些诱导性的问题试着让对方将疑虑讲出来以便大家协商。

在例1中的那位营业员可以对顾客这样说："小姐，您手上拿的那款皮包配您的这套连衣裙很合适……"

（2）故意沉默型。

此种顾客在沟通过程中，他（她）的眼睛不愿正视你，也不愿正视你的样品，而又略有东张西望心不在焉的表情，则十有八九是装出来的沉默，是对产品及拜访不感兴趣，但又不好意思拒人千里之外，故只好装出沉默寡言的样子让你知难而退。例2中的那位顾客就属于这种类型。

遇到此种顾客，寻找话题，提出一些让对方不得不回答的问题让他说话，以拉近彼此距离，多花时间再导入正题。如果顾客由于讨厌推销员而沉默，推销员这时最好反省一下自己，找出问题的根源，尽快做出调整，以达到与顾客沟通的目的。

2. 腼腆型顾客

有些人动不动就双颊绯红、面如桃花、额头沁汗、手忙脚乱。这种人大多是极端内向，或自知有某种弱点的人。他们多少次告诉自己不要害羞，结果心跳却越加快起来。其实，每个人都害羞，只是程度不同而已。"害羞是神单独赐给人类的好礼物。"一般来说，腼腆型顾客都会有以下表现：

例1：一位矮个子男青年在浏览店内商品，眼睛正好瞄向女店员那边。突然，一脸沮丧，叹着气走掉了。几个女店员议论道："可能是同业的间谍。"事实上，男青年刚好看见几个店员窃窃私语，忍着笑。神经敏感的青年就以为她们在笑他个子矮，因此扬长而去。

例2：一位村办企业的干部由于工作需要，到县城里购买电脑，刚进一家装饰豪华的店铺，不由地紧张了起来。店铺里的业务员虽然看到此人的穿着朴素，但还是热情地招呼他，不料业务员刚说了一句："您需要什么样的电脑？"他就掉头走了。

例3：以下是一位保险推销员在和一位年轻的女士谈该选择什么样的险种时的对话：

推销员："这个险种很适合您。"

顾客："哦。"

推销员："这个险种会保障您今后几年内的重大开支不会有什么问题。您想，您马上就要结婚了，婚后您的孩子的开销也是一笔很庞大的数目……"

顾客："我还没想这个呢！"（顾客打断了推销员的话）

推销员："不过您早晚需要的……"

顾客："我们还是看其他的吧！"

……

以上三个例子中的顾客是典型的腼腆型顾客，此类顾客生活比较封闭，对外界事物表现冷淡，和陌生人保持相当距离，对自己的小天地之中的变化异常敏感，他们对推销反应不强烈。

以上三个例子说明，与腼腆型顾客沟通时首要注意的一点是，不要直接注视他们。解说商品时，最好把商品拿在手上，一边看着它一边说明；强调产品重点功能或优点时,和蔼地直视对方,其他时间还应尽量避免这样做。

在具体情况下,店员应更加敏感些。例1中的情景,大家或许会产生同感:一边看着自己一边嘀嘀咕咕地咬耳朵,任何人见此情景都会感到不快,更何况是腼腆型顾客。与对方四目相接,则更觉尴尬。如果对方是情侣或身体上有缺陷,则更应适度回避。而且,与他人四目相接时,不管有没有与他人耳语,都要轻声招呼:"欢迎光临。"

说服此类顾客对推销员来说难度是相当大的。这类顾客对产品挑剔,对推销员的态度、言行、举止异常敏感,他们大多讨厌推销员过分热情,因为这与他们的性格格格不入。推销员给予这类顾客的第一印象将直接影响着他们的购买决策。接待这类顾客要注意投其所好,则容易谈得投机,否则这些顾客是很难接近的。

3. 慎重型顾客

有些人处世谨慎,凡事考虑得较为周到。这通常也反映在他们购物时的态度上,慎重型顾客往往关注的问题比较多,例如:质量、包装、价格、品牌、售后服务等。他们不会因为产品的某一个优点而决定购买,他们通常会综合评价产品。同时这类顾客在购物时经常会货比三家,多方面考虑后再做决定。所以他们的外在表现就是善于和业务员讨论产品,而且经常是比较产品,他们对产品的行情会比较清楚,谈起专业知识也头头是道。我们可以通过下面的例子来说明。

例1:业务员提出自己建议后说:"……所以,我认为这个配置和您的要求最相称。"可顾客想了想说:"这款好像也不错,说实话,我最喜欢的是刚才我们看的那个配置,就是价钱太贵了些……"业务员说:"先生,一分钱一分货,配置好,价钱自然要高些,您看看我现在介绍的行不行?"顾客有些为难:"可是,和我原先的预算有些出入,根据您的看法,先前那款配置似乎不太适合我。"业务员急忙解释:"不,不,我不是这个意思,那款的配置也很好。"顾客此时一脸疑惑:"我都给弄糊涂了?"可业务员却仍极力推荐："先生，这款也不错，我觉得它非常适合您。"顾客已打了退堂鼓："是吗？我看我还是改天再来吧，麻烦您了。"

例2：在某服饰商店内，A，B两位顾客正在挑选衣服。A顾客说："这件外套不错，可是价格贵了点。"店员解释道："请相信，价钱绝对合理。"A仍坚持说："可是，同一件衣服，在前面那家店里价格却很低。"店员有些不解："是不是看错了。我们走的是薄利多销的路线，不会比别的店贵。"这时B插话进来："A说的没错。能不能再便宜一点儿？"A补充道："您是说不能降价吗？那我们下次再来吧，可别买到贵的。"

例3：下面是业务员和顾客成交后商谈付款细节的一段对话。业务员："这是您预定100台型号的机器的协议书，按照惯例，您得预付50%的货款。"顾客（仔细地看过协议书后）："那付完预付款后，机器什么时候能送达？"

业务员："大概半个月左右吧。"

顾客："你得给我一个确切的时间，最好能把这条也写在合同里。还有，违约细节也须写清楚……"

可见，慎重型顾客在与业务员交流时已定下目标，只是交涉到最后才说出自己的决定。这类顾客通常也是令业务员头疼的顾客，但这类顾客一旦接受了哪位业务员，他也许就会成为一个忠实顾客。

总结例1中的失败之处，可看出顾客没有要求改为价位低的货品之前，业务员先提出这一建议，这样反而会使顾客失去信心。遇到这种情况，先端杯茶，缓和一下气氛，谈话时，话题不要针对价位高低的货品变来变去，先作一些说明，如不能让价，但售后服务周到，也可分期付款等，引起对方购买欲后，再催促其下决心。对于例2，业务员应了解到有些顾客为了要求减价，故意说其他店便宜些，因此这种情况下首先要让顾客明白价格绝对公道，然后严肃地说："请您再比较看看。"顾客回头再买时，一定要保持殷勤有礼，不可摆出高傲的姿态。

4. 犹豫型顾客

日常生活中，有许多人在开始做某事以前，大多会犹豫不决。即使是芝麻大的小事，到了想要做的时候，总是无法下定决心。因此，时常会浪费很多时间。他们不知道自己究竟想要的是什么、想了解些什么，所以会沉默，令人摸不着头脑。这类顾客不容易下决断，他们对于任何事情都犹豫不决，甚至讲话也口齿不清，他们喜欢问问题，动作不利落，有时神情会有些恍惚。

例1：顾客在样品间里，看到一件商品，他对业务员说："对不起，麻烦您把那个拿给我看一下……"刚说完，突然眼睛一亮，"咦，那边那个也不错，也拿给我看一下。"没多久，一转头，"啊，那个似乎也不错？"顾客三心二意，很难抉择。业务员一一照办："是啊，这种目前卖得很不错，大家通常用这款。"顾客面对柜台上已摆出的七八种商品东摸摸、西挑挑，哪种都觉得满意，又哪种都觉得有不足之处："到底选哪一个好？哎呀呀，我眼都花了，还是不知该买哪个。这样吧，我明天再来看，麻烦您了。"于是，顾客空手而归。

例2：业务员把产品目录拿出来与顾客一起看。

业务员："您看这个型号，它的主要特点是……"

顾客："这种呢？"（打断了业务员的话）

业务员："哦，这种比刚才那个更适合……"

顾客："那下面这个呢？"

……

如同上述两个例子中的顾客，犹豫型顾客即使在洽谈的过程中，也会这个那个地犹豫不定。看来像要决定，却犹豫不决。这种倾向不但表现在对商品的选择，而且在谈交易条件时也是一样。他们主要有三个特点：

第一，希望一切自己决定。犹豫型顾客总是想一切根据自己的意志，凭自己的感觉决定。这种类型的人头脑很好，一旦行动，会考虑很多，结果反而更加犹豫不定。

第二,不让对方看透自己。犹豫型顾客有讨厌被别人看透自己的心理,也许由于自以为是,认为自己与别人是不一样的意念特别强烈。

第三,极端讨厌被说服。犹豫型顾客很讨厌被人说服,特别是自认为自己想法正确的人,这种感觉也就越发强烈。如果被别人说服,他会认为是因为自己没有知识和能力。

犹豫不决型顾客可分为两种类型:第一种是顾客本身完完全全不懂得抉择;第二种是业务员模棱两可的回答使其犹豫不决。

面对这种类型的顾客,要记住对方第一次拿的是什么商品,数次选看的是什么商品,根据其态度,留下几种适合他口味的商品,将其余的不动声色地拿开。然后,推断顾客喜爱的商品,正是他反复选看的商品,若他再次拿起那种商品,这时用自信的口吻说:"太太,我认为这种最适合您。"这通常会使顾客当场决定下来。

若旁边还有其他顾客时,可征求第三方意见,这是促使犹豫不决型顾客下定决心的方法之一。一般情况下,被问及的顾客会予以合作,且赞同率往往会很高。

在例1的特定情况下,则应该推断其第一次拿在手上的商品、多次询问的商品、放在身边的商品,然后悄悄地拿开其他商品,尽力缩小挑选范围。

5. 顽固型顾客

这类顾客多为老年顾客。他们是在消费上具有特别偏好的顾客。他们对新产品往往不乐意接受,不愿意轻易改变原有的消费模式与结构。

例1:保险业务员在和顾客讨论保险的必要性。

业务员:"我们现在的生活是需要一些保障的。"

顾客:"我都活了那么多年了,没买保险不一样过来了吗?"

……

顾客:"你不就是想让我买保险吗?我不需要它,不用多讲了!"

例2:业务员和顾客在讨论产品的价格。

业务员："这是最低价格。"

顾客："不可能，你再算一遍，不可能有这么高的价。"

业务员："我已请示经理了，我们的价不能再降了……"

顾客："不行，你再请示一次，或者把你们的经理找来，我要让他把价降下来。"

看过以上两个例子，我们可以感觉到这种顾客确实难对付，因为这种顾客特别要面子，不管有理无理也不愿退半步，尤其是有其他人在场的时候，他们更显得固执。

顽固型顾客主要有两个特点，业务员可以针对这两个特点采取策略。

第一，坚持。这类顾客说出自己的看法后就丝毫不让步。作为业务员，一定要非常自信，顽固的人逆反心理比较强，你说是这样，他偏不信，你说不是这样，他还是反对。你越想说服他，他越固执，他那顽固的心理会表露在言行中，因此很容易观察到。

第二，保守。这类顾客以前做过类似的事，而现在再做时，发现情况变了，他们寄希望于用以前的方法处理此事，从而表现出固执的行为。如去年冬天买了一件1 000元的西服，今年冬天再去买同样的西服，发现标价涨了100元，此时他会坚持绝对不付那么多钱。他对面子看得很重，当他深信的一切被对方反驳时，他会显得不安，感到面子上过不去，变得更加固执："我以前就用1 000元买过，没错！"

顽固型顾客对推销员的态度多半不友好。推销员不要试图在短时间内改变这类顾客，否则容易引起对方强烈的抵触情绪和逆反心理，还是用你手中的资料、数据来说服对方比较有把握一些。对这类顾客应该先发制人，不要给他表示拒绝的机会，因为对方一旦明确表态再让他改变则有些难度了。

6. 商量型顾客

商量型顾客总体来看性格开朗，容易相处，内心防线较弱，对陌生人的戒备心理不如其他类型顾客强。他们在面对推销员时容易被说服，不令推销

第3章 心理读人术

员难堪。商量型的顾客也十分多见。

例1：顾客手里拿着毛衣，向店员询问："小姐，我很喜欢这件外套，可那件也不错。麻烦您帮我参考一下，哪件更适合我？"店员考虑良久："这个嘛……"正要说出看法时，又听见顾客对其他的店员说："你们经验丰富，您给我决定吧！"

例2：在一家电脑公司里，一位顾客思量着并自言自语道："那些准备齐了，这个也买了，现在只剩配套软件……"看样子是在计划电脑系统的软件购置，"我想做一个系统软件。"业务员热情招呼："好的，是销售业务吗？"说着，正要站起身。顾客又说道："我是外行人，也不懂应该涉及什么，你看看我公司的材料，需要买什么全由你定好了。"业务员有些犹豫："可是……"可顾客坚持道："没关系，由你定我倒更放心些。"业务员只好答应下来。

例3：一位顾客在柜台前一边挑选领带一边问："小姐，请问这两条领带，哪一条比较合适？"店员比较了一下："我看这一条配您的西装正好，我看选它很好。"顾客有些迷惑："怎么看得出它更配一些？"店员耐心地解释道："这条领带的底色和您西服相同，图案也与西装的条纹相似，所以我觉得这条好些。"顾客点头称是："有道理，就这一条吧，我还想买条皮带，您看哪种颜色好？"店员挑出一条："这条与您西裤色调一致，我看很好。"顾客说："就这么决定了。"

任何商品的销售过程，都会见到这类例子。这种委托业务员判断哪种商品适合自己的顾客，完全是出于对业务员的信任，因此业务员则应尽心尽责不使顾客失望。

这一类顾客表面上是不喜欢当面拒绝别人的，所以要耐心地和他们周旋，这样不会引起他们太多的反感。对于性格随和的顾客，推销员的幽默、风趣会起到意想不到的作用。如果他们赏识你，他们就会主动帮助你推销。

但这一类顾客有容易忘记自己诺言的缺点。面对这种类型的顾客，首先一点，业务员应确立责任心，不能以随意的态度敷衍顾客。业务员一般具有一定的经验，可以根据顾客的实际情况做出较为适当的判断，这也是顾客询问的原因。业务员应尽量避免为获取利润，极力推销贵重商品，而不管其是否适合顾客的需要。业务员做出合理的推荐，使顾客满意，往往也会促进相关商品的出售。

还有，业务员应选择在恰当的时机提出建议。千万不可在顾客尚未仔细挑选时就急不可耐地说："这个跟您很相配。"这往往会使顾客感到过于唐突。例1、例2中的业务员处理较为合适，说出自己的建议，并留一定时间给顾客考虑定夺，争取到顾客的信任，也就等于争取到了自己的声望与巨大的商业利益。

7. 交际型顾客

擅长交际者的长处在于热情而幽默。他们能迅速把人们争取过来，并使其他人投入其完成任务的活动。这类顾客是很受业务员欢迎的，因为他们会主动和业务员接近，使双方从开始就没有距离感。

例1：业务员和顾客初次见面。

业务员："您好，我是……"

顾客："哦，你好，来一趟不容易吧？辛苦你了，干你们这行的真不容易……"

双方已经很亲热了。

例2：业务员和顾客在讨论送货的问题。

业务员："我会在10月1日前把所有货品送到您的公司。"

顾客："好啊，到时你也会去吧，我们一起在我们那里看看，我们那里有……"

交际型顾客很容易适应一个变化的局面，不管话题是什么，他们总有话可讲，而且常以令人感兴趣的方式把话讲出来。其弱点是有时表现过甚，被视为矫揉造作或装腔作势；不注意细节，对任何单调的事情或必须单独做的事情都容易感到厌烦。

这种类型的顾客很容易对付，但要他做最后的决定则是一件很困难的事，因为他很喜欢说话，一谈起来就天南海北聊个没完。这时，推销员不可让他一直讲下去，必须很巧妙地将话题引回到推销事务上，此时推销员一定要保持着很亲切、很诚恳的态度，否则他便会认为你不尊重他。

因此要赞成其想法、意见，不要催促讨论，不要争论、协商细节，书面归纳双方商定的事情，使推销谈话有趣并行动迅速。

在向他们推销的时候要做到：计划要令人激动并关心他们；要让他们有时间讲话；坦率地提出新话题；研究他们的目标与需要；用与他们目标有关的经历或例证来提出你的解决办法；书面确定细节；要清楚而且直截了当。

对这种类型的顾客要：促进——向他们提供激励及证明书，他们喜欢获得"特殊交易"；赞扬——给他们充分的机会来谈论，注意倾听；纠正——确切说明问题是什么以及需要哪些恰当的行为来消除顾虑。

8. 爽快型顾客

爽快型顾客一般最受业务员欢迎。这类顾客选择快、不讲价。以下即是爽快型顾客的两个例子。

例1：顾客问业务员："麻烦您，能不能让我看一下这个样品？"业务员应声道："好的。这台吗？"顾客肯定地说："是，就是这个型号。多少钱？……好，就这台吧？"业务员心里高兴得很——要是顾客都这样该多好。

例2：顾客走进体育用品商店，问道："你们这里有没有李宁牌运动服？有的话，拿给我看一下。"店员一面翻找，一面询问："李宁牌运动服吗？有的，不过尺寸很多，麻烦您到这边挑选好吗？"顾客跟了过去："嗯，好，好，我就要这一套。"

这种类型的顾客虽为店主所欢迎，但往往也使店主良心不安，店主也在想为什么这些人出奇爽快，自己随意建议几句即可使他们下定决心。其实，这些顾客除本性爽快外，还有以下原因：

第一，信任该公司或业务员；

第二，信任商品；

第三，事先看过。

爽快型顾客信任公司或业务员，对这种信任应小心维护，切不可下意识地随便了事。业务员要满怀激情、满怀喜悦地面对这种可爱的"上帝"。要明白这样的道理：自己说不如借别人的口说，自己声嘶力竭，不如朋友之间绵绵细语，同时注意自身的不断充实，这样才能收到理想的效果。

业务员如果遇上了脾气暴躁的人，一定要尽力配合他，也就是说话速度要快一点，处理事情的动作应利落一点，介绍商品，只要说明重点即可，细节可以省略。因为这种人下决心很快，所以，业务员只要应和他，生意就很快做成了。

9. 刻薄型顾客

业务员在做销售的过程中难免遇上一些较刻薄的顾客，让业务员头疼不已。请看下面的例子：

例1：业务员在和顾客初次会面后正在向顾客介绍产品。

业务员："我觉得该产品很适合您的家庭。"

顾客："你这么热忱，真是辛苦了。因为你们的产品不好，所以我一点也不想买。"

业务员："我想……"

顾客："我是不想买的，你这不是浪费时间吗？"

例2：业务员向顾客介绍产品的售后服务。

顾客："我朋友买了你们的产品后大呼上当。"

业务员："是吗？那您的朋友应该及时和我们公司沟通啊。"

顾客："买了你们的产品以后就没有售后服务了。在还没有买以前，你们就说产品怎么好、服务如何周到等，但是一买下来就不是那么一回事。"

不可否认，有的时候顾客并非出于求好心切，而做出善意的批评，也不是发自内心才这样说的，而是想胡乱地挖苦别人一番。有的是顾客的性格使然。

业务员都不愿意自己遇到刻薄的顾客。确实，与这类顾客相处会很难受。既要考虑销售又不想"忍气吞声"。刻薄的人不一定就是心肠坏，有时他们只是为了发泄压抑在心中的各种不良心绪，便表现出"一触即发"的过激、苛刻的行为，因此，你不必总认为他是故意跟你过不去。

一般来说，对待这类顾客要把自己当作这类顾客的出气筒，让他发泄够了以后，你仍彬彬有礼地一言不发。这时他也许会感到不好意思，解释自己只是对伪劣产品和不法厂商有意见，"你的东西还是很不错的"，于是他会买上一两件作为掩饰。

如果这招不灵的话，你就得考虑另一种策略了。因为总是一味示弱也是不可取的。当对方十分过分时，你可以将你的视线正对他的眼睛，用不着任何言语，对方便会马上感觉到："是我错了吗？"

这时你就可以提些意见，但也得注意你的言辞委婉，"或许……比较好吧？""是不是可以……呢？""我认为……你说呢？"等，用平和商量的口气，使对方既易接受，又不至于引起反感。

10. 虚荣型顾客

人人都有虚荣心，只是程度不同罢了。我们这里的虚荣型顾客是指虚荣心、嫉妒心都比较强的一类顾客。

例1：某位保险推销员在和一位顾客进行沟通。

业务员："您每月的收入与其花在其他方面还不如留一部分来为自己买一份保险。"

顾客："是啊，我每月最大的支出就是衣服和化妆品，你看，这件刚买的上衣八千多元……"

例2：在一家首饰商店里，一位顾客正在选戒指。

店员："您看看这款，价格还是比较实惠的。"

顾客："哎哟，这哪行啊，我的项链两万多元呢，至少得和它相配才行吧……"

这一类顾客在与人交往时喜欢表现自己，突出自己，不喜欢听别人劝说，任性且嫉妒心较重。有很多时候业务员可以从顾客的表情和语言来判断出这类顾客，他们在与业务员沟通时会着重显示他们的高贵，即便有时是在吹牛。

对待这类顾客要熟悉他们感兴趣的话题，为他提供发表高见的机会，不要轻易反驳或打断其谈话。在整个推销过程中推销员不能表现太突出，不要给对方造成对他极力劝说的印象。如果在推销过程中你能使第三者开口附和你的顾客，那么他会在心情愉快的情况下作出令你满意的决策。对待这类顾客有以下两种办法：

第一，赞美，甚至奉承。对待虚荣型顾客，即使你早已看出他在吹牛，你也假装糊涂地附和一阵："你穿上它好漂亮啊！""它真适合您的气质呀！"甚至奉承他，道："你真会买东西啊！"

像这种"谎言"，说上几箩筐也没关系，既给人家以快乐，又锻炼自己口才，何乐而不为呢？记住：一个善于包容他人缺点的人，总比别人多拥有成功的机会。

当然，"奉承"的时候千万不能说漏了嘴。比如说"某某公司，早就有了比你先进得多的产品了"之类易引起顾客反感的话，相反，你可以这样说："某某公司花了三倍的价钱才买到。"从而激发她的购买欲。

第二，刺激。比如，故意对对方说："某某明星虽然年纪也有你这么大了，可还是那么漂亮。"此时如果对方立即变脸或面红耳赤，您的目的便已达到，应立即采取补救措施，迅速说出该明星的若干不是来批评一通，对方肯定会露出非常愉快的表情。然后，你便接着先赞美你的嫉妒心强的这位顾客，而且最好跟不特定的多数人作比较，数出他（她）的"优点"，效果会更好。

读懂上门顾客的心理

在销售过程中,需要读懂上门顾客的心理。

1. 咨询型顾客

咨询型顾客就是指那些摆出要买的架势,却又无心购买的顾客。但他们的数量是占绝大多数的,而且大多数成交的顾客都是从这类顾客转化来的。所以了解这类顾客对于业务员来说是至关重要的。这类顾客的行为可以用以下例子来体现。

例1:一位打扮入时的妇人走入店里,在特价柜台前久久流连,不停地翻动小孩子穿的衣服,一会儿低着头,好像在考虑些什么。导购小姐走到她的身边打招呼说:"夫人,这些都是给小男孩穿的衣服。"那位顾客也不搭话,快步离开了这个柜台。走了没几步,她又停在店门口堆满内衣裤的特价柜台前,又开始翻看那堆衣服。导购小姐见状,又走过去招呼说:"是太太自己要穿的吗……"话没说完,顾客扔下一句"下次再来",就快步走掉了。这幕景象在每家商店都不知要上演多少回,不知有多少店员满心欢喜地看着顾客的到来,又懊丧地看着他们扬长而去。

例2:一个顾客正在挑选手机,业务员走过来介绍说:"先生,这款手机与其他的手机不同……"顾客回答说:"嗯,不过我想它的按键摸起来感觉有些不方便……"业务员赶紧插话:"不会的,您可能感觉它有些不方便,但是用过的人都说这种按键操作简单、方便,这一点您大可放心,绝不会出现问题的。"顾客看了他一眼:"是吗?但我还是觉得有些麻烦。本来我今天也没打算要买,我看还是改天再过来看看好了。"

如果咨询型顾客很多,那对于公司或业务员来说是有很大益处的。今天顾客上门咨询,说不定明天或后天他就会来购买。所以说咨询型顾客也可以称为潜在的顾客,他们至少比过门而不入的顾客更受欢迎。

据统计,顾客购物时一般分成两类:第一类是已经决定要购买的,这些人占顾客总数的20%;第二类是心里先有个底,等到在店里参观后再做最后决定,这些人占72%。所以说,咨询型顾客是最大的潜在购买力。

那么如何接待这类顾客呢?

第一,如果顾客刚进门,业务员急忙上前招呼的话,很容易导致例1中的那种后果。最好的办法是,当顾客驻足于某个场所,拿起商品仔细考虑时,业务员要先观察他的表情、态度,再轻声招呼"欢迎光临"、"请您慢慢看"或"请拿起来看没关系",如果顾客点头回应,再找适当机会接近他们。记住,过度地纠缠或不断地解说容易令顾客厌烦,本来有意购买的顾客也会变成"咨询顾客"。

第二,顾客只要走进了你的门,这就表示他有意购买你的商品,或对某种商品感兴趣,虽然他这次空手而去,但这份心意却不得不领受,店员应该愉快地送他们出去,并说"欢迎您下次再来、谢谢您的光临"等。

2.购买型顾客

购买型顾客是指顾客直接上门要求消费。这类顾客是最受业务员欢迎的,因为他们不需要业务员费什么口舌就可以达成协议。这类顾客的行为可以从下面的例子来体现。

例1:某汽车销售大厅内,一位顾客匆匆来到问:"你们这里有汽车吗?售价是79 000元?"

业务员说:"是啊,就是那边的那辆!"

顾客:"好,可以进行分期付款吗……"

一笔业务很快就成交了。

例2:某公司销售部里,业务员甲接到一个电话。

业务员:"你好,兴海家具销售部。"

顾客:"请问是张强吗?"

业务员："哦，我就是。请问您是哪位？"

顾客："我是宋志军的同事，他上次买的那套家具还有吗？"

业务员："有啊！"

顾客："那我也买一套，价钱是一样的吧？"

业务员："那当然。"

顾客："那我给你个地址，明天可以送到吗？"

……

一般来说，购买型顾客如此痛快地消费基于以下几个原因：

第一，产品的质量信誉好；

第二，业务员的信誉好；

第三，有熟人介绍；

第四，事先咨询过；

第五，性格使然；

第六，老顾客。

当然，这类顾客是很受业务员欢迎的，因为做他们的生意很容易。也许有些业务员认为这类顾客是不要太多费心的，但就是这个观点，让许多业务员失去了本来属于自己的忠实顾客。其实这类顾客更需要业务员完善的售后服务，使他们感觉到在你这里消费是十分值得的。

业务员可以通过以下三种方法来创建更优质的售后服务：

第一，多和顾客聊聊关于信誉的问题，使他感到买得放心；

第二，如果是你的朋友介绍来的顾客，应多和他谈些私人问题，让顾客和你更亲近；

第三，售后要多打电话咨询顾客使用情况。

3. 磋商型顾客

磋商型顾客是指针对某一商品，顾客与商家在价格、服务、权限等问题上与商家进行谈判的顾客。这类顾客已经对商品产生了浓厚兴趣，只是还需要业务员再下一些工夫。这类顾客的行为特点主要有以下几点：

第一，温柔型。挑选一番后作委屈状，说："没办法了，只好将就这个吧，能不能便宜一点呢？"

第二，粗鲁型。他们认为店方理所当然要减价，天经地义，毋庸置疑，所以他们开口就是："怎么样？你打算打几折？"

第三，施恩型。顾客摆出一副可怜的样子说："先生啊，你也要替我想想，我特地从那么远的地方跑到你这里来，好歹你也要送货上门吧？"

第四，软硬兼施型。顾客说："这一条街上那么多家商店我都没去，直接就来你这儿。冲这点你也应该少算一点才是啊。"

第五，理解体贴型。顾客深明大义："好了，你不要说了，我也知道你做一笔生意也不容易，也不好意思要你打五折，但是我现在情况也比较困难，你看能不能打个七折吧。"

第六，牵制型。顾客利用其他商店的价格来逼你让利。比如说，一个顾客故作惊讶地嚷道："哎呀？这怎么这么贵啊！你看那家公司……"

第七，笑里藏刀型。顾客自言自语地说："不降低没关系，顶多不买罢了。"

业务员面对这类顾客可能会感到很难受，但从顾客的角度讲，他们有权利也有原因就购买的产品与业务员进行磋商。只不过有的顾客的态度会让业务员难以接受，怎么面对他们是推销工作的难点。一般来说，应对此类顾客可以采取以下策略。

如果产品确实还可以调价或有余地附加其他服务，可以根据顾客的实际情况进行谈判。

如果你的产品是按照统一的规定进行定价和确定服务的，那必须做到以下几点：

第一，对以统一价格售出去的商品一定要有完善的售后服务及愉快的接待态度，要让顾客感到满意。必要的时候还可以赠送给顾客一些附属品和礼物。

第二，不管对方是谁，不管他有何种理由，店方绝不能为其所动，一次破例将前功尽弃，以前的心血都会化为泡影。

第三，要持久地宣传本店推行言不二价的活动。最好给顾客发放一些宣传单，注明"本店实行言不二价，请各位安心购买"。

如果你确实做到了以上三点，顾客还执意磋商，那可以用"是的……但是"来应对，比如说："您说的是，不过恐怕要让您失望，我们有我们的困难，这个价格实在不能再降了。"但一定要记住，态度要显得郑重有礼。

4. 替人跑腿的顾客

许多顾客买东西并不是为自己买，而是受人之托，或者是顺便帮别人捎带购买的，这种顾客我们称为替人跑腿的顾客。

例1：一个小孩跑到店员跟前说："阿姨，您好！"店员摸了摸她的小脸蛋说："小姑娘，欢迎你光临！"孩子问："前几天我妈妈拜托你们店修理的皮鞋修好了吗？"店员问："你妈妈是谁呀？"孩子回答："我妈妈姓程，这是发票。"店员说："哦，是程太太，你等一下，皮鞋已经修好了，我这就拿过来。"店员笑着将皮鞋递给跑腿的小女孩。孩子仿佛还有些不安。店员赶紧说："不要紧，不用付钱的。"孩子很高兴，一蹦一跳地走了。

例2：一个顾客问业务员："您好，我是盛大公司李经理派来的。我们经理订的产品不知到了吗？"业务员回答说："请您稍候，我去看看。嗯，小王，把李经理的订单拿过来，他的服务员在这里等呢？"业务员这一叫，大厅的客人都把目光投向了这位顾客，她羞得低下了头，拿着订单逃也似的走了。

例3：一位顾客走到样品间，说："就这一款吧！于先生今天刚好没空，我把这个样品拿回去给他看看可以吗？"

业务员说："当然可以了。我向您介绍一下这款产品的主要特点……"

顾客说："不用介绍了。我把这个先拿给他看，他会打电话向你咨询的。"

在销售中有一条戒律,不管对方身份如何,即使是个乞丐,只要他有意向买东西,都是你的顾客,都是你的"上帝"。所以业务员在面对替人跑腿的顾客时,也应当做到客气、有礼貌。跑腿的顾客一般不是孩子就是服务人员,他们都处于弱势地位,希望不要被人冷落在一旁。不管跑腿的顾客是何等身份,委托者都是信任他才要他跑腿,这种顾客兼有自己和委托者双重人格。慢待跑腿的顾客就是同时得罪了两个顾客。业务员除了要热情接待跑腿的顾客之外,还要通过跑腿的人对委托者说一声"谢谢"。

5. 寻求售后服务的顾客

任何商品都不是十全十美的,顾客在购买后可能由于产品的质量问题和卖方的承诺没有兑现,他们就会设法寻求售后服务。只要是做销售这一行的,那就肯定要面对寻求售后服务的顾客,包括要求退货、换货、售后服务的磋商等。

例1:一个顾客进门就说:"对不起……"店员殷勤地跟她打招呼:"欢迎您光临!"顾客忐忑不安地说:"非常抱歉,昨天在你们这买的这个皮包,回去以后才知道,我女儿也买了一个一模一样的,我不知道能不能退换……"店员的脸一下子就沉下来了:"哦,要退货啊……好吧,让我先看一下。"店员拿起皮包,仔细地检查有没有使用过,有没有沾上污点,直到挑不出毛病了,才说:"好吧,皮包我收回,但您至少也要找其他什么东西替换。"顾客为难地说:"今天我不缺什么啊,您能不能退现钱?下次我会再上这儿……"店员一脸的不情愿:"好了好了,就退给你吧,下不为例哦!"

例2:顾客:"你们的这台复印机好像没有你们承诺的那么好啊,这台复印机的功能,好像比其他家产品要差。"

业务员:"请问您是觉得哪个功能比哪一家的复印机要差?如果是某某牌复印机,具有六个刻度调整复印的浓淡度,因而你会觉得我们的复印机的功能好像较差。但贵企业的复印机非由专人操作,任何员工都会去复印,因此调整浓淡的按钮过多,往往员工不知如何选择,常常造成误印,这台的复印浓度调整按键设计有三个，一个适合一般的原稿；一个专印颜色较淡的原稿；另一个专印颜色较深的原稿。"

例3：有个顾客来店里换货，说："前些时候我在你们这里买了这件大衣，但又嫌颜色太淡了，能不能换一件比较鲜艳的？"店员说："我先看看……哎呀？这里好大一块污斑啊！您是不是穿过了啊？"顾客赶忙辩解："没有的事，一次也没有穿过。"店员这才拿出两三件较为华贵的大衣给顾客挑。顾客挑了一件，一问价，吓了一跳："这么贵呀？差了1 000块啊，这怎么办？"店员说："价格是差一点，但质量要好得多，而且您退的大衣又弄脏了……"这一来顾客才不情愿地换了一件更贵的大衣。

只要是做销售，就一定要具备处理顾客投诉的能力，一般来说，应对这类顾客应把握以下三个原则：

第一，有据可依。是指针对像例1的情况，任何商品的售卖过程中，商家和顾客都是有权利和义务的，这都是有具体的规范的，比如产品三包规定或买卖双方签订的协议等。所以，在处理顾客投诉时，一定要以具体的规范为原则。

第二，适当让步。市场经济中，谁能赢得顾客的心，谁就将立于不败之地。所以在处理投诉时，如果你做一点点让步，那也许你就会赢得一位忠诚顾客。

第三，切勿争辩。不管顾客如何批评我们，销售人员永远不要与顾客争辩。争辩不是说服顾客的好方法，正如一位哲人所说："您无法凭争辩去说服一个人喜欢啤酒。"与顾客争辩，失败的永远是销售人员。一句销售行话是："占争论的便宜越多，吃销售的亏越大。"

6. 促销活动引来的顾客

促销活动是一个重要的销售手段，促销活动会吸引更多的顾客。有一些顾客购买商品就是因为赶上了促销活动，也许顾客并不需要该商品，但促销活动促使他们提前购买了商品。但在购买过程中，顾客的表现是不同的。

例1：一个在抢购的人群中挤得大汗淋漓的顾客问店员："先生，你们这还有没有一件干净一点的衬衫？就是这个式样，这个尺码，这件上面有污斑……"店员对顾客说："对不起，这件衬衫上刚好有点污渍。太太，您能不能稍等片刻，让我帮您找找这里面有没有干净一点的。"

例2：一位顾客匆匆忙忙闯进店内，风风火火地问业务员："你们在报纸上登的特价电视在哪儿？"业务员想了一想说："你问的那个呀，已经卖完。"顾客显然对业务员的这种冷漠的态度很不满意，追问道："你们不是刚刚开门营业吗？怎么卖得这么快？"业务员丝毫没有在意顾客的不满，说："没错啊，但是谁不想买到这么便宜的电视呢？一大早就有许多顾客在外面等了，等到一开门，他们一拥而入……"顾客似乎不很相信："真的吗？你们到底有几台这种电视？"业务员只敷衍了一句"有好多"。就一个劲地地开始推荐其他的商品了："我看这样好了，太太，您看看这款电视，它的质量远远比特卖品好。便宜无好货，还不如多花几个钱呢。"顾客丢下一句："我对这种电视不感兴趣。"就离开了。

一般说来，在以特卖形式进行促销的活动中，来的很少是老顾客。你看着商店里人头攒动，但都是一张张生疏的新面孔。这些顾客大多是冲着打折的时机专门来购买特卖品的。一定要明确促销的目的主要是通过让利给顾客来答谢平日里光临的老顾客，同时也借这个机会与一些新顾客结缘，以求他们下次能够上门购物。在上面的第二个例子中，业务员的态度是很差的。他们不但不感激顾客的惠顾，反而摆出一副高傲的姿态，好像卖特卖品给顾客是让顾客占了便宜似的。这使顾客感到变了"味"，会有上当受骗被愚弄的感觉，心中会不高兴。这样的打折特卖活动有百害而无一利，办了还不如不办。既然已经举办了让利酬宾的活动，就要利用这次机会将顾客牢牢地吸引住，不只打算做一两次生意，而要让他们成为长期的固定顾客。我们明知道这种顾客是冲着特卖品来的，也不能因此而歧视他们或接待不周，而应该用感激的心和他们打招呼。

读懂不同年龄段顾客的消费心理

不同年龄段顾客有不同的消费心理，销售员在实际销售中，也要用心去读。

1. 女性顾客的消费心理

据新华社在2003年12月"女性消费"研讨会上公布的一项网上调查显示，女性在家庭消费中完全掌握支配权的占总数的51.6%，与家人协商的占44.5%，女性不做主的仅为3.9%。调查还显示，女性个人消费在家庭支出中占一半的比例高达53.8%，而且父母、子女、丈夫等家人的生活需求也大多由她们来安排。可见，女性顾客是消费者的主流，如果把握好这部分顾客，你的成交数额可想而知。

女性顾客的消费特征主要有以下几种：

第一，商品需求面较大。长期以来，性别分工合作的模式是"男主外、女主内"。女性负责家庭的日常生活问题，包括整个家庭所必需的商品，如柴、米、油、盐等；家庭成员所必需的商品，如衣物、鞋帽、书籍、学习用品等，甚至访亲送友的礼品，都是她们所关心和要购买的。

由于女性长期处于消费终端，所以女性的审美观影响着社会消费潮流。自古以来，女性的审美观就比男性更加敏锐。年轻女性的心境支配着流行，女性不仅自己爱美，还注意恋人、丈夫、儿女和居家的形象。商品的流行大多是随女性的审美观的变化而变化的。

第二，购买前期要反复考虑。女性在购物之前一般要比男性想得多、想得全。她们想的问题方方面面，包括商品的实用性、价格、质量、品牌、售后服务等。一般来说，女性顾客在购买某一商品前都要经历以下几个阶段：

（1）确定购物目标。女性顾客在购物前肯定会仔细考虑买什么，买多少，买什么样的，经过一番构思定位，最后再确定目标。但有时女性顾客购物比较感性，也许有些商品不是她们的购物目标，但由于业务员的推销技巧或促销活动的吸引，有时她们也会突然消费。

（2）征求他人意见。女性顾客在做决定时大多会比较犹豫，如果她们想买什么，要先向朋友、亲戚征求一下意见。

（3）制定大致预算。也许是由于女性天生的细心，她们在购物前都会考虑一下自己的财力，以决定买什么价位的商品。所以在女性顾客购物时，一般不会发生钱没带够等现象。

（4）考虑消费后的情况。女性顾客在购物前一般考虑得比较周到，她们会想到把商品买回来后应该怎么用，甚至会考虑如何携带，如何摆放等问题。所以她们购物时会很强调实用性。

（5）大量咨询信息。购物时要"货比三家"，这个购物原则在女性顾客身上体现得淋漓尽致。她们在购买前会大量咨询同类型产品的信息，包括质量、功能、价位等。所以业务员在与女性顾客打交道时会发现她们有时对专业知识也特别了解。

第三，购物时横挑竖选。女性在购物时比男性敢转、敢看、敢触、敢试、敢侃、敢买、敢退。"横挑鼻子竖挑眼，不达目的不罢休"是多数人的心态。女性顾客在购买过程中一般会历经以下几个过程：

（1）确定对象。在经历过大量的信息咨询后，女性顾客一般会选择一个购物对象进行购买。但不要认为她们就会认定你这一家，如果在接触中她们发现另外一家更好，那肯定会马上离去。

（2）产生冲动。经过业务员的介绍和自己的比较，女性顾客如果还没离去的话，那就证明她们已经有意购买了。产生冲动的原因不外乎三种：

• 符合目标。经过考察和初步接触，产品的质量、功能、价格等符合顾客的预定期望。

• 受人引导。在购买过程中业务员或同行人的劝说也有可能使顾客产生冲动。

- 促销活动的吸引。也许商品不是顾客的目标，但优惠的价格等会使她们产生冲动。

（3）反复挑选。冲动过后或同时，便进入了挑选商品阶段。不符合购买者需求的，即使购买者喜爱也不会成交。挑选商品，女性一般会比较仔细。她们对商品的方方面面都会关注到。业务员若催促她们"快点试、快点定"，会引起女性的反感；如果说"没关系，您慢慢看，慢慢试"，反而能促使女性加快挑选的速度。

第四，确定商品。如果上述几个过程进行得比较顺利的话，这时顾客就会确定购买与否了。但有时女性顾客常常犹豫不决，她们会显得不太自信，不知自己的决定是否正确。

一般的女性顾客都会十分关注售后服务，她们希望自己的消费能够得到保障。

接待女性顾客应该把握以下原则：

（1）主动介绍。接待女性顾客应该着重介绍商品的质量和售后服务，多摆优点，有时也不妨用货源紧缺和赞许已购者"有眼力"来促使成交。

（2）要有耐心。女性顾客在购物时会比较细心，这时业务员只需要静静地耐心等待就可以了。

（3）给些建议。女性顾客在购物时希望得到他人的建议，在接待女性顾客时多给对方一些较为专业的建议会很好地促使顾客做决定。

（4）适当赞美。每个人都希望得到赞美，女性顾客更是这样。但赞美要以事实为依据，否则会弄巧成拙。

（5）提供帮助。如果在购物后业务员主动提供一些帮助，如送货等。这会在女性顾客的心里留下极深的印象。

2. 男性顾客的消费心理

我国20岁以上的男性约有3亿，而且在大部分组织里，有决定权的大多是男性。相对女性顾客来说，男性顾客的消费心理相对简单。

男性顾客的消费特征主要体现在以下几个方面：

第一，消费金额相对较大。相对于女性顾客，男性顾客的购买能力要强一些。从社会角度讲，在大多数组织里，男性领导的数量明显多于女性，所以在一些数额较大的消费上，一般是男性在做决定。

第二，消费理性化。对男性顾客影响最大的购物因素是自身的需求和产品的性能。

第三，消费过程比较独立。由于男性的自尊心比较强，所以他们一般不会受他人的影响。

第四，购买过程相对较快。男性顾客在购物过程中不太喜欢挑选，只需要稍加浏览，他们就会付款成交。

第五，购买后一般不会后悔。男性顾客在消费后一般不会否定自己的选择，所以要求退换货的男性顾客相对较少。

接待男性顾客的一般需要注意以下几点：

（1）建议合理化。在与男性顾客打交道时，尽量不要太啰唆，说得太多会引起他们的反感。

（2）服务温情化。男性顾客在购物时要求不会很多，但在他们的内心还是希望得到温情的服务，如果忽略了这一点，即使他买了你的产品，也不会成为你的忠实顾客。

（3）售后主动化。男性顾客一般不会花太多时间去了解市场行情，如果你经常打电话给老顾客，向他介绍一些新产品或促销活动，他也许会成为你的忠实顾客。

3. 青年的消费心理

青年人的消费，受其内在的心理因素支配，同其他消费群体相比，具有鲜明的心理特征。青年在整体的顾客群中所占比例比较大，消费能力也正在逐渐提升。具体来说，现代青年的消费心理主要有以下几方面的体现：

第一，追求新颖与时尚。青年人思维活跃，热情奔放，富于幻想，容易接受新事物，喜欢猎奇，反映在消费心理和消费行为方面，表现为追求新颖与时尚，追求美的享受，喜欢代表潮流和富于时代精神的商品。

第二，崇尚品牌与名牌。青年人特别注重商品的品牌与档次。在他们看来，名牌是信心的基石、高贵的象征、地位的介绍信、成功的通行证，追求名牌要的就是这种感觉。因而，青年在购物时，虽然也要求产品性能好、价格要适中等，但对商品的品牌要求越来越高。

第三，突出个性与自我。青年人处于少年不成熟阶段向中年成熟阶段的过渡时期，自我意识明显增强。他们追求独立自主，力图在一举一动中都能突出自我，表现出自己独特的个性。这一心理特征表现在消费心理和消费行为方面，则是青年人消费倾向由不稳定向稳定过渡，对商品的品质要求提高，尤其要求商品有特色，上档次，有个性，而对那些一般化的"老面孔"的商品不感兴趣。

第四，注重情感与直觉。青年人的情感丰富、强烈，同时又是不稳定的。他们虽然已有较强的思维能力、决策能力，但由于思想感情、志趣爱好等还不太稳定，波动性大，易受客观环境、社会信息的影响，容易冲动。这些反映在消费心理和消费行为方面，就表现为青年人的消费行为受情感和直觉的因素影响较大，只要直觉告诉他们商品是好的，可以满足其个人需要，他们就会产生积极的情感，迅速作出购买决策，实施购买行为。

赢得青年，就赢得了未来，这在商战中同样适用。在市场竞争中，谁能抓住青年消费群体，谁就能占有更多的市场份额，就能在市场竞争中赢得优势。青年人消费行为中所表现出的鲜明的消费心理特征，为工商企业有效地组织生产与推销产品提供了重要依据。

第五，力主创新。随着科学技术的迅速发展和人民生活水平的不断提高，商品使用寿命相对缩短。在这种情况下，企业必须树立创新意识，把创新作为市场上克敌制胜、吸引需求和挖掘潜在需求的有力武器，不断满足青年消费者追求新颖与时尚的心理需求。

第六，争创名牌。通常而言，名牌产品能争取到一个比较有优势的价位，在相同价位上会比它的竞争对手卖得出、卖得多、卖得快。有些商品能以高出同类商品好多倍的价格出售，就是靠着名牌，而青年人所追求的也正是这种效果。

第七，突出个性。目前，在商品市场中颇为流行的定制消费，是青年消费个性化的突出表现，也是企业依据青年消费特点作出的反应。

第八，攻心为上。古语云，"攻心为上"，这句话同样适用于商战。企业与消费者之间，需要一种人际感情的交流。感情是一种巨大的力量，如果能通过感情传递、感情交流、感情培养，令青年消费者产生心灵上的共鸣，那么企业的产品、品牌就容易为青年人所理解、喜爱和接受。因此，企业要善于发掘自身产品内在所包含的感情，并通过产品设计、包装、广告淋漓尽致地展示这些，在以质取胜的同时，更以情动人。正如美国心理学家弗兰西克·罗里所言：消费者是人，而人是有感情的。

4. 老年人的消费心理

据统计部门的估计，在今后50年里，中国60岁以上人口的总量将急剧增加。到2025年，我国老年人口占总人口的数量将达到18.5%，到2050年，我国老年人口占总人口的数量的比值将处于最高峰值，达到25.2%。随着我国老年人口数量和比重的大幅度提高，老年市场将成为众多市场中一个极具魅力、潜力巨大的市场。把握好老年人这一消费主力，是每个商家的必修课。一般来说，老年人的消费心理可以从他们的特定需求看出。

第一，健康需求。人到老年，常有恐老、怕病、惧死的心理，希望社会对老年人的健康能有所保证。

第二，工作需求。离退休、病休的老年人多数尚有工作能力和学习要求，骤然间离开工作岗位肯定会产生许多想法。这样的老年人如果没有工作和学习的机会，将会影响他们的身心健康。

第三，依存需求。人到老年，会感到孤独，希望得到社会的关心、单位的照顾、子女的孝顺、朋友的往来、老伴的体贴，使他们感到老有所依、老有所靠。

第四，和睦需求。老年人都希望有个和睦的家庭和融洽的环境。不管家庭经济条件如何，只要年轻人尊敬、孝顺老人，家庭和睦，邻里关系融洽，互敬互爱，互帮互助，老年人就会感到温暖和幸福。

第五，安静需求。老年人一般都喜欢安静，怕吵怕乱。有时老年人就怕过星期天，因为这一天儿孙都来了，乱哄哄的一整天，很多老年人是受不了的，他们把这天称作"苦恼的星期天"。

第六，支配需求。由于进入老年，社会经济地位发生了变化，老年人的家庭地位、支配权都可能受到影响，这也造成了老年人的苦恼，从而，相应地产生了支配需求。

第七，尊敬需求。原来有地位的老年人离开工作岗位后，经历由官到民、由有权到无权的过程，会产生"人走茶凉"、"官去命转"的悲观情绪。他们遇朋友就叹息，甚至不愿出门，不愿到单位去，不愿参加社会活动。长此下去，则会引起精神抑郁和消沉，为疾病播下种子。

第八，坦诚需求。老年人容易多疑、多忧、多虑，求稳怕乱，爱唠叨。他们喜欢别人征求他们的意见，愿出谋献计。我们对老年人这些心理特点，要以诚相待，说话切忌转弯抹角。

察言观色，读懂客户的肢体语言

世上一切隐秘之事均存在于人的内心，全由人内心的变化而起，为着不可与人说的目的，隐藏了起来。说服者要找到这些变化，了解其规律，并采用相应的策略来应对。

古往今来，研究人的内心心理的书籍可谓汗牛充栋，古代有相术卦理，现代有心理学学科研究。而在说服人的方面，很早就有演说、辩论术的研究。在古希腊，演说、辩论是发表政见的最常用的形式。在中国也有墨子与公输班论辩的记载，战国时期许多有识之士更是以说服为职业，游走于各诸侯国的君王之间，为实现自己的政治理想而奋斗。

斗转星移，现代的许多西方大国的元首在任职之前都要经过一系列的政治演说说服民众、战胜竞选对手，才能宣誓就职，就连为他人伸张正义的律师也要有一口超群的辩才，才能肩负起为自己的辩护人维权的责任。

然而，人的心理瞬息万变，似乎是难以捉摸的。就像小儿的任性多变，恋人的神秘难懂。这给我们的说服带来了很大的障碍，总是出现所答非所问、有心栽花花不开、事倍功半的情况。为什么出了力却不讨好呢？

这是你没有研究透你所要说服的人的心理所致。

在古龙的《多情剑客无情剑》里，李寻欢在决斗之前对环境进行勘察，对步伐的方位进行部署，连阳光照射的角度也丝毫不放过。

其实无论是古人还是今天的仁人志士，都一致认为人的隐秘内心还是可以掌握的，是有规律可循的，说服别人从而实现自己的意愿也是可行的，是有技巧可以探寻的。

一个有经验的业务员，可以从客户的外貌、衣着、气质、行动、言谈举止判断出这个客户的购买力，进而通过客户的种种表现，准确把握住客户的内心世界。这就为实施下一步的隐秘说服，创造了有利条件。

往往表现得傲慢、漫不经心的客户是真正的大买家，对交易细节过分追求的人极有可能成为你的长期忠实客户。但是这些客户也是最难打发的，因为他们对品质的追求到了让人难以忍受的地步，比如大家都知道的日本客户，对产品的生产环节和品质非常地苛刻，以至于使对方很难做。

而表现出很疲惫或者一副愧疚的样子的客户，他可能并不想接受你的服务，所以急于出手的你最好还是打住，而是以放松客户的心情为主。

气质高贵、衣饰考究、言辞犀利的客户可能一掷千金，让你赚个盆钵满满，对这样的客户就不要啰唆俗套，因为他的到来肯定是已经看上你的产品或者服务了，所以你应该把重点放在交易过程和价格以及售后服务上。

客户对看中的产品或者服务最关心的是价格问题和售后服务，尤其是当交易数量和数额相当大时，他就会考虑物有所值和买得称心如意，你的价格公道实惠，而且售后服务又好，会让客户心理上认为自己买得正确，是合理的必要的投资，不至于后悔窝火，认为自己的眼力有问题。所以在对待这样的客户的问题上，说服一定要斩钉截铁、简洁明白、清晰有力，做到报价明晰，服务周到，不给客户太多的顾虑，始终让客户认为自己的选择是正确的，整个交易也是以他为主动、为核心的。

读懂客户表示怀疑的肢体语言

在销售的过程中，如果客户表示出下列肢体语言，则是客户猜测与怀疑的信号。这时，作为销售员一定要知道。

第一，眼睛看着天花板，或者是拉下眼镜、低着头、眼睛向上看人，好像是说："你在耍我了，你认为我很好骗，是不是？"

第二，手揉搓鼻子、玩胡子，或者摸后脑勺。

第三，身体向椅背靠，两手交叉放在胸前。

第四，皱眉、假笑或头左右大幅度地摇摆，嘴巴张得大大的，表现出一副不相信、吃惊或"一脸讽刺"的样子。

第五，挑起眉头，眼睛往旁边看。

第六，嘴巴微微张开，手指放在下牙齿上，表现出一副困惑的样子……

这类客户根据自身使用过不好而又类似的机器的经验，觉得你提供的数据根本就不真实。因此，当销售员的论点变得牵强附会难以置信时，即使是真的，客户也会有所怀疑。这种猜测、怀疑与反对，一般都会通过身体语言清楚地告诉人们:"我不相信你所说的话。"客户需要更多的证据来确定销售员说的话是真实的。

如果客户出现上述的动作,销售员应该做如下反应:

第一,表示与客户有同感,诱使客户说出自己怀疑的原因。然后,再决定如何才能使客户完全相信自己。

第二,确信自己已经将强调的重点解释清楚了。可以借助于例子、图片、类比与解释等方式,使客户完全理解自己的观点。在客户赞成自己的说法之前,必须让他理解有关问题。

第三,提供充分的证据证明自己的观点或主张。当然,这些证据必须是可信的。这些证据必须是经过测试的结果、统计图表,以及其他独立的权威机构提供的报告、产品示范或者是使用过本公司产品或服务的客户的现身说法。这样一来,客户不仅更容易信服,而且也更容易赞同自己的观点。

第四,通过一些办法,让客户信任你。

(1)形象问题,客户对你的第一印象非常关键,客户的态度决定一切。如果他对你的第一印象不好,那么就很难改变了。

(2)企业形象,通过你与客户的沟通,能在个人坦诚的交流过程中表现出企业文化和个人修养,这是一个推销员最起码应具备的素质。

(3)很多销售事实证明,怀疑性的客户非常注重推销员的细节问题。因此,销售员在为客户推销和服务过程中一定要注重细节。正所谓细节决定成败。

读懂客户表示不满的肢体语言

在许多销售场合中,经常会引起客户发怒、争吵、防范、失望或者其他怀有敌意的行为。这种情况的发生,大致有如下几个方面的原因:一是销售员失言,特别是对客户重要的事情的承诺失言;二是销售员直接表达反对客户的意见或者对客户提出了挑战性意见（客户被迫挽回自己的面子）。有时，销售员的某些失礼或轻浮的行为与态度也会使客户不满。客户也会因为销售员没有给予他认为是合理的某些产品销售特权而感到沮丧。

在销售的过程中，如果客户表示出下列肢体语言，则表示客户不满、反感的信号。这时，作为销售员一定要知道。

第一，身体突然挑衅性地摆动，手势忽动忽停，还有其他一些突然性动作。比如，上半身突然前倾，手指不停地摇晃。

第二，双手交叉放在胸前，而手指紧紧地抓住上臂。

第三，双手紧紧地抓住桌子或大腿，或者紧紧抓住椅子的扶手。

第四，站立时，双手紧紧地放在背后，两腿站得笔直，而且纹丝不动。

第五，不停地揉鼻子，抓后脑勺、脖子或脸颊，表现出一种不耐烦的情绪。

第六，既不笑也不作出反应地点头，整个下巴的肌肉都绷得紧紧的，双眉紧锁，有时眼睛还向别处张望。

在客户生气或者发脾气时，不一定会经常表现出一些明显的特征。有时，客户为了顾及自己的地位与自尊心，他会试图暗自控制自己的情绪。

此时销售员必须立即停止正在谈论的主题或正在做的事情，先关切地提出安慰性的问题，表现出自己真诚地关心客户，以得到他的信任，进而找出出现这种情绪的原因。

如果时机恰当的话，销售员应该向客户表明，自己愿意在某些方面作出让步，以达成协议，但是也希望客户能够在某些方面作出让步，以实现双赢。同时，要突出并强调彼此之间的共同点，而不要老是强调彼此之间的不同点。

你要放松下来，舒适地靠椅背坐，给客户一种没有威胁的感觉。但是，千万不要下意识地模仿客户挑衅性的姿势。

说话的语调要平和、缓慢，速度适中，声音要比平时小一点，使客户感到轻松自在。

如果客户因为听不懂你们讨论的重点而感到沮丧的话，讨论一定要暂停一下，问问客户是否有什么问题没有提出来。千万要记住，如果要责备的话，销售员只能责备自己（而不能责备客户，因为客户永远都是对的）、道歉及请求再讲一遍。

读懂客户表示积极态度的肢体语言

在销售的过程中，如果客户表示出下列肢体语言，则表示客户很积极，对于这次会谈很感兴趣的信号。这时，作为销售员一定要知道，别白白地错过了良机。

下面是客户发出的积极的身体语言信号：

第一，客户微笑、点头或其他兴奋积极的脸部表情。

第二，双手自然地放在桌子上，或者手势自然、友好；双脚突然不再交叉；手臂也不再交叉放在胸前；其他动作也轻松自然，表现山当事人的观念已经在改变。

第三，拍一拍你的手臂、肩膀或背部，这样的动作表现出对你的温暖、友好、关心或同情的姿态。但是，需要注意的是，触摸行为表达出一种强烈的情绪，而且如果这种行为发生在男女之间，那么，这种行为反而会给人一种不真诚或胁迫的感觉，从而使人难以接受甚至感到厌恶。

第四，身体坐得靠近一点。这看起来好像是一种彼此之间的关系比较密切的信号。

第五，讨论期间，解开外套的扣子或者脱下外套，或直接卷起袖子。可能表示愿意接受他人的看法与建议。

第六，客户坐在椅子的边缘，上身微微前倾，表现出一副渴望仔细倾听销售员所说的每一个字的样子；而其两腿却在桌椅下自然下垂，只用脚尖点地，这种姿势通常表现出客户已经准备签订购买合同或愿意同销售员合作等信号。

第七，如果客户专注地观看产品展示或产品示范，这将是一个好兆头，表示客户对销售员和对谈话的内容有浓厚的兴趣。

第八，头微微倾斜。这种姿势通常表示完全接受谈话内容。

第九，两手缓慢地相互搓揉，看样子是等不及想买下来！

第十，站着时，两脚张得很开，而两手又放在臀部上。

对于销售员来说，遇到一位心无偏见而又愿意倾听自己的产品展示说明的客户，真是一件令人愉快的事情。因为销售员有遭受客户拒绝与反对或遭人白眼的心理准备，所以，如果自己受到客户的尊重与友好接待，销售员的感觉当然很好！

当然，比较典型的情况可能是，由于销售员和客户之间已经建立了良好的关系，销售员取得了客户的信任，此时，客户才会发出积极的身体语言信号。而当销售员所谈内容确实引起了客户的购买兴趣或者真正解答了客户的疑惑与需求时，客户也会发出真正有兴趣购买的积极的身体语言信号。

如果客户对销售员所销售的产品表现出极大的兴趣与热情，那么，销售员也要表现出同样的热情，以使客户保持兴趣与热情，并使客户确信，如果他购买产品的话，他一定会作出正确的决策。

如果客户赞美销售员及其公司或者销售的产品，此时销售员要感谢客户，以有助于客户继续谈论积极的事。

如果客户还对你感兴趣，你不妨继续使用开放型的身体语言，同时，使自己靠客户更近一点。

读懂客户表示考虑的肢体语言

在销售的过程中，如果客户表示出下列肢体语言，则表示客户在考虑，也就是买不买你的产品还在想呢。这时，作为销售员一定要知道。

第一，坐在椅子上，身体会向前倾，不断地自言自语："嗯，嗯……"

第二，客户目光呆滞或者两眼瞪视，通常是眼睛望着窗外或者是看着地板、墙壁或天花板，双眉紧锁，头一动也不动。

第三，客户看似在娴熟地擦拭着眼镜，而实际上根本就没有这样做。

第四，客户双手交叉放在背后，低着头，肩膀下垂，两只眼睛紧紧地盯着地，装出一副沉思的样子。

第五，客户不停地摆弄着自己的头发、胡须等。

第六，客户慢吞吞地、若有所思地、反复地摆弄着某件物品以拖延时间。

第七，客户的头下垂，双眼紧闭，一只手轻轻地抚摸着自己的鼻子，双唇相互摩擦，或者一只手轻松地抚摸前额。

第八，客户的一只手托着下巴，手指置于脸的两颊，同时，轻轻地抚摸着脸颊……

实际上，客户真的需要一点喘息的空间进行思考。如果这样的话，客户可能会说一些积极的话，提出一些关切的话题或新的要求。

如果客户举棋不定——对购买决定犹豫不决，销售员就要努力找出其中的原因。销售员要将本公司的产品或服务的主要优点整理出来，指出本公司的产品或服务优于竞争对手的产品或服务的质量与特性所在，强调一些老客户的满意保证。

千万不要去打断客户的思路，客户在经过未受任何干扰的思考之后，可能会提出购买。

让客户自己提出一些问题、要求或意见等，销售员应该事先有准备，并且恰当地进行处理。

客户做出购买本公司的产品决定后，销售员要肯定地告诉客户，他作出的这个决定是一个完全正确的决定。同时，销售员还要用真实的资料（统计数字、测试结果、示范、保证）来提高客户目前的兴趣，或者重新激发客户不那么强烈的购买欲望。客户需要的是感觉自己作出了正确的购买决定，而不仅仅是知道自己即将作出正确的购买决定。

读懂客户表示冷漠的肢体语言

在销售的过程中,如果客户表示出下列肢体语言,则表示客户冷漠、无动于衷。这时,作为销售员一定要知道。

第一,客户既不提出问题、做出解释,也不提出要求,以此来表示自己对销售员的话题不感兴趣。

第二,目光呆滞,看起来像一个木讷呆板的人,或者看上去像一个睁着眼睛睡觉的人。

第三,客户的整个身子都转到销售员的另一边。

第四,客户心不在焉地在笔记本上乱涂乱画,时不时地看看表,清洁手指甲等。

第五,客户在下面各干各的,好像销售员做的产品展示与自己无关似的,要不就是彼此间说笑话。

第六,手指敲桌子、双脚不停地敲地板,或者拍打身上的某个地方,或者做出拿着笔玩之类的不耐烦的动作。

第七,客户的双脚交叉,并且左右快速移动,或者有韵律地踢着。

第八,客户在椅子上坐立不安,眼睛不愿意正视销售员,反而是在不断地东张西望,试图寻找一些有趣味的事物。

由于各种原因,客户也许会对销售员销售的产品或服务不感兴趣。其实,在大多数情况下,客户之所以会不感兴趣,主要是因为客户完全看不出销售员推荐的产品或服务对自己究竟有何帮助或好处。然而,不幸的是,很多销售员对客户谈的大多是一些没有意义的产品细节,或者是谈一些客户已经知道的内容,因而导致了客户的漠不关心。

销售员还要善于运用其他客户成功地使用自己的产品的实际例子加以说明，尽量描述会为其他企业所带来的好处，以增强客户的信心。

销售员要注意为自己的销售演讲增添一点魅力：充满热情，避免单调。

销售员发现客户看上去好像很是疲惫，最好是先让其稍微休息片刻，以便重新集中精力，保持活力。

观察把握客户的微表情微动作

在生活、销售中，我们总能碰到各种各样的谎言。但事实上，谎言是可以识别的，90%的谎言都伴随着身体语言。身体语言就像罪犯的指纹，总要留下欺骗的痕迹。对于销售员来说，准确识别客户的谎言在谈判中尤为重要，因此必须更多地关注客户的身体语言。

一些销售员不能识别客户的谎言，因为他们在错误的地方寻找线索。他们注意的，往往是他们认定对方露出马脚的部分。如果你问一问，他们何以知道客户在撒谎，他们常常提到闪烁的眼神，或者心不在焉地玩弄手指的动作。事实上，这些情况并不常常出现，要想识别客户的谎言，在销售谈判中占据主动，你就必须体察另外一些细微之处。

1. 注意客户的眼睛

销售人员应该首先从客户的眼神中观察其透露出的相关信息。比如，如果客户的眼睛一直关注着手头正做的事情而不理会推销人员的介绍，那么这样的客户常常有一种拒人于千里之外的冷淡态度；如果客户的眼睛盯着包装精美的产品，那么销售人员不妨通过产品展示等方式引起客户的关注。

客户的眼神会随着沟通情境的不同发生一定的变化，有经验的销售人员会从这些变化中捕捉到十分重要的信息。比如，当你正滔滔不绝地介绍产品性能时，却发现客户已经闭起双眼，或者开始东张西望，那就表明他（她）

已经对你的介绍感到厌烦,或者对你的话题没有兴趣了。此时,你就要换一个话题,或者停下来,引导客户参与谈话,以了解客户真正关心的问题。

所以如果你想知道别人是不是撒谎,不要仅限于注意眼神的变化。当某个人比平时更专注地看着你的时候也要注意!另一个假定的撒谎信号是快速眨眼。当我们变得兴奋或者思维快速运转的时候,眨眼的频率的确会相应增长。人普通的眨眼频率大概是每分钟20次,但是当我们感觉到压力的时候,可能会提高4~5倍。人在撒谎时往往很兴奋,或撒谎者在为一个笨拙的问题寻找答案的时候,他们的思维会快速运转。在这种情况下,谎言同眨眼的确有关系。但是我们要记住,有时候一个人快速眨眼,不是因为他在撒谎,而是压力很大。还有,有的撒谎者的眨眼频率也非常正常。

2. 注意撒谎者的四肢动作

焦躁不安和不自然的手部动作同样被认作是撒谎的信号。根据这种假设,人在撒谎时会变得很不安,这样使得手也处于紧张的动作中。有一类姿势叫做"适应动作",包括摸头发、挠头皮或者把两只手放在一起搓等。人在撒谎时,有时会感到心虚或担心被发现,这种担心会导致他们作出"适应动作"。这种情况往往发生在赌注很高或者这个撒谎者不善于撒谎的时候。不过在更多的时候,发生的情况正好相反。同样,因为撒谎者害怕暴露自己,所以会刻意控制自己日常的动作习惯。结果他们的动作可能不是更活跃,而是更少!

和眼睛一样,手的动作往往也能被置于意识的控制之下。这就是为什么手不能作为关于谎言的可靠信息来源的原因。但是身体的其他部分,虽然同样受意识控制,但不被注意,容易被忽视。它们常常能提供关于谎言的有效的线索资源。关于撒谎行为的研究表明,人在撒谎时,身体的下部会比身体的上部提供更多的信息。当把关于某些人的录像放给其他人看,让他们判断谁在撒谎、谁说实话的时候,如果被拍摄的是身体的下部,那么判断往往是准确的。显然,双腿或双脚对撒谎者来说是被低估了判断谎言的信息。看来，似乎撒谎者都把努力集中在他们的手、胳膊和脸部的隐秘处，因为他们知道其他人会观察这些部分。由于脚很隐蔽，所以撒谎者不去注意。但是，往往脚或者腿的一个细微的动作调整，就能出卖他们！

3. 注意撒谎者的鼻子和嘴

有一个暴露谎言的姿势是"捂嘴"。发生这种情形时，看起来好像是撒谎者非常警惕地捂住了欺诈的源泉。他假定，如果人们看不到他的嘴，就无法知道谎言来自何处。"捂嘴"的动作很多，包括从用手完全掩住嘴巴，用手支住下巴，到一根手指悄悄摸一下嘴角。通过把手放在嘴上或靠近嘴巴，撒谎者表现得像个罪犯，他无法抵挡回到犯罪现场的诱惑。而这正好和罪犯一样，因为手的动作把自己暴露给了观察者。在任何时候，别人都能知道，摸嘴是企图掩盖谎言。

不过，有一个摸嘴的替代行为，就是摸鼻子。通过摸鼻子，撒谎者体会到了掩嘴的瞬间安慰，又不用冒险把人们的注意力引向自己的所作所为。在这个动作中，摸鼻子是掩嘴的替代行为。这是一个鬼鬼祟祟的身体语言，看起来好像某人在挠他的鼻子，但他真正的目的是掩住嘴。

还有一种观点认为，摸鼻子是欺骗的标志，但是这个动作和嘴没有关系。这个观点的支持者对一些庭审现场作了详细的分析。他们发现，当被告人说真话的时候，几乎不碰自己的鼻子，但是当他们撒谎时，平均每四分钟就要摸一下鼻子。

4. 注意撒谎者伪装出来的身体语言

有些人在心照不宣地撒谎时，不得不隐瞒两件事——第一是真相，第二是任何可能暴露自己在隐藏实情方面所花力气的情绪。撒谎者体验的情绪往往是负面的，比如，感到内疚，或者害怕被发现。但撒谎者在瞒天过海时，也会体验到兴奋。保罗·艾克曼称之为"愚弄别人的喜悦"。人们在撒一个很小的无伤大雅的谎时，通常感觉不到什么负面情绪。然而，如果要撒弥天大谎，下了很高的赌注，他们通常会体验到强烈的负面情绪。如果需要维持这个谎言，就必须把这些情绪隐藏起来。负面情绪可以通过转过头、以手捂脸，或者用一种中立或积极的情绪来伪装。转头或捂脸的策略并不总是有效，因为它们往往把注意力引向撒谎者努力隐藏的东西。另一方面，伪装使得撒谎者流露出未必与撒谎有关的表情。

最常见的伪装是"面无表情"和微笑。"面无表情"只需要一点点努力就能做到。为了伪装自己的负面情绪，所有的撒谎者都需要让脸部保持镇静。而以微笑作为伪装就需要更多的努力，因为这意味着一个人感到快乐和心安。

第4章　心理博弈术
——让客户接受你的产品

兵无常势,水无常形。销售中可运用的战术变幻无常,但"心理战术"是隐藏在所有战术背后的最根本力量。人人都想在销售这场残酷的战争中赢得滚滚财源,但是并非每个人都能真正懂得商战谋略、掌握心理博弈术。

攻心为上,俘获客户

一位学者访问香港时,香港中文大学的一位教授请他到酒店用餐。落座不久,菜和酒就送上来了。

"哎——",学者惊奇地发现送上来的这瓶装饰精美的洋酒已开封过并且只有半瓶,就问教授,教授笑而不答,只示意他看瓶颈上吊着的一张十分讲究的小卡片,上书:教授惠存。教授见学者仍不解,遂起身拉他来到酒店入口处的精巧的玻璃橱窗前,只见里面陈列着各式的高级名酒,有大半瓶的,也有小半瓶的,瓶颈上挂着标有顾客姓名的小卡片。

"这里保管的都是顾客上次喝剩的酒。"教授解释道。

酒店怎么还替顾客保管剩酒?

回到座位上,教授道出了"保管剩酒"的奥秘。原来这是香港酒店业新近推出的一个服务项目,它一面世就受到广大酒店经营者的青睐,各大酒店纷纷推出这项新业务。它的成功是有很多原因的。

它有助于不断开拓经营业务。酒店为顾客保管剩酒后,这些顾客再用餐时,就多半会选择存有剩酒的酒店,而顾客喝完了剩酒之后,又会要新酒,于是又可能有剩酒需酒店代为保管,下次用餐就又会优先选择该店……如此循环往复,不断开拓酒店的生意,吸引顾客成为酒店的固定客户。

它有助于激发顾客的高级消费欲望。试想,稍有身份的顾客,肯定不愿让写有自己名字的卡片吊在价廉质次的酒瓶上,曝光于众目睽睽之下。于是,顾客挑选的酒越来越高级,有效地刺激了顾客的消费水平。

它有助于提高酒店声誉。试问,连顾客喝剩的酒都精心保管的酒店,服务水平会低吗?经营作风难道还不诚实可靠吗?

保存剩酒使顾客感受到宾至如归的亲切感,顾客光顾酒店的次数自然越来越多。

抓住人性,引诱顾客的销售方式数不胜数,各有其妙。有奖销售、附赠礼品、发送赠券、优惠券等,都是引诱推销法的具体运用,唯一不变的是以"利"、以"情"引诱顾客成为其忠实客户。

一次,百货公司的一个推销经理向一订货商推销一批货物。

在最后摊牌时,订货商说:"你开的价太高,这次就算了吧。"

推销经理转身要走时,忽然发现订货商脚上的靴子非常漂亮。

推销经理由衷赞美道:"您穿的这双靴子真漂亮。"

订货商一愣,随口说了"谢谢",然后把自己的靴子夸耀了一番。

这时,那个推销经理反问道:"您为什么买双漂亮的靴子,却不去买处理鞋呢?"订货商大笑,最后双方握手成交。

没有卖不出去的商品,关键是看推销员的推销技巧的高低。分享客户的得意之事，往往让客户有成就感，这样更容易拉近彼此的距离，从而达成交易。

成交以后尽量避免客户反悔

有位大厦清洁公司的推销员刘先生，当一栋新盖的大厦完成时，马上跑去见该大厦的管理长或业务主任，想承揽所有的清洁工作，例如，各个房间地板的清扫，玻璃窗的清洁，公共设施、大厅、走廊、厕所等所有的清理工作。当刘先生承揽到生意，办好手续，从侧门兴奋地走出来时，一不小心把消防用的水桶给踢翻，水泼了一地，一位事务员赶紧拿着拖把将地板上的水拖干。这一幕正巧被管理组长看到，心里很不舒服，就打通电话，将这次合同取消，他的理由是"像你这种年纪的人，还会做出这么不小心的事，将来实际担任本大厦清扫工作的人员，更不知会做出什么样的事来，既然你们的人员无法让人放心，所以我认为还是解约的好。"

推销员不要因为生意谈成，高兴得昏了头，而做出把水桶踢翻之类的事，使得谈成的生意又变泡影，煮熟的鸭子又飞了。

这种失败的例子，也可能发生在保险业的推销员身上。例如当保险推销员向一位妇人推销她丈夫的养老保险，只要说话稍不留神，就会使成功愉快的交易，变成怒目相视的拒绝往来户。

"现在你跟我们订了契约，相信你心里也比较安心了吧？"

"什么！你这句话是什么意思，你好像以为我是在等我丈夫的死期，好拿你们的保险金似的，你这句话太不礼貌了！"

于是洽谈决裂，生意也做不成了。

乔·吉拉德提醒大家，当生意快谈拢或成交时，千万要小心应付。所谓小心应付，并不是过分逼迫人家，只是在双方谈好生意，客户心里放松时，推销员最好少说几句话，以免扰乱客户的情绪。此刻最好先将摊在桌上的文件，慢慢地收拾起来，不必再花时间与客户闲聊，因为与客户聊天时，有时也会使客户改变心意，如果客户说："嗯！刚才我是同意了，现在我想再考虑一下。"那你所花费的时间和精力，就白费了。

成交之后，推销工作仍要继续进行。

专业推销员的工作始于他们听到异议或"不"之后，但他真正的工作则开始于他们听到"可以"之后。

永远也不要让客户感到专业推销员只是为了佣金而工作。不要让客户感到专业推销员一旦达到了自己的目的，就突然对客户失去了兴趣，转头忙其他的事去了。如果这样，客户就会有失落感，那么他很可能会取消刚才的购买决定。

对有经验的客户来说，他会对一件产品发生兴趣，但他们往往不是当时就买。专业推销员的任务就是要创造一种需求或渴望，让客户参与进来，让他感到兴奋，在客户情绪到达最高点时，与他成交。但当客户的情绪低落下来时，当他重新冷静时，他往往会产生后悔之意。

很多客户在付款时，都会产生后悔之意。不管是一次付清，还是分期付款，总要犹豫一阵才肯掏钱。一个好办法就是，寄给客户一张便条、一封信或一张卡片，再次称赞和感谢他们。

作为一名真正的专业推销员，他不会卖完东西就将客户忘掉，而是定期与客户保持联系，客户会定期得到他提供的服务，而老客户也会为你介绍更多的新客户。

猎犬计划是著名推销员乔·吉拉德在他的工作中总结出来的。主要观点是：作为一名优秀的推销员，在完成一笔交易后，要想方设法让顾客帮助你寻找下一位顾客。

吉拉德认为，干推销这一行，需要别人的帮助。吉拉德的很多生意都是由"猎犬"（那些会让别人到他那里买东西的顾客）帮助的结果。吉拉德的一句名言就是"买过我汽车的顾客都会帮我推销"。

在生意成交之后,吉拉德总是把一叠名片和猎犬计划的说明书交给顾客。说明书告诉顾客,如果他介绍别人来买车,成交之后,每辆车他会得到25美元的酬劳。

几天之后,吉拉德会寄给顾客感谢卡和一叠名片,以后至少每年顾客会收到吉拉德的一封附有猎犬计划的信件,提醒他吉拉德的承诺仍然有效。如果吉拉德发现顾客是一位领导人物,其他人会听他的话,那么,吉拉德会更加努力促成交易并设法让其成为猎犬。

实施猎犬计划的关键是守信用——一定要付给顾客25美元。吉拉德的原则是:宁可错付50个人,也不要漏掉一个该付的人。

1976年,猎犬计划为吉拉德带来了150笔生意,约占总交易额的1/3。吉拉德付出了1 400美元的猎犬费用,收获了7.5万美元的佣金。

欲擒故纵,抓住客户的心

欲擒故纵中的"擒"和"纵",是一对矛盾。在军事斗争中,"擒"是目的,"纵"是方法。古人有"穷寇莫追"的说法。事实上,不是不追,而是看怎样去追。

一个刚退休的老人回到老家——在一个小城买了一座房,住了下来,想在那儿安静地度过晚年,写些回忆录。

刚开始的一个月里,一切都很好。安静的环境对老人的精神和写作很有益。但有一天,三个小男孩儿放学后来这里玩儿。他们把几只破垃圾桶踢来踢去,玩儿得不亦乐乎。老人实在受不了这些噪音,于是出去劝阻孩子们。"你们玩儿得真开心,"他说,"我很喜欢看你们年轻人踢桶玩儿。如果你们每天来玩儿,我给你们三人每人两块钱。"

三个小男孩儿很高兴，更加起劲儿地表演他们的足下工夫。第二天，老人忧愁地说："由于物价上涨，从明天起，我只能给你们一元钱。"

小男孩儿们很不开心，但还是答应了这个条件。每天下午放学后，他们继续去进行表演。第五天后，老人愁眉苦脸地对他们说："最近我的养老金老拿不到，我只能每天给三毛钱了。"

"三毛钱？"其中一个小孩儿脸色发青地说，"我们才不会为了区区三毛钱浪费宝贵时间为你表演呢，不干了。"从此以后，老人又过上了安宁的日子。

欲擒故纵主要利用人们对事物的态度，是越朦胧越想寻求使其清晰的心理。如果能把谜面说得扑朔迷离，人们就越想寻求谜底，破解谜面。胃口吊得越高，消化得就越好。在销售行业里，也有经典的运用欲擒故纵来销售的案例。

一天，一个销售员在兜售一种炊具。他敲开李先生家的门，他的妻子开门请销售员进去。李太太说："我先生和隔壁的赵先生正在后院。不过，我和赵太太愿意看看你的炊具。"

销售员说："请你们的丈夫也到屋里来吧！我保证，他们也会喜欢我介绍的产品。"于是，两位太太"硬逼"着他们的丈夫也进来了。销售员做了一次极其认真的烹调表演。他用所要销售的那套炊具温火煮苹果，然后又用李太太家的炊具以传统的方法煮。两种方法煮成的苹果区别非常明显，给两对夫妇留下了深刻的印象。但是男人们总会装出一副毫无兴趣的样子。

这个时候一般销售员看到两位主妇有买的意思，一定会趁热打铁，说服他们买。如果这样做的话，还不一定能销售出去。因为越是容易得到的东西，人们往往觉得它没有什么珍贵的，而得不到的才是好东西。这个聪明的销售员深知人们的这种心理，于是将样品放回盒里，对两对夫妇说："多谢你们让我做了这次表演，我很希望能够在今天向你们提供炊具，但我今天只带了样品，也许你们将来才想买它吧。"说着，销售员起身准备离去。这时两位丈夫立刻对那套炊具表现出极大的兴趣。他们都站了起来,想要知道什么时候能买得到。

李先生说:"现在能向你购买吗?我现在确实有点儿喜欢那套炊具了。"

赵先生也说道:"是啊,你现在能提供货品吗?"

销售员真诚地说:"两位,实在抱歉,我今天确实只带了样品,而且什么时候发货,我也无法知道确切的日期。不过请你们放心,等发货时,我一定会记得告诉你们。"

李先生坚持说:"唷,也许你会把我们忘了,谁知道呀?"

这时,销售员感到时机已到,于是说道:"噢,为保险起见——你们最好还是付订金买一套吧。一旦公司能发货就给你们运来。这一般要等一个月,甚至可能要两个月。"

两位丈夫赶紧掏钱付了订金。订金拿到手,销售员心花怒放。他本可以马上就付货给他们。可是,那样便吊不起他们的胃口了,一定要让他们尝尝盼望的滋味。大约一个月以后,商品才给他们送到家中。

人的天性似乎总是想要得到难以得到的东西。在这里,销售员只是利用了顾客的这个天性,运用了一点儿销售心理学而已。"欲擒故纵"法是一种很有效的销售方法。

以静制动,任何时候都要掌握主动

"静"与"动"是一对反义词。"静"则泰山崩于前面色不变,"动"这里则指敌之动向、攻击。在对方压境之时,不动声色,不暴露自己的意图与能力,使对方之攻势一时难以发挥,渐渐衰弱,士气低落。这些都是"静"发挥的无形战斗力。以这种无形战斗力制服对方的嚣张气焰,使我方变被动为主动。

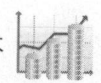

古时候，有一个国王非常喜欢公鸡。他的门下有位专门驯鸡的小伙子。一天，有人从外地送来一只很强壮的斗鸡给国王，国王很高兴地将它交给了小伙子。

过了几天，国王便问道："几天前交给你的斗鸡，你将它训练得怎样了？可以上场比斗了吗？"

小伙子说："还不行，因为这只鸡血气方刚，斗志高昂，还不宜上场。"

再过几天，性急的国王又问同样的问题。小伙子回答说："还不能上场。因为这只鸡看到其他鸡的影子，就会冲动，所以还不能上场。"

又过了几天，国王又问小伙子。"可以了！"小伙子掩饰不住喜悦的心情说道，"因为我已把它驯养得心无旁骛。当它看到其他斗鸡，听到它们的声音时，一动也不动，它的心已不受外物影响，就像木鸡一样，现在可以上场了！"

于是，国王向其他竞技者宣战。他推出那只经小伙子训练过的公鸡去参加战斗。只见它一上场就稳稳站立，毫无摆动，即使其他斗鸡在它身边百般挑逗，它仍然无动于衷。对方被吓得自然后退，没有一只鸡敢向它挑战。

这位小伙子训练公鸡时运用了以静制动的战略。在销售中也同样适用。回盘，是商务销售的一个重要内容。用通俗的话说，就是针对对方的要价而进行讨价还价。综观商务销售的回盘诸策略中，除了述、答、问、辩等"动"的策略外，还有静止不动的策略也是十分有效的。

在销售中，一些销售者为了显示自身实力，在销售一开始就表现得来势凶猛，气焰嚣张，企图从一开始报盘就使对方处于被动地位，迫使对方接受其高要求。而且，有些销售者确实智力过人，语言表达流利而精彩。此时，如果以硬碰硬，由于对方来势凶猛，气势正旺，则很难把其嚣张气焰打下去。那么这就有必要运用"你凶我静，静观其变"的策略，使其"一鼓作气，再而衰，三而竭"，以平等的地位重新进行销售。

我国某外贸公司与美国某工业集团进行一项贸易合作谈判。美方财大气粗，执意要求将销售地点定在美国。我方代表看出其中必有文章，便同意了美方的要求。果然，销售一开始，美方销售员就没把中方放在眼里，作为卖方主动报盘，陈述情况，其气势汹汹，滔滔不绝。整整一个上午，美方代表喊叫了三个多小时，并配合有力的图表数据，精心配置的计算机显影在大屏幕上打出深奥难懂的图像，以证明他们的要价是非常合理的。

当报盘结束后，美方销售员带着满意的笑容，满怀自信地转向我方代表，问了问："就介绍到这儿吧，你们认为怎么样？"而此时，我方代表一直一声未吭，只是静静地坐在椅子上。从谈判开始到此时，几位中方代表只说了几句话，那就是："对不起，我们对你方的介绍不太明白。""我们希望你们能再一次详尽地介绍一遍。"连续三个小时的长篇大论，有谁愿意继续讲下去，而且好像没人听，美方终于"再而衰"了。眼看快到中午了，美方代表有气无力地说："好了，我是不会再讲一遍了，下午我们重新开始谈吧。"

下午的情况，可能谁也想不到，中方代表突施奇袭，美方只好节节败退了。

从这一案例可以看出，在对方表现出较强优势时，不要惧怕，也没有必要以硬碰硬，不妨让他充分表演，而销售员完全可以靠平静消耗他的体力，待其气势散尽，销售员就可以从容不迫地发起反攻了。

以静制动这一策略在销售领域稍稍变通，演化成"静施缓兵计"也是十分有效的。"静施缓兵计"是指为了使销售对方进退两难而静止不动，对销售对方的观点既不赞成也不反对，让对方摸不清己方的虚实，使其处于左右为难之际，己方则静观其变，以静制动，以缓制动。这种策略的具体做法是：在对方要价很高但态度又坚决的情况下，请其等待己方的答案，或者以各种借口来拖延会谈时间。这样拖延一段时间后，对方可能已信心大减，而己方在这一期间准备了充足的销售材料，足以和对方讨价还价。

静观其变、以静制动这一策略要求销售者应不急不躁，沉稳自信，大胆设想。除此之外还需：

第一,认真、仔细倾听对方发言;

第二,注意对方的仪态姿势、言谈举止;

第三,不要因轻视对方而抢话,或急于反驳而不听对方的发言;

第四,将对方的谈话去粗取精、去伪存真,既抓住重点,又收到了良好效果;

第五,认真观察对方每一个细微动作,以便准确把握对方的行为与思想。

销售工作不仅是语言交流,也是行为交流。在商务谈判中,销售者总是运用一系列的动作来配合自己的谈话。所以,销售员不仅要听其言,还要观其行。

以退为进,绕个弯也许效果更好

不成熟的销售员有时会不顾一切地达成交易,而懂技巧的销售员则是暂时放弃,等时机成熟时再达成交易。这需要判断,而且需要判断以外更多的东西。它需要销售员在交易达到一定的程度时,敢于放弃唾手可得的一切利益,暂时将它放在一边;又要有在几天后再把生意拉回来的自信。以退为进是最成熟的销售技巧。

罗伯特是一家公司的高级副总裁。他在与当时最富有的亨特做生意时就运用了先撤退,再使其成交的销售技巧。

很久以前在金银市场上亨特的名字就曾一再被提及。具有天使般容貌的亨特成立了一个公共事务组织,叫作"事务广场"。它的使命是:反映时政焦点。罗伯特成立的是一家印刷公司,还与亨特做了几笔交易。

具有传奇色彩的亨特是个冷静、谦虚的人,不喜欢公共场合。他总是用一个平淡无奇的纸袋装午餐饭盒,驾驶一辆已有三年历史的标致车,穿很平常的衣服。

然而，那时这位每月收入四万美元的人很明显地感到困惑：很多人并不知道"事务广场"。于是罗伯特找到了销售契机。罗伯特告诉亨特，明天他将给他一个建议。他的主意是：新闻信。

回到办公室，他起草了一份"事务广场新闻"，写了个简短的小故事，估算了一下印刷成本。

第二天，罗伯特把计划交给亨特，"低成本，而且全国数千人都会知道。"罗伯特继续说，"随着循环次数增加，单位成本还会下降。"

亨特全神贯注地听着，即刻便满面怒容。他怒斥罗伯特滚出他的办公室。难道罗伯特暗示了什么过分的野心吗？

罗伯特决定不催促亨特，而让他进行下一步。星期一早晨罗伯特接到了亨特的一个电话。亨特想立刻采用这一方案。后来，"事务广场新闻"成了全国性的杂志——也是一个有利可图的新行业。

罗伯特知道何时需要一个策略性的撤退。他不能不走开，他之所以成功是知道什么时候他必须走开。以退为进是一种追求成功的有利战术。在快速发展的今天，一味埋头苦干、奋勇搏杀也许会陷入思维的陷阱，沉没在泥潭中。还不如另辟蹊径，也许就能看见成功的曙光！

产品示范要给客户留下深刻印象

若要客户对产品产生兴趣，就必须使他们清楚地意识到他们在接受你所销售的产品以后会得到好处。这一说法是相当富有哲理的，所以人们很容易接受。但在实际销售工作中，它又往往被人们所忽略。为了尽快引起客户的兴趣，销售员可以在业务洽谈一开始就向客户介绍产品到底有哪些具体优点，同时，还必须向客户证明产品确实具有这些优点。

陈述某一事实与证实某一事实不能划等号。同样，重复说过的话是一回

第4章 心理博弈术

事，用事实证实说的话则是另外一回事，这两者之间不能划等号。做示范是向客户证实所提供的产品确实只有某些优点的极好方法。熟练地示范产品能够吸引客户的注意力，使他对产品直接产生兴趣。有时候销售的产品是不能随身携带的，在这种情况下，销售员可以借助产品的宣传、资料、数据和其他一些器具，向客户宣传介绍产品。销售员应尽量少谈论产品而是尽可能快地让客户亲自检验产品的质量。让客户亲眼看一看、亲手摸一摸，比其他任何一种方法都更具有说服力。

让客户把千斤顶举起来，用力摔在坚硬的路面上，看他是否能把千斤顶摔坏。这种方法比任何口头宣传都更有说服力。如果你想说服客户安装空调设备，让他到两间不同的办公室走走，体验一下。其中一间安装了空调设备，室内空气清新，凉爽宜人，而另一间没有安装空调设备，室内空气混浊，大有令人窒息之感。

因此，示范是销售员向客户提供一种证据。在进行客户拜访的准备工作时，销售员不妨这样问一问自己：你要向客户示范些什么呢？只有对这个问题作出了正确回答，做示范的目的才更明确，效果才会更好。

有时为了使你的产品更具有吸引力，做示范时可采用一些特别的方式，能令人印象深刻，过目难忘。

下面就是一些较好的产品示范的例子。

一个油污清洗剂销售员所采用的示范方法是用他销售的清洗剂把一块脏布洗净，借以说明他的产品效果好。后来，他改变了示范方法，他把穿在身上的衬衣袖子弄脏，然后用他的油污清洗剂洗净。这样做示范的效果同以前就大不一样了。

一家胶水生产企业的销售员，让客户在一页纸的一端涂抹胶水，然后把带胶水的一端贴在一本厚厚的电话号码簿上，用这页纸把号码簿提起来。他以这种方法向客户示范胶水的黏合力。

在向客户介绍、推广一种新的速干墨水的时候，销售员让客户把自己的姓名写在一张纸上，然后马上用手在纸上揩擦，证明字迹牢固。

一个强化玻璃销售员身边总是带着一把大榔头。在向客户做示范时，他用榔头猛力敲打玻璃。

为了显示帆布结实耐用，有个销售员总是把一把剪刀和一块帆布样品递给客户，让他们亲身体验把帆布剪成碎块是如何困难。

一个起重机生产商，为了向客户说明他的超重机操作简单，曾让一个小学生操作他的机器。

一家跨国公司的销售员，为了向客户证明他们公司生产的电子计算机的按键富有弹性，灵敏度强，他们用一根香烟触摸按键。

无论销售哪一种产品，都要做示范。客户可能已经了解你的产品，或者对你的示范不感兴趣。即使在这种情况下，你也要做示范，而且示范得越早效果就会越好。这是达成交易的一种保证。这一方法也同样适用于各种类别产品的销售员。产品越复杂、技术性能要求越高，就越有必要通过示范使其具体化。如果你不充分利用已掌握的资料，或者不把这些资料的使用与你预期达到的目标有机地结合起来，那么你就会事倍功半。

如果你所销售的产品不能随身携带，可以利用模型、样品、照片和图片做示范。不要忘记带纸笔，你可以通过写写画画进一步向客户介绍你的产品。要把所有的数据都铭刻在心、灵活运用，并不是一件容易的事情。你应该把数据写在纸上或者让客户把数据记下来。你可以用简单的图表，如方形和圆圈，使客户清楚地看到两组数据之间的区别。你画的图表有助于使客户产生一种形象的概念。譬如，你要说明产品的使用寿命比竞争对手的产品长两倍，可以画两个长方形并加以简单说明，其中一个长方形比另一个长方形大两倍。你不必担心画得不好。大胆尝试画出来的圆圈要比一个老练的绘图员画的标准圆圈更能吸引客户的注意。只要充分发挥你的聪明才智和丰富的想象力，用图表几乎可以说明你销售的所有产品，给客户留下一种栩栩如生的感观印象。

销售员必须要记住，"眼见为实，耳听为虚。"一次成功的示范等同于20次的语言推荐。空口说白话，容易引起客户听觉上的疲劳。为了让客户对产品进一步认可，销售员需要对产品进行完美的示范，将产品的优势淋漓尽致地表现出来。

帮助客户得出正确的结论

帮助客户从示范中得出正确的结论。每次示范都应该有具体的目的。未做示范前，要扪心自问：这次示范要证明些什么呢？判断你的示范成功与否，要视客户对你的信服程度而定。许多销售员忽略了一个很重要的工作：即检查示范对客户所产生的影响。因此，即使他们的示范动作做得十分出色，到头来也只能收到微乎其微的效果。如果你想通过示范使客户相信你的产品或是柔中带刚，或是经久耐用，或是高效能，或是易操作，那么，做完示范以后就应该直截了当地向客户提出这样一个问题："你现在是否相信这种产品确实像示范所证实的那样呢？"这时，客户的回答可能有下列几种。

（1）"不，这种示范说明不了问题"

如果回答是这样的，那就清楚地表明：你的示范一败涂地。假如你没有向客户提问，对示范的效果茫然不知，那你就会永远蒙在鼓里。

（2）"看起来倒挺好，但是……"

这种回答表明：虽然不能说你的示范是失败的，但起码可以说，它不能令人信服。这是因为客户还在怀疑你的产品质量。究其原因，可能是你把客户的要求估计得过高，或者你过高地估计了示范的结果。如果不是你自己在那里示范，而是客户自己亲手做示范，那他们就很可能被折服。有时候，客户会这样认为，你向他们介绍的产品是专供做示范用的，而且这种产品的质量肯定比日后交货的产品好。有个汽车制造商作出这样的决定：自即日起，凡做示范的汽车必须是跑了一万英里的旧车。

（3）"您的示范使人印象深刻"

只有听到客户这种回答时，才能说明产品示范达到了预期效果，也可以说大功将成。客户对你成功的示范表示信服，这就为你的销售工作提供了一个良好的机会。你应该抓住良机，进一步唤起客户的购买欲望，一举达到销售产品的目的。

介绍产品时要突出卖点

推销员在向客户介绍产品时首先要弄清楚，哪些是产品的基本性能特征，哪些又是产品的卖点与益处。一般来讲，产品的性能特征就是指产品的具体事实，如产品的功能特点和具体构成，而产品的益处指的是产品对客户的价值，也就是该产品的卖点所在。在介绍产品时，要把产品的特征转化为产品的益处，如果不能针对客户的具体需求说明产品的相关利益，客户就不会对产品产生深刻的印象，也就更不会被成功说服购买。而针对客户的需求强化产品的益处，客户会对这种特征产生深刻的印象，从而会被说服，会去购买产品。

1. 掌握有效说明产品卖点的方式

一般来讲，无论推销员以何种方式向客户介绍或展示购买产品的好处，通常都要围绕以下几个方面展开：

（1）省钱；

（2）方便；

（3）安全；

（4）关怀；

（5）成就感。

针对这些方面，推销员要根据不同的客户采取不同的说明方法：

"产品先进的技术会给你带来巨大的效益。"

"方便的使用方法能给你节约大量时间。"

"这种产品可以更多地体现出你对家人的关心和爱护。"

"产品时尚的外观设计可以体现出您的超凡品位。"

当然，推销员应该注意的是，在说明产品的卖点时，必须针对客户的实际需求来展开。如果提出的产品卖点并不符合客户的需要，如果向那些需求实惠产品的客户推荐时尚而价格高昂的产品，即使这种产品的性价比再高，也不会引起客户的购买兴趣。

2. 突出产品的优势与卖点

当客户说出愿意购买的产品条件时，推销员要将自己的产品特征和客户的理想产品进行对比，以明确哪些产品特征是符合客户期望的，哪些客户的要求是难以实现的。在进行一番客观的对比后，推销员就能够有针对性地对客户进行劝说。

第一，突出产品的卖点与优势。

推销员可以通过强化产品的卖点与优势，对客户发动攻势。如：

"您提出的产品质量和售后服务要求，我公司都可以满足您。一方面，我公司的产品的特点在于……另一方面，我公司还为客户提供各种各样的服务项目，如……"

在强化产品优势时，必须要保证自己的产品介绍是实事求是的，并要表现出沉稳、自信和真诚的态度。

第二，弱化那些无法实现的需求。

无论推销员多么努力地向客户表明产品的各项优势，可聪明的客户还是会发现，你推销的产品在某些方面还是达不到他们理想中的要求。面对这种情形时，就要主动出击，以免让客户步步进逼，使自己处于被动地位。

如果你的产品达不到客户的要求，可以运用以下两个方法来弱化客户的内心落差：

其一，只提差价。这种方法适用于很多种产品的推销。如：

"只要多付1 000元，您就可以享受到纯粹的夏威夷风情。"

其二，进行贴近生活的比较。这要求推销员对自己的产品要有较为深刻的理解，并且这种理解符合大多数人的生活习惯。如：

"您只要每周少抽一包烟，购买这个产品的钱也就出来了。"

第三，对产品的介绍要客观。

推销员为推销产品，增加业绩，往往会对产品进行有效的宣传，但任何一种宣传都要诚实，要实话实说，要对消费者负责。不能为了一时的销售业绩，就过度地去介绍产品的优点，甚至去夸大产品的性能和价值。

值得注意的是向客户介绍产品的过程，是努力促成交易的过程，也是展示产品特色和优点的过程。只有努力展示产品的好处，吸引客户的兴趣，才能保证销售工作顺利进行。但在这个过程中，过分夸大产品的优点，势必会让对产品非常了解的那些客户因此不再信任你，而那些不知情的客户购买产品后，如果发现产品并没有达到你所夸耀的好处，也会对你产生抗拒和厌恶的情绪，不会再继续购买你的产品。

3. 对自己销售的产品要有信心

销售是一种将心比心的工作，对推销员来说，信心是保证销售成功的必备素质。推销员不仅要对自己的能力树立信心，而且还要对自己的产品和公司树立信心。试想，如果推销员对产品和服务都没有信心，又怎么能让客户产生购买信心呢？只有当推销员自己对产品的信心坚定不移时，才能最终打动客户的心。

李维是一名优秀的厨房灶具推销员，他口才过人，思维敏捷，善于洞悉客户的心理。但在一次推销中，他还是失败了。

有一天，他在一个商场内举办灶具推销活动，他热情洋溢的介绍引来众人的围观，现场气氛非常活跃，已经有几名顾客准备购买。这时，他的邻居也到场了，问他："小李，既然你认为这种灶具这么好，那你为什么不使用这种灶具呢？"

李维想想说:"这是两码事,不能混为一谈。我们公司的灶具非常好,我早就想买一套用了。但是,你知道,我最近的经济状况不太好,孩子的学业花费我一大笔钱,最近我的妻子也有病住院了。这些事情让我的支出大大增加。我一直想拥有一套我们公司生产的灶具,但我近来的支付能力有限,所以只能过一段时间买了。"

听他这么一说,那些原来已经决定购买的顾客改变了主意。他们说:"既然你自己都不相信你的产品,我们又怎么能相信呢?"

在现实中,很多推销员在面对挫折时,在听到客户反映产品的一些小毛病时,往往马上会抱怨公司产品质量低下,把销售业绩上不去归结为产品质量问题。但我们要从这个角度分析一下,任何一家公司、任何一种产品都有销售业绩优秀的推销员,每个公司都有销售冠军,如果产品有问题,那为什么有人还可以卖出去,并且让客户满意呢?

这也说明一个问题,那就是销售业绩的好坏很大程度上取决于主观条件,即推销员的心态问题。所以,推销员首先要对自己推销的产品充满信心,才能让客户和你一样对产品建立信心。

4. 站在对方的立场上去介绍

美国口才大王卡耐基的一次经历,也可以作为介绍产品时的一个典范来参照。他是这样请求一家旅馆经理打消增加租金的念头的:

卡耐基每季度平均花费1 000美元在纽约的某家大旅馆租用大礼堂20个晚上,用来讲授社交训练课程。

有一个季度,卡耐基刚开始授课,忽然接到那家旅馆的通知,要他支付比原来多3倍的租金。而在接到这个消息以前,课程的入场券已经印好,而且早发出去了,其他准备开课的事宜都已办妥。显然卡耐基是不想支付这部分额外费用的,那么怎样才能交涉成功呢?考虑到对方感兴趣的是他们想要的东西。经过仔细考虑,两天以后,卡耐基去找旅馆的经理。

他对经理说:"我接到你们的通知时有点震惊。不过这不怪你。假如我处在你的位置，或许也会写出相同的通知。你是这家旅馆的经理，你的责任是让旅馆尽可能多地盈利。你不这么做的话，你的经理职位将很难保得住。假如你坚持要增加租金，那么让我们来合计一下，这样对你有利还是不利。"

"先讲有利的一面。"卡耐基说，"大礼堂不出租给讲课的而是出租给办舞会、晚会的，那你就可以获大利了。因为举行这类活动的时间不长，每天一次，每次可以付200美元，20晚就是4 000美元，哦！租给我，显然你吃大亏了。"

"现在，来考虑一下'不利'的一面。首先，你增加我的租金，也就降低了收入。因为实际上等于你把我撵跑了。由于我付不起你所要的租金，我势必再找其他地方举办训练班。"

"其次，还有一件对你不利的事实。这个训练班将吸引成千的有文化、受过教育的中上层管理人员到你的旅馆来听课，对你来说，这难道不是起了不花钱免费广告的作用了吗？事实上，假如你花5 000元钱在报纸上登广告，你也不可能邀请这么多人亲自到你的旅馆来参观，可我的训练班给你邀请来了。这难道不合算吗？"讲完后，卡耐基告辞了，"请仔细考虑后再答复我。"当然，最后经理让步了。

卡耐基成功说服对方的过程中，是站在经理的角度想问题的，把增加租金与保持租金的好处用数字一个个清楚地表达了出来。

5. 充分调动客户的想象力

在向客户介绍你的产品时，是否能够充分调动顾客的想象力是非常重要的。如果能让顾客亲身体验一下那就更好了，因为这样做给他们的印象更深，理解也更透彻。

在这方面，弗兰克的一个牙医朋友做得很绝，他把患者的X光片放在墙上，使患者一坐下就可以看到自己牙齿损坏的情况。然后，牙医就会说："不要等牙坏到不能再坏的程度才来看病。"

第4章　心理博弈术

所以说，在销售的过程中，通过出示一定的实物，再说一些能够调动顾客想象力的专业语言，能够让顾客在事实的基础上，再发挥自己的想象力，从而对商品产生认同感。

人的想象力是惊人的，对于同一个事物，不同的人会得出不同的看法。因此，这就要求销售人员能够用自己的专业语言为顾客的想象力铺平道路，并限制或发展客户的想象空间，这就像制造一个固定的空间，固定的路径，去引导顾客朝着原先设定的方向想象，从而达到销售的目的。

第5章 心理降服术
——瞄准心理弱点，抓住客户软肋

对于销售人员来说，客户的优点几乎毫无意义，但是客户的弱点却意义非常。每个人都有其致命的弱点，都有可被击破的地方，只要能充分利用其要害之处，掌握主动，攻其不备，则可无往不利，战无不胜。掌握了这个道理，在销售中自能游刃有余。

激发客户的购买欲望

作为销售员，一件最重要的事情就是吸引客户的注意力，然后充分激发起他们的购买动机。调动客户的购买动机，可以用如下一些方法。

1. 明示法

明示是指直接建议客户考虑采取购买行动，来满足自己的需求。明示时，可以就商品的特点以及购买会给客户带来的好处提示，也可直接指出客户的需要和问题，提出解决问题的办法。

当然，要注意对方的反应，有针对性。如看到客户稍感满意，用手触摸产品，可说："刘厂长，无论怎样去比较，还是这台机器对你们更合适。"这可以帮助客户下决心。对方表情不大痛快时，可以告诉他："这个机器油耗低，质量可靠，产品实行三包的，完全可以放心购买。"此外，像"买一台吧，价格还可以再商量"，"购买这种产品，我们负责终身保修"等，都是明示的典型例子。

2. 暗示法

暗示是指不直接建议购买，而是间接地启发客户，可用语言，亦可用手势、表情含蓄地向客户施加心理暗示。暗示的好处，在于减轻客户心理压力，利于保持良好的洽谈气氛。暗示要根据商品特点，针对不同的消费心理，语气要温和委婉。如："这是清仓查库处理，价格优惠"，"这是省级优质产品"等等。

暗示时，虽并不必直接劝说客户购买，但一定要让对方体会到"应该买"的意思，另外，要尽可能地用一些说明书、剪报、广告文件、图片等作为刺激物，显示产品的特效或新奇的功能。

3. 说理法

说理法即通过说理使客户认识到购买某种商品会给自己带来的利益，从而产生购买动机。说理时可以借助逻辑的力量，冲垮客户的理智。

一个新材料销售员，如果对客户讲："生产单位总是希望降低原材料成本，提高经济效益，这种新材料加工简便，费用低廉，你们要提高经济效益，应改用这种材料。"客户由于考虑到生产成本，恐怕就会考虑购买问题了。

使用这种方法，要晓之于理，动之以情，才能使客户心悦诚服。使用说理法，销售员要掌握一定逻辑知识和相关科学知识并选择适当方式。

4. 诱发冲动法

诱发冲动法是指销售员通过强有力的说服和演示，使客户凭着一时冲动而完成交易的一种方法。

不少容易引起联想的产品,如玩具使父母联想到孩子的智力开发,电子打字机使人联想到办公现代化,沙发让人联想到舒适等,都可以设法诱发冲动,力争较快成交。一些商品的外观色彩、设计构思、寓意、象征性等,都可以加以利用,启迪客户某种情趣,从而诱发购买动机。

5. 激将法

有时巧妙地刺激一下客户的自尊心,会产生意料不到的效果。这就是所谓"请将不如激将"。例如:

"给您介绍了这些情况,不过,您能做主吗?""这种产品有不少单位订货,但价格贵一些,你们买得起吗?"

用这种方法,要注意掌握分寸,对客户要在尊重同情的前提下,善意刺激,不要去冒犯、戏弄客户,否则会事与愿违。

客户购买动机的产生,经常是一种复杂的心理活动,因此,对上述方法,在洽谈中要灵活应用。

抓住客户有意购买的时机

如果客户有如下的行为、举止,销售员应将此当作是对方具有购买意愿的征兆,以下就是销售员抓住客户有意购买的八个时机。

1. 当客户关注产品介绍时

当将商品的有关细节和付款方法说明之后,如果客户显示出认真的神情,你就应及时地以和蔼可亲的口吻说:

"先生,您要不要先试试看?"

然后静静地等待客户的回答。如果客户还有什么异议,就应设法打消他的疑虑,这非常重要。

2. 在客户举棋不定时

听完有关商品的介绍后,客户可能会彼此间相互对望,动一动眉毛,或者眼神里传递"你的意见怎么样?"这种表情,这表示出他是在征求他人的同意,这时,你就可以进行成交,说一声:"请试一试吧?"这时,他的太太可能会说:"你看呢?我想就按你的意思办吧?"

出现这种状况时,你不妨插口谈些别的话题,最好的话题是围绕他太太的。

"先生,像您两位这样,真是夫妻相敬如宾的典范,既然太太已发表了意见,您就照办吧。"

这种说话技巧,不但会逗人发笑,也会让做太太的产生兴趣,重新把太太引到交易中来,这是接待伉俪客户的一种情形。

3. 在取得客户初步认同时

有时客户会倚在沙发上,或是看着太太,显出百无聊赖的神情,或是满脸的困惑时,你就应当主动上前,走近客户说:"请试用一下吧?"这种接近客户的方式,可能产生"认同感"的效果。在客户决定购买时,便可能以这种"认同感"为参考依据。即客户已把自己身旁的销售员,当成好友看待了,有这种"认同感"相助,交易成功也就顺理成章了。

4. 在客户进行思考时

当产品介绍结束后,房间里可能会恢复沉默,客户们轻轻地松一口气,眼睛看着会议桌,这时你必须赶快凑近去说:"请试用一下吧?"

5. 在客户提出问题时

若客户总是问:"先生,请问这车子的时速最快可达多少公里?"此时,客户不仅已对商品产生兴趣,同时也意味着准备购买了。在这种情况下,销售员不但要回答客户的问题,并要看着客户的眼睛说:"请试用一下吧?"

6. 在客户产生兴趣时

客户的眼神显露出灵活、有神、明朗、兴奋时,表示客户已准备购买了。当客户露出小孩有件新玩具时那样的眼神时,销售员绝不可轻易放过。

7. 在客户表示不了解时

客户眼朝下看,露出"不懂"的神情时,这是促销的好机会。

8. 在客户口若悬河时

有些客户口若悬河，手臂放在桌上，积极参加讨论。另一些客户则镇静自若，专心倾听，只偶尔询问一下付款方式。这些都表示客户对商品有浓厚的兴趣，已准备购买了。

客户在无意识中已通过显示这么多信号给你提供暗示了，因此，销售员应仔细观察、善加把握。

在上述实例中，注意切不可向客户说："买一个吧，先生……"而应该说："请试用一下这个商品。"这"试用"两字，能使客户产生一种"由我自行试用"的意义，不久即可变成由我自己使用的感觉。因此，这两字很有讲究，是非常有效的。

刺激客户购买的7个心理战术

销售的心理战术运用得是否得当，是关系到交易能否成功的关键。这种战术是达成交易的基本方法。买卖双方在进行交易时，所有有关销售的事项都是影响交易的因素。

举例来说，当销售员正进行商品说明时，如果这时有汽车声等噪音的干扰，双方就会偶尔出现烦腻的表情或言语，这些都将导致交易的失败。

心理战术是销售员面对客户时所产生的一种敏锐反应，但其先决条件是销售员必须先控制自己的情感。应用心理战术，判断出客户的类型及其个性、喜好等个人因素，然后再选择最适当的推销战术，不过，销售员对商品的特性应有详细的了解，如此才能让客户满意地接受下面列举的这些方法，只要销售员们细心研读，并善加应用，就一定能顺利把握客户，完成交易。

1. 先谈谈自己的事

在与客户交谈时，销售员不妨先谈谈自己，让客户首先了解你的背景和

生活情况,以减轻其防卫心理,使彼此的交谈气氛更为融洽。

当客户认为你不过是一个与其不相干的人,或者只是一个销售员时,他心里一定持有很强的排斥感。其实,客户也希望彼此间能做个朋友。因此,在双方开始接触时,你必须让客户对你产生信任,随便聊聊自己的私事,这也是最好的方法之一。一旦对方也谈及他个人的私事时,表示他对你已有相当的好感。接下来的销售工作就更为顺利了。

2. 让客户自愿地谈论个人私事

在交谈中,销售员可以问及客户的职业、家人及宠物,只要客户认为这名销售员是有诚意的,他必然乐于答复。但如果销售员的态度表现出"我们随便聊聊吧!"那么交易一定失败,因为这种态度会让客户觉得这是个不太可靠的人。

此外,当客户身边还有其他人时,也必须主动上前与他们进行必要的寒暄,千万不能忽略他们的存在,否则他们可能会破坏整个交易计划。

3. 寻找共同话题

与客户初次会面时,应该找出一些共同的话题,如有关孩子、运动、个人爱好等,先闲聊一会,再进入正题,这样便能完全瓦解客户的戒备心理。

4. 适度掌握

客户若为夫妇,说明商品时必须注意尺度。与夫妇两人洽谈时,话语要简明扼要,尤其对女性要多下工夫,因为每个丈夫最后都不会忽略太太的意见,买下太太心里想要的东西。

另外,只跟太太一人攀谈而忽略其丈夫这也是不可取的,因为丈夫不可能听任自己的太太跟其他男人交谈,好像与他无关一样,他们表面上虽然装着不在乎,实际上却非常专注地倾听着。

5. 不要给客户"考虑考虑"的机会

当你为客户进行商品说明时,有一个方法可以阻止客户存有再作考虑的打算。

在客户的印象中，他只认为听到别人购买的理由，而听不见任何一句促销之语，这样可以缓解他的紧张与压力，如果这时你说："如果您想买，当然很好，相反的，如果您不想买……"这种带有询问语气的话，正可刺激他采取购买行动。

在这关键时刻，千万不能留有让客户发言的余地，否则就功败垂成了，你必须一气呵成地说完整句话，让对方感受到你的坚定态度。

一般而言，这种以接近客户心理为重点的推销方法非常有效，如果销售员使用"请您买下这东西，好吗？"这样的字句，只有更加强客户的抗拒心理。

总之，在整个洽谈过程中，诚恳的态度至关重要。

6. 让客户对商品介绍说明产生兴趣

与客户交谈时，一定要使其对所介绍的商品产生兴趣，否则会导致客户产生厌烦的心理。当你试探他的购买意愿时，他一定会说："让我考虑考虑吧！"

如果你能以明确而直接的言辞说出自己的主张，那么客户的情绪便会随着你的引导进入亢奋状态。而如果你是一副温吞吞懒洋洋的模样，便会大大地降低客户对商品的关心程度。因此，你必须通过自己的说话方式去吸引客户的心，这才是最重要的。

7. 对客户的情感善加利用

情感经常是客户行动的助力，不论是购物的判断，还是决定应对的态度，皆由情感出发。

当销售员诉说过去的悲伤，客户将会陪着他沉湎于回忆之中，销售员的坦诚会令客户感动，这种利用感情的谈话是促销的最好方法。

销售员在向客户推销的过程中要尽量避免使用虚假的情感，虽然情感是说服他人的一大利器，但虚假、伪装的情感一旦被人识破，后果将不言而喻。

此外，销售员还要注意情感的适当运用，否则，反而会使客户心里感到烦乱，交易势必失败。如果你所诉诸的情感具有正当理由，让人感觉真实，他便会因对你产生好感而产生购买行为。随着你的喜悦、悲伤，客户也会表达出他们内心真正的感受。

满足顾客需求的19个要点

只要搭错一次车，你就到不了目的地。在销售过程中，可能只写错了一个字，你就无法销售出你的产品。因而，你跟顾客讲的每一句话都要经过深思熟虑。下面是世界推销训练大师在课堂上提出的在行销时塑造产品价值的19个要点：

（1）找到顾客的问题或痛苦；

（2）加重对方不购买的痛苦；

（3）提出解决方案；

（4）提出解决问题的资历；

（5）列出产品对顾客的所有好处；

（6）解释你的产品为什么是最好的？

（7）考虑一下我们是否可以送一些赠品；

（8）我们有没有办法限时、限量供应产品？

（9）提供顾客见证；

（10）做一个价格的比较，解释为什么会物超所值；

（11）列出顾客不买的所有理由；

（12）了解顾客希望得到什么结果；

（13）要塑造顾客对该产品的渴望度；

（14）解释顾客应该购买你的产品的五个理由，然后写出证明；

（15）顾客买你的产品的好处和坏处的分析；

（16）你跟竞争对手有哪些不一样的地方，要做比较；

（17）顾客对该产品产生问题或疑问时的分析；

（18）解释你的产品为什么这么贵；

（19）列出顾客今天就要购买你的产品的理由。

作为推销员一定要学会投其所好，尽量满足顾客的需求。从现在开始，牢记世界推销训练大师在课堂上提出的在行销时塑造产品价值的19个要点吧！

引起客户的注意和兴趣

优秀的销售员常常通过向客户提问的方式，来引起客户注意和兴趣，并引发讨论，从而促使客户产生购买的欲望。

通过提问，销售员一方面启发客户认识到了自己的需求，另一方面又介绍了自己的产品，因此这是一种比较有效的接近方法。运用问题接近法的关键，是发现并提出问题，发现了问题就找到了客户，提出了适当的问题就意味着成功的接近。需要注意的是，销售员所提问题应是客户最为关心的问题。

销售员直接向客户提出问题，引起客户的注意和兴趣，引导客户去思考，并顺利转入正式面谈阶段也是一种有效的销售方法。

比如，"20年以后，你将干什么呢？"这个问题可能引起一场销售员与客户之间关于退休计划的讨论。

在美国，有一位口香糖销售员在遭到客户拒绝时就提出一个问题："你听说过威斯汀豪斯公司吗？"零售商和批发商都会说："当然，每个人都知道！"销售员接着又问："他们有一条固定的规则，该公司采购人员必须给每一位来访的销售员一小时以内的谈话时间，你知道为什么吗？他们是怕错过好东西。你是有一套比他们更好的采购制度，还是害怕看东西？"

为了让客户对你的话题更有兴趣，在提问时要把握好以下几点。

1. 了解客户的需求

销售员要了解客户的需求，围绕需求设定问题。提问题是为了找到客户的要求，而客户需求的具体表现是他已经有了的东西和他所希望得到的东西的差异。因此销售员可以问客户"已有的"问题，如"你对已经有了的东西喜欢什么？"然后问"想有的"，如"在没有的东西中你希望得到什么？"等等。如果你仔细听他们的回答，就可以听出"他现在已有的"与"他想有的"之间的差异，从而了解客户的需求。

2. 注意表达问题的方式

一位销售员向一位女士提出了一个简单的问题："你是哪一年出生的？"结果惹得该女士恼怒不已。对于销售员来说问这句话是例行公事，但这位女士深感年华流逝，对出生年份很忌讳，因而大为不满。后来这位销售员接受教训，改为另一种方式提问："这份汽车登记表上要填写你的年龄，有人愿意填写大于实际一岁，你愿意怎样填呢？"这样说就好多了。可见提问时表述的重要。经验告诉我们在提问时先说明一下道理对洽谈是有帮助的。

3. 把握好提问的时机

提问的时间掌握，要依据客户本人、销售产品的情况及约见的时间地点来决定。可以一开始就提出问题，如："您需要提高办公效率吗？"或"您家里有高级音响吗？"也可以在引起客户注意以后，根据客户生产经营情况或家庭情况提出问题。

引导客户的兴趣向购买欲望转化

欲望是人们对满足需要的愿望，是一种积极的，能转化为动机和行为的情感和心理定势。激发客户的购买欲望是指销售员通过销售活动的进行，在激起客户对某产品（或销售员所在的公司）的兴趣后，努力使客户的心理产生不平衡，产生对感兴趣的产品持积极肯定的心理定势与强烈拥有的愿望，从而导致购买行为。

客户一般产生兴趣后，就会很快转化为购买欲望，这是因为：

第一，产品的功能能满足客户的需要。这是客户产生购买欲望的根本。

第二，销售员能满足客户对购买方式的选择。客户在对产品感兴趣的同时，会对购买方式产生选择的需要。如购买的安全感、方便与否、售后服务是否良好、方便等，销售员在这方面是有优势的，销售员在宣传时如能恰到好处地指出来，客户是会很快产生购买行为的。

第三，销售员能满足客户购买的感情需要。购买欲望大多来自情感，而不是理智，或者说在购买行为中，总是情感的选择大于理智的选择。美国有一个推销保险的大师，曾一年推销10亿美元的人寿保险。他认为推销中的98%是人情，是销售员对人情的理解，2%才是销售员对产品知识的理解。销售员常常创造出许多有感情色彩的销售环境，有利于客户产生购买欲望。

第四，销售员的充分说理，并提供大量信息。这些都可以使客户不断强化与维持购买欲望。情感只是一个心理过程，随着时间的推移，会过去和消失，只有信息与道理，才能加深理解，并使已形成的购买欲望向行为转化，而不是相反。

当然，销售员的优势只是向客户提供了转化兴趣为欲望的可能，真正的转化，还需要销售员的努力，下面介绍几种方法：

方法一：在客户产生兴趣后要及时检验其对销售员及产品的认识程度。如询问有否有不明白、不理解的地方，有否需进一步示范及说明的地方。如果有，要及时解释、示范与说明。

方法二：了解到客户尚有担忧与疑虑后，要进行反复解释。

方法三：强化情感。如发现客户对销售员、对销售员所在的公司及销售的产品仍有不信任与疑虑，则更要继续做好以诚待人、以情感人、以理服人、以利动人的工作，努力改变客户的态度，要始终坚信"精诚所至，金石为开"。

方法四：多方诱导。客户在形成购买行为前总是会多方权衡利弊得失的，如果我们能有针对性地进行多方诱导，让客户意识到拥有产品的多方利益时，就会产生强烈的购买欲望。

在诱导时要注意，既不要讲"过去"，也不要谈"现在"，而要大说特说"将来"。只有美好的"将来"才是激起客户购买欲望的主要原因。

不给顾客说"不"的机会

从顾客感兴趣的话题入手，引导别人回答"是"，"诱敌深入"，"借题发挥"，当顾客与你产生共鸣时，那么他的"不"也许就难说出口了。

华尔菲亚电器公司是生产自动化养鸡设备的，经理威伯先生发现宾夕法尼亚州的销售情况不妙。当他到达该地区时，推销员代表皱着眉头向他诉苦，咒骂当地富裕的农民：

"他们一毛不拔，你无法卖给他们任何东西。"

"是吗？"威伯先生微笑着，盯住推销员的眼睛。

"真的，"推销员的眼睛没有躲闪，"他们对公司意见很大，我试过多次，一点希望也没有！"

"也许是真的，"威伯先生说，"让我们一起去看看吧。"

推销员笑了。他心里想："你们这些当官的，高高在上，平常满口理论，这下可得让你尝尝厉害，他特地选了一家最难对付的农户。"

"笃笃笃"，威伯先生轻轻地敲那家农舍的门。

门打开一条小缝，屈根保老太太探出头来。当他看见站在威伯先生后面的推销员时，"砰"的一声，关上了大门。

威伯先生继续敲门,屈根保老太太又打开门,满脸怒色,恶狠狠地说:

"我不买你的电器,什么电器公司,一帮骗子!"

"对不起,屈根保太太,打扰您了。"威伯先生笑着说,"我不是来推销电器的,我是想买一篓鸡蛋。"

屈根保老太太把门开大了一点,用怀疑的眼光上下打量着威伯先生。

"我知道您养了许多'美尼克'鸡,我想买一篓新鲜鸡蛋。"

门又打开了一点,屈根保老太太好奇地问:

"你怎么知道我的鸡是良种鸡?"

"是这样的,"威伯先生说,"我也养了一些鸡,可是,我的鸡没有您的鸡好。"

适当的称赞,抹掉了屈根保老太太脸上的怒色,但她还有些怀疑:

"那你为什么不吃自己的鸡蛋呢?"

"我养的来杭鸡下的是白蛋,您的美尼克鸡下的是棕蛋,您知道,棕蛋比白蛋营养价值高。"

到这时,屈根保老太太疑虑全消,放大胆走出来。大门洞开时,威伯先生眼睛一扫,发现一个精致的牛栏。

"我想,"威伯先生继续说,"您养鸡赚的钱,一定比您先生养牛赚的钱要多。"

"是嘛!"屈根保老太太眉开眼笑地说,"明明我赚的钱比他多,我家那老顽固,就是不承认。"

深谙"人际关系技巧"的威伯先生一语中的。顽固的屈根保老太太竟骂她丈夫是"老顽固"。

这时,威伯先生成了屈根保老太太受欢迎的客人,她邀请威伯先生参观她的鸡舍,推销员跟着威伯先生走进了屈根保老太太的家。

在参观的时候,威伯先生注意到,屈根保老太太在鸡舍里安装了一些各式各样的小型机械,这些小型机械能省力省时。威伯先生是"诚于嘉许,宽于称道"的老手,适时地给予赞扬。

一边参观,一边谈,威伯先生"漫不经心"地介绍了几种新饲料,某个关于养鸡的新方法,又"郑重"地向屈根保老太太"请教"了几个问题。"内行话"缩短了他们之间的距离,顷刻间,屈根保老太太就高兴地和威伯先生交流起养鸡的经验来。

没过多久,屈根保老太太主动提起她的一些邻居在鸡舍里安装了自动化电器,"据说效果很好",她诚恳地征求威伯先生"诚实的"意见,问威伯先生这样做,是否"值得"……

两个星期之后,屈根保老太太的那些美尼克良种鸡就在电灯的照耀下,满意地咕咕叫唤起来。威伯先生推销了电器,屈根保老太太得到了更多的鸡蛋,双方皆大欢喜。

自如应对客户的推脱借口

在销售过程中,客户总能想出一些借口,理直气壮地拒绝你的销售,而事实是,如果不掌握一些诀窍,客户的这些借口往往是很难应付的,很多销售员都每每因为客户的借口铩羽而归。因此,对销售员来说,学一些应对客户借口的技巧是非常必要的。

下面就让我们来看一下,应对客户常见借口的妙计:

客户说:"我买不起"或"太贵了"、"你要价太离谱了"、"我不想花那么多钱"或"我在别处少花钱也能买到"等等。这种情况,也许客户真的买不起产品。所以,做一些试探是很有必要的。如果他说的是实话,那就可以介绍一些别的价格低一点的产品。

很多时候,当客户囊中羞涩时,他们只会想到自己买还是不买,所以,此时不必费劲解释你的产品品质多么出众。如果客户真的急需,或者认为花钱花得值的话，他们是不会提出价格异议的。

处理价格异议的方法之一，就是把费用分解、缩小，以每周、每天，甚至每小时计算。

例如，标价为18 000元的液晶电视，按月付款的话，只需1 500元，一年就可还清，按天计价的话，只需付50元！当你说每天只需付50元时，价格听起来就便宜多了，而客户也就会感到买得起了。

"陈先生，按照每月付款方式，您只需每月支付1 500元，也就是说，每天还不到50元。可是，想一想欣赏超大屏幕液晶电视的乐趣吧。你买得值，不是吗？"这样一来客户就会忘记他们"没钱"，而将电视买下了。

销售员就是和拒绝进行斗争的，因此要熟练掌握应对客户的借口的技巧，采取迂回战术，因人因事因地而异，总之一定要堵住客户的借口。

应对客户拒绝的11种办法

当销售员试图说服一个客户时，对方往往会用各种各样的借口或理由来抵制。要想使说服行为继续进行下去，就必须想办法破除这些借口。

那么，具体该怎样应对呢，请继续读下去——

（1）当客户说："我没时间！"

销售员应对："我理解。我也老是时间不够用。不过只要三分钟，你就会相信，这是个对你绝对重要的议题……"

（2）假如客户说："我现在没空！"

销售员可以应对说："先生，美国富豪洛克菲勒说过，每个月花一天时间在钱上好好盘算，要比整整30天都工作来得重要！我们只要花25分钟的时间！麻烦你定个日子，选个你方便的时间！我星期一和星期二都会在贵公司附近，所以可以在星期一上午或者星期二下午来拜访你一下！"

（3）假如客户说："我没兴趣。"

那么销售员可以应对说："是的，我完全理解，对一个谈不上有兴趣或者手上没有什么资料的事情，你当然不可能立刻产生兴趣，有疑虑有问题是十分合理自然的，让我为你解说一下吧，星期几合适呢？"

（4）假如客户说："请你把资料寄过来给我怎么样？"

那么销售员可以应对说："先生，我们的资料都是精心设计的纲要和草案，必须配合人员的说明，而且要对每一位客户分别按个人情况再做修订，等于是量体裁衣。所以最好是我星期一或者星期二过来看你。你看上午还是下午比较好？"

（5）假如客户说："抱歉，我没有钱！"

那么销售员可以应对说："先生，我知道只有你才最了解自己的财务状况。不过，现在做个全盘规划，对将来才会最有利！我可以在星期一或者星期二过来拜访吗？"或者是说："我了解。要什么有什么的人毕竟不多，正因如此，我们现在开始选一种方法，用最少的资金创造最大的利润，这不是对未来的最好保障吗？在这方面，我愿意贡献一己之力，可不可以下星期三，或者下星期五来拜见你呢？"

（6）假如客户说："目前我们还无法确定业务发展会如何。"

那么销售员可以应对说："先生，我们行销方对这项业务日后的发展是有考虑的，你先参考一下，看看我们的供货方案优点在哪里，是不是可行。我星期一还是星期二过来比较好？"

（7）假如客户说："要做决定的话，我得先跟合伙人谈谈！"

那么销售员可以应对说："我完全理解，先生，我们什么时候可以跟你的合伙人一起谈？"

（8）假如客户说："我们会再跟你联络！"

那么销售员可以应对说："先生，也许你目前不会有什么太大的意愿，不过，我还是很乐意让你了解，要是能参与这项业务，对你会大有裨益！"

（9）假如客户说："说来说去，还是要推销东西？"

那么销售员可以应对说："我当然是很想销售东西给你了，不过要是能带给你让你觉得值得企望的东西，才会卖给你。有关这一点，我们要不要一起讨论研究看看？下星期一我来看你？还是你觉我星期五过来比较好？"

（10）假如客户说："我要先好好想想。"

那么销售员可以应对说："先生，相关的重点我们不是已经讨论过了吗？容我直率地问一问：你顾虑的是什么？"

（11）假如客户说："我再考虑考虑，下星期给你电话！"

那么销售员可以应对说："欢迎你来电话，先生，你看这样会不会更简单些？我星期三下午3点给你打电话，还是你觉得星期四上午9点比较好？"

类似的借口当然还有很多，各种应对方法也不一而足。在这里，我们虽然不能一一列举出来，但是，万变不离其宗，处理的方法其实是相通的：就是要把拒绝转化为肯定，让客户拒绝的意愿动摇，推销员就乘机跟进，诱使客户接受自己的建议。

应付客户说"不"的技巧

在战场上两种人是必败无疑的。一种是天真的乐观主义者，他们满怀杀敌热情，奔赴战场，全然不知敌人的底细，结果不是深陷敌人的圈套便是惨遭敌人的明枪暗箭；还有一种胆小如鼠的懦夫，一听到枪炮声便落荒而逃，一看见敌人便闭上眼睛，畏缩不前甚至后退，一旦被敌人发现便是死路一条，这是战场上的规律。在战场上要想获胜，就必须勇敢、坚强，不能前怕狼后怕虎，否则只有死路一条。商场如战场，想成功，就应该从如何接受拒绝开始，从处理说"不"的客户做起。

1. 反问法

当客户反对意见不明确时，销售员可以运用反问法加以澄清，确认问题的内容，再进行诉求。这个方法可以让销售员对客户的见解看法了解得更具体、更详尽、更真实。运用反问法在客户答复销售员的问题后，主控权已由销售员掌握了，此时抓紧时间，赶快把问题引导到销售诉求上来。

2. 不抵抗法

销售员应该学会运用不抵抗法，不抵抗法就是不要像吵架一样和客户争论，除非是必须据理力争来证明客户是错误的。即使是争论也不要让客户感到"很卑贱"或有羞辱感，更不要激怒对方，尤其不要在销售员业务范围以外的问题上激怒对方。销售员在语言运用上也要注意，多顺从客户意思。可以这样说："您说的确实是一个不错的主意。"让客户觉得他们的想法能够得到别人的认同，产生一种自豪和优越感。

3. 倾听法

与客户谈判取得成功很重要的一点是学会倾听，多让别人说话。这在异议处理时相当管用，敞开心灵，专注倾听，甚至鼓励客户把真实的想法都表达出来。利用倾听技巧，销售员可以不留痕迹地引导对方积极地采纳自己的意见，接纳自己的观点，脸部应表现出尊敬、惊喜、欣赏等真诚表情，让客户感到很受尊重。这种倾听法很快会变成销售魅力的一部分。只要能够熟练把握倾听技巧，销售员将在处理反对意见中更加得心应手。

4. 冷处理法

销售员不需要深究客户的每一个拒绝，因为很多拒绝可能只是借口，未必是真正的反对意见。借口有时会随着洽谈的进行而逐渐消失。如果反驳这些借口，反而能激发客户辩护的激情，这样一来，借口可能会越来越大，变成真正的反对意见，最后到难以收拾的地步，也使谈话的中心偏离正确轨道。如果轻描淡写，借口反而会变得软弱无力。

销售员应善于辨别客户的异议和托词。异议是客户在参与销售活动过程中有针对性地提出反对意见，而托词只是搪塞销售员的一种办法、借口。对于托词，要么不去理睬，要么试图找出真正的动机，方便对症下药。

5. 转化法

看待客户的拒绝应该一分为二，不能仅把拒绝看成是交易的障碍，其实拒绝也会给达成交易带来机会。一般情况下，销售员把客户不购买的理由转化为应该购买理由的可能性是存在的。例如，客户的反对意见是"我们人口少，那么大的冰箱对我们来说是一种浪费"。而销售员答道："您提出的问题确实有一定道理。但正是因为人口少，才更应该买大一点的冰箱，人口少的家庭逢年过节会有许多吃不了的食物，容易造成食物的白白浪费，还不如买台大点的冰箱，虽然一次性花钱多些，但和减少浪费相比，还是很划算的。"销售员巧妙地应用转化法的说服方式，把不买的理由转化成不得不买的理由，既没有回避客户的拒绝，又没有直接正面去反驳客户，因而有利于形成洽谈气氛，较容易说服客户，做成生意。

6. 补偿法

任何一种产品都不可能在价格、质量、功能等诸多方面都比其竞争对手的产品有绝对的优势。客户对产品提出的反对意见，有时有正确的一面。如果销售员一味强调产品的优越性，可能容易造成客户的反感；如果用能引起客户满足的因素予以强调，以此削弱引起不满因素的影响，往往能排除客户的异议。

7. 比较法

当客户对产品功能、效果提出反对意见时，销售员可以运用简单的优缺点比较表来进行比较给他看。尽量写上全部的优点，并列下客户提出的缺点，只要优点胜过缺点，经常就能很快说服客户买下它。

8. 证据法

人们对事情的看法，首先是相信自己的判断，而最不轻易相信销售员。客户总是倾向于认为销售员是"王婆卖瓜，自卖自夸"。因此，对付客户的反对意见，运用强有力的证据比运用空洞的说服更有效。权威机关对产品提供的证明文件，其他客户使用后寄来的感谢信，不同品牌之间的比较材料，如优质奖状、名牌产品等,都是说服客户的有力证据。充分运用这些证据会让客户感到销售员是可依赖的,同时也才能掌握商谈的主动权,使洽谈按自己的意图进行下去。

9. 承认法

本法又称先是后非法。对客户的问题轻描淡写地同意,以维护其自尊,再根据事实状况进行有利的诉求,这种方法运用得相当多。

只要与客户说上几句话,就能很准确地对他作出评价。销售员要很好地研究客户,直至引起对方的兴趣,改变对方的思想,消除他对任何销售者、特别是对销售员的天生的偏见。在交往的一开始,相遇的两种人之间有一种天生的屏障,要打破这种屏障,在很大程度上取决于销售员、销售员的谈话、销售员展示的人性。要展示自己最好的、有吸引力的、受欢迎的、崇高的一面,无论销售员能不能逐步地引导客户,都要把他的抵制变成漠不关心,把漠不关心变成兴趣,再把兴趣变成期望拥有销售的商品。这时,成交便水到渠成了,关键看销售员怎么出招了。

第6章　心理认同术
——想成交必须先做朋友，后做生意

商界中，每个人都是为了赚大钱而来的，但是也不能只看到金钱而忽略了"交情"。俗话说，"人脉决定财脉"。往往客户认可你才有可能去认可你的产品和服务。所以千万不要仅仅把客户当成赚钱的工具，否则终究会有吃亏的那一天。在激烈的市场竞争中，既能一起发财，又能保持友情，何乐而不为？

人脉是赚钱的基础

和许多专业推销员一样，相对于你现在的生产力水平而言，你其实已经具备了很多的技巧、教育和培训，在开始一次推销时，调查出一种需要时，设计一个方案时，或成交一个销售时，你可能会感觉良好。如果你做了一次通盘分析，你就会发现在你的生意中你很可能最不喜欢的就是自己在探寻新生意时不得不面临的拒绝。

战胜拒绝的一个办法就是开发出一套营销计划，这套计划通过有影响力的中心人物来定位你的产品或服务，你可以运用这套系统达到自己的目标，而且把痛苦的拒绝降低到最小的发生概率。

一套以能产生被荐人为基础的营销系统对你会有用，一是因为你的确可以学会它，但更主要的是因为它的建立基础扎根于人性本质：人们愿意帮助那些他们喜欢和关心的人，想一想最近一次你向别人引荐生意。你之所以这么做，难道不是因为你知道介绍这两个人互相认识会让他们两个建立起一种双赢的关系？

一位MDRT的专业推销员几年前曾经向他的一位客户引荐一个财务计划员，他回忆说："我认识这位计划员已经有一段时间了，而且我相信她的能力、办事手法和动机。我知道她有能力让我的客户高兴，让他们两个接触，长期来说，对他们、对我都有好处。"

从中心人物的角度来看，他们也确实有客户需要你的产品和服务。不过为了让他们更自如地为你提供被荐人，你必须成为这些中心人物可以依赖的供应者，当他们的朋友或熟人需要你的产品或服务时，你既具备充分的技能，又肯定会诚实正直地帮助他们。一旦建立了依赖和信心，被荐人就会纷至沓来。

吉田登美子，1976年进入三井人寿保险公司京都分公司。曾任三井人寿保险公司京都分公司直属企业FD的保险理财顾问。1977年，成为MDRT会员。1985年至今，她是三井人寿冠军推销员，顶尖会员，MDRT三井分会会长，全日本寿险推销人员协会京都府协会会长。1995年契约总值约为65亿日元，所得总金额为8 000万日元。

进入三井人寿之初，吉田登美子所做的第一件事情，就是挨家挨户拜访客户。每天一早，她会抱着一大摞宣传单，固定在一个邻里拜访发送，这段时间吉田登美子不是被关在门外，就是被当面拒绝。

后来经过市场调查，吉田登美子选择医师和医院作为她的推销市场。

吉田登美子依照地图的标示，决定走完京都大大小小所有的医院诊所。一天，她正要去车站搭车，可是人一到月台，电车正好开走，而下一班车还得再等20分钟。吉田登美子突然看到月台对面有一块医院招牌，于是吉田登美子大步来到这家医院，才到门口，便凑巧撞上穿着白衣的医生。吉田登美子一时头脑反应不过来，便劈头直说："我是三井人寿的吉田登美子，请你投保！"

这位医生对吉由登美子的单刀直入产生了兴趣。

"这么简单就要人投保呀？有意思，进来聊聊吧。"

进了医院，吉田登美子将平时学会的保险知识全盘托出，最后还加了一句："我正要从上贺茂开始，一直拜访到伏见。"

其实医生早已买了好几份保险，也知道吉田登美子还是保险推销的新手。可是看在吉田登美子态度认真的分上，说出了心里话："保险实在高深莫测，说实话，我已经保了五六张，可是每次都被保险推销员说得天花乱坠，事后根本一问三不知，这里有我两张保单，就当是学习，给你拿回去评估评估好了。"

拿了保单，吉田登美子充当医生的家人，分别拜访了医生投保的公司，一一确认保单的内容，然后制作了一本图文并茂的解说笔记。

当医生把解说笔记交给他的会计师看时，会计师极力称赞这份评估报告，而且还建议医生买保险就最好向吉田登美子买，结果，医生就正式要求吉田登美子为他重新组合设计他现有的那六张保单。

吉田登美子根据医师的需求，将原本着重身后保障的死亡保险，转换为适合中老年人的养老保险与年寿保险。对吉田登美子来说，这位医生客户不但为她带来了一份高达8 000万日元的定期给付养老保险契约的业绩，同时也给了她一次难得的比较各家保险公司保险商品的机会。

后来，这位医生又将吉田登美子介绍给几位要好的医生朋友。这几位医生，也都请求吉田登美子为他们评估现有的保单。而吉田登美子也不厌其烦地为他们制作解说笔记，详细记录何时解约会得到多少解约金、不准时缴费的结果、残废后的税赋问题等。

通过层层介绍,吉田登美子由一个医师团体介绍到另一个团体,就这么辗转引介,吉田登美子终于拥有最高医师客户占有率的保险推销员头衔。这个成绩相当难得,因为京都地区的医师团体向来十分封闭,一般推销员如果不是套关系,根本无法切入这块人人觊觎的市场。

于是,在进入三井人寿的第二年,也就是1977年,吉田登美子顺利登上了京都地区的业绩冠军宝座。

人脉是一笔潜在的财富,一种无形的资产。创建有效、丰富的人脉关系,就等于拥有了制胜的法宝,成功的诀窍。

与客户交朋友

博恩·崔西是世界一流的潜能大师,一流的效率提升大师,一流的销售教练。他的书籍被翻译成多种文字,他的训练帮助了千千万万的生意人。他的秘诀就在于:让客户成为自己的朋友。他相信,只有客户成为自己真正的朋友,他们才会真正地为你的生意着想,才有可能成为持续推动你的生意前进的重要力量。

那么,他是如何做到让客户成为自己的朋友呢?

第一,在客户身上投资更多的耐心,花更多的时间与顾客待在一起,为顾客设想,与顾客建立商业上的友谊。

博恩·崔西在和客户相处的时候,他绝对不会急着赶时间。他要向人表明,他愿意花足够的时间去帮助顾客作出正确的购买决定,他绝对不会对顾客没耐心。

第二,真诚地关怀客户。你越关怀客户,他们就越有兴趣和你做生意。关怀的感情因素是那么的强烈,往往使得价格、相对品质、交货效率、公司在市场上的规模,都敌不过它的威力。一旦客户认定你是真正关怀他和他的处境，不管销售的细节或竞争者怎么样，他都会向你购买。

第三，尊敬所遇到的每一个顾客。常言道，一个人有所为有所不为，都是为了博得你所重视的人对你的尊敬。一个人的骄傲、尊严、自我肯定，大部分都来自受到别人的尊敬程度。你越在意别人的意见，别人对你的尊敬程度就越会影响你的行为。

每当我们感受到别人的尊重，我们就会对那个人特别重视。假如有人尊敬我们，我们就会认为那个人比较优秀，比较有判断力，比较有内涵，而且个性也比较好。

第四，绝不批评、抱怨或指责顾客。绝对不要站在你的立场上批评任何人或任何事，不要恶言相向或批评你的竞争者。每当你听到别人提起竞争者的名字时，只要微笑地说："那是一个很不错的公司。"然后就继续做你的产品介绍。假如有人告诉博恩·崔西，他的竞争者是如何地批评他，他只会一笑置之。让我们彼此尊重吧！

第五，毫无条件地接受。希望能够被他人毫无条件地接受，是所有人最重要的需求之 。你只需要用微笑，并且表现温和友善，就可以表达你接受他人的态度。一般人都喜欢和那些能够接受他们本性的人在一起，而不想受到任何评判和批评。

你越能够接受别人，他们就越愿意接纳你。

第六，赞同顾客。每当你称赞并同意他人所做的任何事，他就会感到快乐，会变得更有精神。他的心跳会加快，会觉得自己很棒。当你在每个场合都竭力找机会对他人表示赞扬及同意的时候，你就会成为到处受人欢迎的人物。

第七，感谢每一个帮助过你的顾客。不管你感谢什么人所做的什么事，都会让彼此的自我肯定上升。你会让他觉得自己更有价值也更重要。

你一定要养成随时感谢他人所作所为的习惯，尤其要向那些会让你期望的好事连连不断发生的人，表达感谢之意。

第6章 心理认同术

第八,羡慕。每当你羡慕一个人的成就、特质、财产时,就会提高他的自我肯定,让他更得意。只要你的羡慕、赞同、感谢都是发自内心,别人就会因此而得到正面的肯定的影响。他们对你产生好感的程度,会相当于你让他们对自己及生活的满意度。

第九,绝不与顾客争辩。你只要别跟客户争辩就好了。不管客户说什么,你只要点头、微笑,并且欣然同意。顾客喜欢和与自己英雄所见略同的人打交道,他们不喜欢和爱抬杠的人相处。甚至当客户明显犯错时,他还是讨厌你把他的问题揪出来。把眼光放在建立关系上面,以建立关系的利益来考量。

第十,集中注意力,倾听顾客在说什么。当客户说话时,你把注意力集中在他的身上,就是对他最大的恭维。你会让他觉得自己很有价值,而且很重要。

你的任务就是成为一个人际关系高手,成为一个人际关系专家。你的任务就是去成为一个在行业中最好、最有人缘的人。

销售员既要服务客户,又要学会与客户交朋友,只有与客户交朋友了,我们的工作才能得以顺利开展,你与客户的关系才能更为紧密,客户满意度也才会水涨船高。如此,离签约也就不远了。

多对顾客朋友做感情投资

在你和你的顾客朋友的商务交际之中也需要"感情投资"。所谓感情投资,说简单点,就是在生意之外多了一层相知和沟通,能够在人情世故上多一份关心,多一份相助。即使遇到不顺当的情况,也能够相互体谅,"生意不成人情在"。

这种情况往往有多种表现。有的是自然形成的,在生意交往的过程中遇到比较投缘的客户朋友,有了成功的合作,感情自然融洽起来,这就是我们常说的有缘分的人。有缘自然有情，关系好的时候，互相付出自然不在话下。问题在于如何保持和持续这种私人关系，继续爱护它、增进它，使其长久。

其实，就是有缘，彼此能够一拍即合，要保持长期的相互信任、互相关照的关系也不那么容易，仍然需要不断进行感情投资，尤其在商场上。各自都为自己的利益，很容易彼此起疑心。结果就会由合作变成对立，人情变成了敌意。为什么走到了这一步？往往是忽略了"感情投资"的结果，甚至已经忘掉了这一点。

很多人都有这种毛病，一旦关系好了，就不觉得自己有责任去保护它了，往往会忽略双方关系中的一些细节问题。例如该通报的信息不通报，该解释的情况不解释，总认为"反正我们关系好，解释不解释无所谓"，结果日积月累，形成难以化解的问题。而更不好的是人们关系好了之后，总是对另一方要求越来越高，总觉得别人对自己好是应该的，稍有怠慢或者照顾不到，就有怨言。由此很容易形成恶性循环，最后损害双方的关系。

可见，感情投资应该是经常性的。在你需求客户朋友支持的过程中不可没有，也不可似有似无，而应该从小处细处着眼，时时落在实处。

从竞争对手那儿抢客户

我们的顾客朋友不仅包括我们自己所掌握的那些人，还包括竞争对手的顾客朋友。很多人没有意识到这一点。试想一下，如果你能够把竞争对手的顾客朋友抢过来，从他们那里了解竞争对手，对于你的事业会有多么大的帮助。

那么我们如何能够扭转竞争对手客户的态度，如何与竞争对手客户保持长期的沟通，如何让竞争对手客户客观地评价我方与竞争对手的产品与服务，最终如何能够成功地赶走竞争对手，赢得竞争对手客户呢？

首先,你要做好规划:

(1)分析你与竞争对手相比的优势与劣势。

(2)了解目标客户的背景和需求特点。

(3)你的优势与目标客户的需求相联系。

(4)若你不能比竞争对手更好地满足客户需求,你需要做的是提高自身能力,而不是盲目地去抢对手的客户。

在与目标客户接触初期以"资讯提供者"的身份进入,而不能一开口就推销自己的产品。

虽然已经选择好了长期的供应商,但为了解市场行情的变化信息,加强对供应商的控制,他们需要供应商提供市场信息,并会对提供此类信息的人表示出好感,这对我们与其保持长期的沟通创造了契机。沟通方式中,我们可以在客户下班前不忙的时候,给他打个电话,关心一下他们的生产、销售情况,再有目的地说说行业与市场信息,熟悉了可以聊点私人话题;或以装作路过的方式做个拜访,作个简短的沟通。

切记,这类沟通要做到:

(1)不诋毁竞争对手。

(2)多宣传自身近期的业绩。

(3)不做推销。

(4)体现你对行业的理解。

(5)多引导对方说出使用情况和潜在需求。

通过多次的沟通,你可以让客户了解你们的企业与产品,同时你也可以更加深刻与细致地了解客户的需求。

当你在目标客户心中建立了一定的信任后,可以针对你所了解的客户的需求特点,客户所在行业的发展趋势的要求,或与竞争对手比较优势,提出一个比竞争对手更符合客户需求的有竞争力的解决方案。

由于有前期的广泛的接触,客户对你们企业,对你的专业能力有了一定的了解和一些基本的信任；同时在心里也对你的执著与敬业产生了一点肯定与赞赏。这时，你的方案中的优势会被目标客户所重视，同时客户对方案的评价也会更加严肃与公正。

成为客户最信赖的朋友

人在潜意识中总是相信自己的朋友，相信跟自己熟悉的人，而对陌生人往往有一些排斥和戒备，这是人之常情。如果你能够让你的客户感觉你就是他们的朋友，你的销售其实就成功了一半。不是吗？如果那样的话，他们对于你所说的一切，都会有一种信赖感；他们会对你的商品质量深信不疑，他们就永远成了你的"被说服者"。

让客户感觉你是他们的朋友并不是一件容易的事情。这首先取决于你对待客户的态度。许多公司培训自己的学员的时候经常做这样的练习：

先找出四个学员，然后让每一个学员与之用不同的问候方式交流。

对第一个学员，你面无表情地只说一句："你好！"对方的反应也是冷淡的"你好"两个字；对第二个学员，你面带微笑，同时主动伸出手说："您好！"对方也是面带笑容主动和你握手说"您好"；对第三个学员，你说"您好！我姓某某"，同时伸出手，对方也和你的反应一样，并告诉你他姓什么；对第四个学员，你说："您好！很高兴认识您，我叫某某某！"对方也和你的反应一样，同时告诉你他的名字。

这说明对方对我们的态度，取决于我们给对方怎样的影响和刺激。销售中客户会根据我们的表现和态度来作出相应的反应，如果缺乏主动和热情，很难影响客户的想法和行为，更谈不上对客户进行"说服"了。

所以对于一个业务员来说，热情能让客户感到他与你是一种朋友关系，而不是销售跟被销售的关系。如果他们当你是朋友，就会相信你所说的一切。当签订订单的时候,他们也许会说,你的公司的业绩并不是最好的,但跟你在一起,是我最快乐的事。热情能带来幸运,因为人们都喜欢和热情的人在一起。一个业务员如果缺乏热情,面无表情,像机器人一样,那么谁也不愿接近他,更不用说购买产品了。

隐秘说服的理念就是,要变客户为朋友。世界说很大就很大,说很小也挺小的,同一个城市,要遇到一个人很难,也很容易。要想拥有长远的生意、长远的客户,把客户当成是你的朋友,让他们感到把钱花在你这儿值得,并且信任你,这个很重要。

很多成功的业务员,在工作中跟其客户都成了朋友。把生意当作友情来经营,让你跟客户都感到开心。这样既谈成一笔生意,又多一个朋友,多一条路。

推销时要谦虚低调一点

我们看体育比赛,知道一个运动员要跳高,就必须先蹲下,没有人可以直着双腿而跳得高的。一个运动员在田径比赛时,特别是短距离比赛时,要跑得快,就必须先弯下腰,向前倾斜力度更大,因为这样会跑得更快。

大凡成功的人在遇到瓶颈时,他会以退为进,退也是一种谦虚。

真正有大成就、成大事业者无不是谦虚好学的人。当他们想要骄傲的时候,他们立即就会想到谦虚,他们会以一颗感恩的心去面对任何一件事情、任何一个人。

谦虚是一种美德。一个真正谦虚的人即使在成功的时候,也知道他必须感谢许多人。

山外有山,楼外有楼,强中自有强中手。无论你今天多么优秀,事业多么成功,你一定还可以找到比你更优秀,比你更成功的人。当你想到还有那么多的人比你成功,而且心态比你好,你还会有勇气去骄傲吗?有一句俗语说:"当一个人弯下腰的时候,他的臀部是往上翘。一个人越谦虚,表示这个人越成功,最饱满的谷穗头弯得最低。"

詹斯是一个木材公司的推销员。多年来,他凭自己经营木材的经验,总是毫不客气地指出那些木材检验人员的错误,事实证明也是对的,可这一点好处也没有。因为那些检验人员"和棒球裁判一样,一旦判决下去,他们绝不肯更改。"

在詹斯看来,他表面上获胜了,却使公司遭受了成千上万元的损失。因此,他决定改掉这种习惯,不再抬杠了。下面是他的报告:

有一天早上,我办公室的电话响了。一位愤怒的主顾在电话那头抱怨我们运去的一车木材完全不符合他们的要求。他的公司已经下令停止卸货,请我们立刻把木材运回去。

听完电话,我立刻赶去对方的工厂。在途中,我一直思考着一个解决问题的最佳办法。通常在那种情形下,我会以我的工作经验和知识来说服检验员。然而,我又想,还是把在课堂上学到的为人处世原则运用一番看看。

到了工厂,我见购料主任和检验员正闷闷不乐,一副等着争执的姿态。我走到卸货的卡车前面,要他们继续卸货,让我看看木材的情况。我请检验员把不合格的木料挑出来,把合格的放到另一堆。

看了一会,我才知道他们的检查太严格了,而且把检验规格也搞错了。那批木材是白松。虽然我知道那位检验员对硬木的知识很丰富,但检验白松却不够格,经验也不够,而白松碰巧是我最内行的。我能以此来指责对方检验员评定白松等级的方式吗?不行,绝对不能!我继续观看着,慢慢地开始问他某些木料不合格的理由是什么,我一点也没有暗示他检查错了。我强调,我请教他只希望以后送货时能确实满足他们公司的要求。

我以一种非常友好而合作的语气请教,并且坚持把他们不满意的部分挑出来,使他们感到高兴。于是,我们之间剑拔弩张的气氛缓和消散了。偶尔,我小心地提问几句,让他自己觉得有些不能接受的木料可能是合格的,但是，我非常小心地不让他认为我是有意为难他。

渐渐地，他的整个态度改变了。他最后向我承认，他对白松木的经验不多，而且问我有关白松木板的问题，我就对他解释为什么那些白松木板都是合格的，但是我仍然坚持：如果他们认为不合格，我们不要他收下。他终于到了每挑出一块不合格的木材就有一种罪过感的地步。最后他终于明白，错误在于他们自己没有指明他们所需要的是什么等级的木材。

结果，在我走之后，他们把卸下的木料又重新检验一遍，全部接受了，于是我们收到了一张全额支票。

在和客户交往中，谦虚一点，愚蠢一点，反而是一种聪明的处事方式。一个人有一点能力，取得一些成绩和进步，产生一种满意和喜悦感，这是无可厚非的。但如果这种"满意"发展为"满足"，"喜悦"变为"狂妄"，那就成问题了。

真正有本事、胸怀大志的人是不容易骄傲的，这是一个人的修养达到较高境界的表现。倒是那些胸无大志、一知半解的人，很容易骄傲。至于骄傲的本钱，有大有小，有的甚至根本没有，也会凭空骤生娇气。

如一个有趣的寓言所说的，长颈鹿因为能吃到几米高的树叶而骄傲，而小山羊则因能从篱笆缝隙里钻进去吃草而骄傲。这说明：骄傲的程度与愚蠢的程度成正比，与成功的概率成反比！要想在成功的道路上走得既坚定又稳健，必须戒骄戒躁，永不自满。千万不要做半瓶子醋，要以一种空杯为零的态度虚心学习，养成求取上进的良好学习习惯，这样，我们才会在有所成绩的基础上更进一步，才会在成功路上迈出坚实的步履。

在和客户交往中，谦虚一点，愚蠢一点，反而是一种聪明的处事方式。要想在销售的道路上走得既坚定又稳健，必须在成绩面前戒骄戒躁，永不自满，始终以一种空杯为零的态度进行学习。

与客户交往时态度要友善

生活中,往往越是不成功的人,他的态度越是傲慢。这可能和他的心理素质有关,因为他觉得,他的傲慢能够引起别人的重视,这是自卑心理的影响。有很多推销员也是这样,怕被人瞧不起,就时常流露出傲慢的姿态,殊不知,这样很容易引起顾客的反感。

比如,当整个产品示范结束时,有些推销员发现一些客户还没买他的产品,就认为顾客是在浪费他的时间,因此他就说出这样的一句话:"某某先生,原来你是买不起这种产品的。"自以为是在激将客户,殊不知这样做是在羞辱你的客户。这也会使你的客户不禁怀疑,如果你早知道做不成这笔生意,你是不是就不会对我这么热心。这简直就是在自断生路。因为这个推销员不会知道,这个顾客哪一天手上宽松时或许仍会联系这个推销员采取购买行动呢?

当你让你的客户没面子的时候,你并不会因此而得到任何的好处。

推销的最终目的是盈利,所以,重要的是销售员与客户的沟通和交流。在任何生意要成交之前,一般都会经过意见分歧这个阶段。有些没经验的推销员也许会发生下列这样的情况:在生意成交之后,他竟说出了这样一句发泄的话:"看见没有?我告诉过你的,你终归是必须买我的产品,不是吗?"下面这个例子,便是很多没经验的推销员的身影。

有一位推销员是某公司总经理的朋友,这位总经理工作忙碌,便请这位推销员去和他公司的采购部经理谈生意。这位总经理承诺他一定会买他的产品,但是最好能遵照公司的程序来做,先拜访公司的采购部经理。

于是那位推销员信心十足地走进了采购部经理的办公室。正如所有的采购部经理一样,他问了许多问题并对一些事情提出质疑。在某一次的质疑中，那位推销员感到非常恼火。于是，他整个人变了个脸，毫不客气地质问起那位采购部经理，对他说："请你听好，我已经见过你们的总经理了，他想要这种产品，你为什么不同意？为什么不直接下订单呢？"

采购部经理气愤地说："推销员先生，请你不要告诉我该做什么事。我好歹还是这个部门的经理呢！我们公司是由众人决策的，因此我必须做好我分内的工作。如果你能体谅这一点，请照着规定公事公办吧！"那个推销员度过了难受的一天，临走时他答应那位采购部经理隔天就送一份打好的订单给他。

一星期之后，采购部经理打电话给那位推销员，请他把订单送到公司去。那位推销员欣然前往，但当他一进办公室见到那位采购部经理时，竟然又给了那位经理当头一棒。他说："你看吧？我告诉过你的。"那位销售员的一字一句中透出了傲慢与轻蔑。

很明显，那位没经验的推销员对于这桩买卖感到洋洋得意、沾沾自喜。但是，就在产品送到该公司的几天之后，他收到了他那位总经理朋友的一封信。那位总经理朋友在信中表达了对那位推销员处理这桩生意的态度极为不满，从此拒绝再与那位推销员做生意。

这个故事是在告诉我们，作为推销员，即使一笔生意从开始你就胜券在握，也要与客户在和和气气的气氛下按部就班地谈生意，否则你将因小失大。

即使你和客户在商谈之间有意见分歧，你也仍要表现出友善的态度，因为这会使你免去许多不必要的麻烦。学习如何去衡量事物的轻重和各种情况，是销售人员的一堂必修课。

先做信誉，后卖产品

美国营销专家L·赫克金有一句名言："要当一名好的推销员，首先要做一个好人。"这就是赫克金所强调的营销中必须要讲诚信。同时，另一组数据证明了这个观点：

美国的一项推销员的调查表明，优秀推销员的业绩是普通推销员业绩的300倍的真正原因与长相无关，也与年龄大小无关，和性格内向外向也无关。所以，得出的结论是，真正高超的销售技巧是如何做人，如何做一个诚信之人。

"小企业做事，大企业做人。"讲的也是同样一个道理，要想真正地使大部分客户接受你，做个诚信之人，做个守信之人才是成功的根本。

在推销当中，守信乃推销之生命，如果失去了信用，也许一笔大买卖就会泡汤。

信用有小信用和大信用，大信用固然重要，却是由许多小信用累积而成。有时候，守了一辈子信用，只因失去一个小信用而使唾手可得的生意泡汤，好比柱子被白蚁蛀坏而使整个房子倒塌一样。推销高手们是最讲信用的，有一说一、实事求是、言必行、行必果，对顾客以信用为先，以品行为本，使顾客信赖，使用户放心地同你做交易。

对于一个推销员来讲，顾客就是上帝，顾客有权拒绝。然而，当优秀的推销员带着一个实在的产品，一次次真诚地拜访时，最终总能赢得顾客的信赖。

产品不是万能的，任何产品都有它起作用的范围和无法起作用的范围。这是一个基本常识。但是，在某些推销员看来，他们的产品就是万能的，他们向客户介绍产品时，恣意夸大产品的性能。我们来看下面一个场景：

"我们的机器既省电又省油，而且绝对没有噪音。"

"好像别家的机器也省电省油，也保证没有噪音。"

"我们的机器特别省电省油，它几乎就不用电，不用油。"

"莫非你们的机器是永动机。"

"永动机还要占很大空间呢！我们机器不占多少空间。"

这样的对话只能当作是推销员之间在开玩笑，而不能当作是推销员在向客户进行推销。对产品的介绍已经相当离谱了，纯粹是欺骗行为。但是，在现实中确实存在着推销员向客户如此推销的情况。

第6章 心理认同术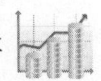

诚实守信，以诚相待，是所有推销学上最有效、最高明、最实际也是最长久的方法。林肯说：一个人可能在所有的时间欺骗某些人，也可能在某些时间欺骗所有的人，但不可能在所有的时间欺骗所有的人。对于推销员来说道理也同样如此。在一个信息传播日益迅速的市场环境下，推销员的小手段、小聪明是很容易被看破的，即便偶尔取得成功，这种成功也是相当短暂的。对于推销员来说要想赢得客户，诚信才是永久的、实在的办法。

市场经济发展了200多年，在西方国家涌现出不少优秀的推销员，他们是推销界的英雄。审视他们的成功因素，会发现有很多不同，有的性格乖张，有的性格开放；有的靠强大的社会活动圈，有的靠名人的推荐，等等。但是，在他们的推销素质中，我们不难发现一个很简单的事实，他们都是讲求诚信的人。他们通过诚实获得了人们的信任和信赖。

一个推销员开始他的推销生涯的最基本素质就是诚信。如果一个推销员成天想着如何欺骗他的客户或者如何欺骗他所服务的企业，他怎么可能赢得客户和企业的信任，怎么可能赢得良好的口碑宣传。而对于一个推销员来说，如果没有良好的口碑宣传，就很难在自己服务的领域中有很好的建树。

对于一个推销员来说，成交固然重要，它是推销员进行推销活动的直接目的，但并不是唯一的目的。推销员进行推销活动的基本目的还在于建立个人的诚信体系，以此来获得更多的经济效益。

推销员的诚信主要包括三个方面的内容：

首先是对产品的诚信。一个推销员必须熟悉自己的产品，并且相信它，相信自己的产品能够给客户带来利益，相信自己所进行的推销就是给客户带来利益。这样推销员才能够有强大的精神动力去完成他的推销事业。

其次是对企业的诚信。推销员所进行的推销事业并不仅仅是个人的事业，在推销员的身后有个强大的企业支撑体系。企业的运作需要众多推销员的努力。推销员对企业诚信就要求推销员为企业利益着想，不能诋毁企业，注重个人的言行举止，时刻维护企业的形象。

最后是对客户的诚信。对客户的诚信是推销员应该具有的最基本的素质。推销事业就是推销员和客户的沟通过程，通过和客户的沟通，使客户对自己产生信任，进而购买产品甚至帮助推销员宣传产品。对客户的诚信主要在于不能用低劣产品来欺骗客户，不能恣意夸大产品的性能，等等。

对于推销员来说，最核心的一句话就是：先做信誉，后卖产品。这种观点为广大成功的企业所接受。尤其是在我国现今市场经济发展还不完善的阶段，诚信的缺失使得诚信成为最为稀缺的资源，因此拥有良好的诚信口碑的推销员和企业能够迅速脱颖而出。

一个推销员开始他的推销生涯的最基本素质就是诚信，首先是对产品的诚信，其次是对企业的诚信，最后是对客户的诚信。

下篇 最要学会的销售技巧——实用高效的销售必杀技
CONGLINGKAISHIDUDONGXIAOSHOUXUE

这世间没有天才,所谓的天才只是努力,努力,再努力。正如爱迪生所说:天才=99％的汗水+1％的灵感。所以,成功的销售很简单,关键就是掌握销售的技巧。销售的本质就是通过自己的口才说服客户,从而达到成交的目的。只要你掌握了销售的技巧和诀窍,并努力地把它运用到实际的销售中去,就能成为一个所向披靡的销售高手。哪怕是刚入行的新人,也一样能够成为一流的人才。

第7章 客户开发，迈出销售第一步

一个优秀的推销员应该善于寻找客户。潜在的客户无处不在，有心的推销员随时随地都可以找到自己的客户。

大胆地与陌生人说话

寻找客户很重要的一步，就是要大胆地与陌生人说话。当然你的业务可以从熟人开始，但是熟人毕竟有限，要想进一步开拓业务，就必须与陌生人打交道。

李小琳从学校毕业后找了个工作——推销保险，不知道是因为新手的缘故还是她还没有掌握推销的方法，一个月过去了，她一张单子也没签过。

看着李小琳整天无精打采的样子，她的好姐妹玲玲决定帮她一下。于是玲玲就叫上李小琳和自己的几个朋友一块去ＫＴＶ唱歌，并顺便把这几个朋友介绍给李小琳。

到了ＫＴＶ后，还没等玲玲说话，李小琳就说："你明知道我五音不全唱歌会跑调，干吗还拉我到这里啊？""玩玩嘛，我看你这几天挺闷的，介绍几个朋友给你认识。"

李小琳很不情愿，但碍于朋友的面子，就随便地跟那几个人打了一下招呼。在别人唱歌的时候，李小琳一直坐在沙发上喝水。

从KTV出来后，玲玲还想再到别的地方玩一会，但是她那几个朋友却纷纷借口走开了。

人都是有感觉的，李小琳的行为态度已经把她的"不情愿"写在了脸上，谁还看不出来？而且每个人都是有自尊的，谁愿意拿自己的热脸去贴别人的冷屁股呢？

就这么不愿意与人打交道，是做不成保险的。作为一名销售员应该学会并主动与陌生人打招呼。

在宽敞的大厅里，人们三三两两地聚在一起，有的仔细品味着杯中的美酒，有的在小声地跟同伴说话。这时，一位穿着得体的先生走了进来，他微微笑着，向每一个人点头致意。当他看到大厅的一角有个高个子的人正与同伴愉快地交谈时，他仔细地打量了一下那几个人，然后轻轻地走到那几个人的身边，当听到他们交谈的内容时，这位先生眼睛亮了一下，脸上显出很兴奋的样子，冲着几位礼貌地点头致意。而那个高个子的人显然也注意到了这位先生，马上站直了身体，眼睛注视着这位先生。这位先生向高个子的人伸出了手，同时嘴里说着"您好……"随着两只大手握在一起，一段愉快的交谈开始了。

许多人在同老朋友交谈时感到自然协调，而面对陌生人时却显得很拘谨，为什么呢？很简单，因为老朋友都相互了解，彼此之间没有距离。而对陌生人却一无所知，特别是进入一个充满陌生人的群体时，有些人甚至怀有不自在和恐惧的心理。因此，如果你想把陌生人变成老朋友，首先要在心目中建立一种乐于与人交朋友的愿望，心里有这种要求，你才能有这样的表情，才能有这样的行动。上面那位先生开始时注意到了高个子的人，观察了一下之后心里有初步的判断，于是向他们走去。然后又倾听了他们的谈话，了解到他们的话题,这样脸上才有了兴奋的表情,才有结交那几个人的行动。显然,这位先生的表情和行动已经感染了那位高个子的人,引起了他的注意,因此,双方的交谈就是很自然的事了。

可以说,结识你周围的陌生人,这是销售员必须训练的技巧。想想看,在电梯里,在公共汽车上,在餐厅里,你有没有尝试着和你身边的人交谈过?只要你尝试着去做了,你就会发现,和走近你身边的人进行交谈是一件非常有趣的事情。

记住,善意的话语会使对方积极回应。

陌生人可能会问到你的工作,你客气地将名片递给他就可以了。如果你的运气足够好的话,对方会对你的产品很感兴趣,这不正是你需要的吗?

于是,你微笑着告诉他:"我希望,有一天您或者您的朋友有可能会需要我的服务,为此我预先表示感谢。"准确地将这些话语和当时的气氛配合起来。"我希望"听起来一切都是自发的、自然而然的;"预先表示感谢"说明你为人礼貌;"有可能"显示一种谦逊的态度。

对你的这番话,对方也会及时作出反应。一般来说,会出现下面三种情况:

第一,他们同意打电话与你进一步讨论。

第二,同意让你打电话给他们,进一步讨论。

第三,他们不感兴趣,但将帮助你向感兴趣的人推荐。

现在你得到了什么?认识了一个你几乎没有可能认识的人,得到一名潜在客户或可能被推荐给别的潜在客户。

客户的筛选与资源的叠加积累

很多刚参加工作的销售员,迫于压力,也因急于想站稳脚跟,几乎成天都在外面开发客户。似乎碰到的每一个人都会成为自己的客户,每一个人都

第7章 客户开发,迈出销售第一步

可能会购买自己的产品或者服务,因为培训老师也是这么讲的,所有的客户都会被说服!

也许在你看来,所有的客户都极有可能接受你的产品或者服务,而且你自己的野心也很大,不放过任何一个可以发展为客户的人!这对刚入行的你来说,为了了解市场、早日出成绩,也是必要的。但是如果你想提高自己的业绩质量,而不只是客户数量,不想跑得那么辛苦却所得甚少的话,那么你就要动动脑筋,想一些策略了。

在一些针对销售员的培训课程上,培训老师也许会鼓励我们说:只要信心百倍,就可以说服所有的客户!看一些励志类的书籍时,作者也会教导你说:所有的客户都会被说服。这个论断对销售员的信心是一个极大的激励,仿佛天下就在我们脚下,客户就在我们手中,这个世界上只有我们销售员才是真正的霸主!这种激励对于一个销售员的精神面貌的改变也许有好处,但是,在我们开展日常业务工作时,就会体会到实际情况并不是培训时提到的那样,而总是有我们无法说服的客户存在。

在具体的业务实践中,如果你对客户有一个统计分析的话,你会发现,你的客户当中有1/3是你必须要说服、也一定会说服的客户,而另外1/3的客户只是仅仅有购买意向的潜在客户,还有1/3的客户却是你永远也说服不了的。

这就需要筛选客户。对客户的筛选,是销售员必须做的一项工作。对于不合格的客户,一定要懂得放弃。这并非我们的业务能力不行,也不是客户实在太难对付,而是我们无法预知、抗拒的客观原因的作用。明白了这一点,你就不会感到迷惑。

既然总有一些客户我们无法说服,那我们是不是只抓住那2/3的客户就可以了?不是的,我们对客户的筛选是为了提高工作效率,但并不是说我们寻找客户的工作就此终止了,我们还要继续增加那2/3中的客户数量。

这些客户的再积累,不单纯是靠你的直接寻找,还要依靠你的口碑,如果你的服务质量令客户很满意的话,他就会自动帮你寻找客源。再比如说你在做业务的同时，还帮朋友做着别的生意，那么你完全可以将这两个不同的业务交叉起来，比如说帮寻找房子的客户推荐好书，帮买图书的客户寻找房子，也可以将你的客户发动起来，让他们交叉帮你完成客户的继续说服。

还有，做你的亲戚、朋友、同学、同事，甚至你的邻居的工作，让他们也帮你寻找客户。如果你不想麻烦他们，而你的口碑在周围人中间又非常好的情况下，他们可能会主动帮你，这就需要你辛勤工作，赢得别人对你的尊敬；还需要你有着乐于助人的品质、开朗健谈的性格，和周围的凡是你认识的每一个人友好相处，这既是树立你的形象工程，也是必要的感情投资！也许这些努力并不能马上为你带来经济效益，但你所建立起来的个人美誉度比你一天24小时全力以赴跑业务的所得都要大。从某种意义上来讲，你的客户购买你的产品或者服务，就是购买你的美誉度，是因为信任你的人品，所以才放心你的产品和服务。

当你进入行业有一段时间，熟悉了基本的业务知识和谈判技巧之后，你就要把精力放在大客户身上，也就是1/3中的最有利润价值的客户。首先，拿下一个大客户，比你拿下10个小客户要省力些，小客户不但要求多、利润少，而且要拿下他们也颇为费时费力；其次，就是我们上面讲到的，做好感情投资工作，向广阔的社会空间拓展你的影响力，扩大你的潜在性机会。我们不能说服所有的客户，但我们可以说服更多的客户！

准客户会出现的地方

多年以前，一个年轻人询问一个名叫豪雷斯·格瑞雷的报纸编辑，问他哪儿能寻找到机会。格瑞雷回答道："向西走，年轻人，向西走。"这一回答现在已家喻户晓。如果豪雷斯·格瑞雷是一个销售经理，那么他的回答可能会是："搜寻一下，年轻人，搜寻一下。"

第7章 客户开发，迈出销售第一步

搜寻在推销中的作用越来越重要。很明显，如果要进行销售，一个业务员必须能吸引潜在的顾客。但是，潜在的顾客从何处来？他们会主动送上门吗？有时候可能是这样，例如对于一个零售店的业务员而言。但是，对于保险、复印机、机器设备和大百科全书的推销人员来讲，仅靠等顾客上门则几乎什么都卖不出去。这些推销人员必须走出去，主动寻找顾客。

那顾客会出现在什么地方呢？

很多业务员都在抱怨无法找到顾客资源，殊不知资源就在你身边！

你所在的公司是最容易使用的资源，而且它肯定能为你提供帮助。销售人员应充分利用公司内部以下渠道和手段搜寻顾客。

（1）当前顾客。公司的其他部门可能正在向你不知道的一些顾客进行销售。你可以从这些部门获得顾客目录清单以及与这些顾客有关的有价值信息。这些目录清单可能包括一些你以前忽略掉的潜在顾客。由于这些顾客是你公司的老主顾，所以非常有理由相信他们会对你提供的商品或服务感兴趣。

（2）财务部门。公司的财务部门能帮你找到那些不再从公司买产品的从前的顾客。如果你能找到他们不再购买本公司产品的原因，那么就有机会重新赢得他们。这些潜在顾客熟悉你提供的商品或服务，而且公司的财务部门对其信用有所了解。另外，公司的财务部门可能还有与这些潜在顾客签订信用合同的各种记录。这个资源对销售人员来说是非常珍贵而重要的。

（3）服务部门。公司服务部门的人员能向你提供新的潜在顾客的信息。因为他们经常与从公司购买产品并需要服务、维护或维修的顾客进行接触，因此，他们更容易识别出哪些顾客需要新的产品。专业销售员要学会鼓励服务部门的人员提供有关潜在顾客的各种信息，在得到他们帮助后，要给予他们一定的回报。

（4）公司广告。很多公司订货增加是因为它们，或者是在特定区域内寄送了大量优惠卡。人们对这些措施的反应值得我们注意——他们为什么会有这样的反应呢？通常，有这些反应的人被称为活跃的潜在顾客。

（5）展销会。每年都有成千上万个展销会：有汽车展销、旅游用品展销、家具展销、电脑展销、服装展销、家庭用品展销等，名目繁多。公司要记下每个到展销柜台的参观者的姓名、地址和其他有关信息，然后把这些信息交给销售人员，以便他们进行跟踪联系。公司一定要迅速找到并吸引这些潜在顾客，因为展销会上的其他公司同样会对这些潜在顾客感兴趣。

（6）电话和邮寄导购。很多公司寄出大量的回复卡片，或是雇人进行电话导购联系。用这些方法可以获得大量潜在顾客，而且，几乎所有的公司都可以用这些方法吸引感兴趣的潜在顾客。

除了本公司内的资源以外，在公司外还有很多资源可以用来寻找潜在顾客。选择何种方式取决于你所销售的商品或服务。

（1）其他销售人员。其他非竞争公司的销售人员经常可以提供有用的信息。他们在与自己的顾客接触时，可能会发现对你们公司的产品感兴趣的顾客。如果你与其他销售人员有"过硬"的关系，那么他们就会把这些信息通知你。所以销售员要注意培养这种关系，并在有机会时给他们提供同样的帮助。

（2）名录。目前市面上有很多带有姓名和地址的特殊目录或数据资料出售，你可以买到需要的名录。例如，你可以买到所有幼儿园名称和地址的目录，全国所有水产养殖场的名称和地址的目录，以及所有汽车销售代理商名称和地址的目录等。很多行业协会或主管部门都有其成员或下属机构的名录。

很多商业名录将公司按照规模、地理位置和商业性质进行分类。这些名录是你寻找新的潜在顾客的一个绝好出发点。包含公司管理人员姓名和地址、工厂地址、财务数据及其相关产品的大型名录，在大型的公共图书馆或大学图书馆中都可以找到。请注意不要忽略地方出版的人名或商业的名录。像从名录手册中获取信息一样，我们现在也可以从中获取信息。使用计算机数据库非常简单，一旦你进入系统，你只要指出想要查询信息的关键字即可。

（3）社团和组织。公司的产品或服务是否只是针对某一个特定社会团体，例如：青年人、退休人员、银行家、广告商、零售商、律师或艺术家。

如果是这样,那么这些人可能属于某个俱乐部或社团组织,因此,这些俱乐部在社团组织的报纸和杂志的名录将十分有用。

(4)报纸和杂志。只需留意一下报纸和杂志,就会发现许多潜在顾客的线索。报纸刊登的工厂或商店扩建的新闻对销售人员会很有帮助。在商业杂志以及其他一些杂志上,你可以找到更多的商业机会。专业杂志对于许多产品的销售人员有重要意义,销售员应了解一下本行业的杂志并从中寻找潜在顾客的线索。

如何锁定自己的目标客户

有位业务骨干这样谈到他刚入行时的一次失败:

在我从事推销工作的第一年,对客户的寻找可谓是波折重重。有一次,在一家客户那里,我进行了不下4次的拜访。然而,当我最终确定了报价后,客户根本就觉得不可能接受,最终我也没能说服他,这让我一度非常沮丧。还有一次恰恰相反,那是一家外资企业,他们对我提供的仅仅做了5%价格折扣的产品却直接签了合同,我仅仅只进行了一次拜访。也许这只是一种运气,但我更愿意相信有一些必然的因素在里面。

我的这次失败,就是由于找的是不合适的客户,使得在这个客户身上所投入的时间和精力被浪费;缺乏对合格客户的标准评估,使得识别潜在客户产生偏差而造成无法准确定位。

相信很多人都会有类似的体验,这样的情况见得多了,我们将很容易得出一个结论:如果选准客户的话,我们会很省力。事实上,客户名单、联系方式、家庭地址等只是简单的客户信息,我们要找的绝不仅仅是这些,更多的是要明确你的客户范围。

由此可见,对客户进行寻找、调查是多么重要。对客户资料进行分析整理,确定你的客户范围,这是成功说服的第一步。在很大程度上,这决定着我们今后的目标与方向。

记住,你的努力方向与目标的偏差越大,你获得的成功越小。这正如一项"圈地运动",如果你圈定的是一块贫瘠的土地,永远不可能获得丰收。

那么究竟我们该如何去锁定自己的目标客户呢?

每个产品有特定的顾客,但潜在顾客应当具备一定的条件才值得业务员去争取,一般在研究顾客时,要考察以下几个标准。所谓准顾客,就是指可能购买的顾客。准顾客是至少具备以下三个条件的"人":

钱。这是最为重要的一点。推销员找到准顾客就要想:他有支付能力吗?他有这种购买能力吗?一个月收入只有1 000元的上班族,你向他推销一部奔驰车,尽管他很想买,但付得起吗?

权力。他有决定购买的权力吗?很多推销员最后未能成交的原因就是找错了人,找的是没有决定购买权的人。小张在广告公司做广告业务,与一家啤酒公司副总经理谈了两个月广告业务,彼此都非常认同,但是总经理是他的太太。你想想看,一家公司太太当总经理,先生当副总经理,先生有权力吗?小张浪费了很多时间。有时使用者、决策者和购买者往往不是一个人,比如小孩想买玩具,他是使用者,决策者可能是妈妈,购买者可能是爸爸。你该向谁推荐?

需求。要成为你的准顾客,除了购买能力和决定权之外还要看他有没有需求。刘先生刚买了一台空调,你再向他推销空调,尽管他具备购买能力即钱和决策权即权力,但他没有需求,凑不成一个"人",自然不是你要寻找的人。

具备以上三个条件的"人",就是我们要找的准顾客。

一般来说,对于每一个产品的不同特征,应该从以下内容分析顾客是否是业务员的目标:

(1)年龄段。

(2)性别。

(3)家庭大小。

(4)收入水平。

(5)职业。

(6)宗教信仰。

(7)民族。

(8)教育程度。

(9)社会阶层。

(10)地理特征（国家、省、市、地区、县、镇，人口规模，人口密度，气候）。

(11)生活方式（爱好、习惯、看电视的习惯、社会活动、运动。）

(12)性格分析（领导者还是追随者、外向还是内向、追求成就的还是满足现状的、独立的还是依附的、保守的还是自由主义方式的、传统的还是现代派的、有社会责任的还是以自我为中心的）。

(13)消费者行为（使用率、寻求的好处、使用方法、使用频率、购买频率）。

(14)企业市场（企业类型（制造商、零售商、批发商、服务业）、企业规模、经营年限、财务状况、员工人数、位置、结构、销售水平、分配形式、特殊要求）。

在销售的过程中，还要注意一个问题，即方向的选择。为此，在销售的过程中，我们要回答以下三个问题来检验自己是不是进攻错了。第一，选择正确的行业。你要明确的是，在哪个行业出现了产品最大的需求，或者，我们的产品与服务本身就是为了哪些行业而设计制造的。这些行业拥有较大的需求量和产品接纳能力及购买能力。第二，产品的定位如何？是低端、中端还是高端市场？哪种性质和规模的企业具有这样的需求能力？第三，谁是最能发挥我们产品与服务价值的客户，即谁是最好的客户？

对消费群体的准确定位，是一种事半功倍的途径，也是产品销售的前提。"工欲善其事，必先利其器"；"知己知彼，百战不殆"；不打无准备之仗，这些都是战争中绝好的策略。战争如此，要想赢取客户的订单同样如此。只有我们在前期经过大量的调查研究，才能准确锁定自己的客户范围。这样才能有的放矢，推销成功。

寻找潜在客户的主要方法

寻找客户有很多方法，这需要销售员不断地去总结、积累经验，从而形成自己的一套办法。一般来说，销售员常用的寻找客户方法有：

第一，扫街寻找法。要发展新的客户，首先就要对客户的来源定一下位。比如，你可以到一些潜在客户比较集中的地方（如工业区、食品城、服装鞋业等专业市场）进行扫街、扫楼。

当然，在拜访客户的同时，更应该做一个比较详细的记录，以建立更详细的客户信息。尽可能地留下客户的电话，了解客户目前的意向。在这个过程中，就要尽可能地和客户交流，能试用的产品就先让客户体验一下，先铺上底，然后再根据客户的意向来推销产品。在以后的时间里，还要经常给客户打电话，与客户多交流，以便能有效推销我们的产品。

第二，广告寻找法。这种方法也比较常用，基本步骤如下：

（1）向目标客户群发送广告，介绍产品的功能、购买方式及地点、代理和经销办法等；

（2）吸引客户上门以对其展开业务活动，或者接收反馈，在目标区域展开活动。

第三，相互介绍法。销售员可通过熟人、亲友等社会关系为自己寻找客户，也可以通过企业的合作伙伴、客户介绍，主要方式有电话介绍、口头介绍、信函介绍、名片介绍、口碑效应等。既可通过他人的直接介绍，也可通过他们提供的信息进行寻找。

第7章 客户开发，迈出销售第一步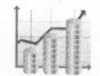

聪明的销售员，还会寻找那些具有一定影响力且声誉良好的人，对自己产品比较认同的人，有着广泛人脉关系的人……并请这些人作为引路人，以起到事半功倍的效果。

另外，不妨抓住一些重点客户，让客户推荐客户。这样把客户变成朋友，真正实现感情的交流，信息的传递。销售员还可以在自己的业务地区或者客户群中，通过有偿的方式委托特定的人为自己收集信息，了解有关客户和市场、地区的情报资料等。

第四，资料查询法。通过资料查阅寻找客户，既能保证一定的可靠性，又能减少工作量、提高工作效率，同时也可以最大限度地减少业务工作的盲目性和客户的抵触情绪等。

销售员经常利用的资料有：有关政府部门提供的资料，有关行业和协会的资料，国家和地区的统计资料，企业黄页，工商企业目录和产品目录，电视、报纸、杂志、互联网等大众媒体或客户发布的消息、产品介绍，企业内刊等。

此外，还有一些组织，特别是行业组织、技术服务组织、咨询单位等，它们手中往往集中了大量的客户资料和资源以及相关行业与市场信息，可通过咨询的方式向其索取。

第五，各种活动寻找法。在各个行业，每年都有不少交易会，如广交会、高交会、中小企业博览会等等，可充分利用交易会寻找客户、联络感情、沟通了解。此外，企业的公共关系活动、市场调研活动、促销活动、技术支持和售后服务活动等，一般都会直接接触客户，这个过程中对客户的观察、了解和沟通都非常深入、有力，也是一个寻找客户的好方法。

展览会是一种很好的获得潜在客户的机会。有位营销专家在文章中写道：

我有一个销售员朋友刚刚进入印刷机械行业，有一天，他愁眉苦脸地跑来问我："怎么才能获得这个行业的潜在客户呢？我已经尝试了很多办法，可是还是一无所获。"

我对他的遭遇深表同情，突然想起一件事，于是提醒他："今年5月份在北京将会有一个国际印刷机械展，你将在那里遇到中国乃至世界上最著名的印刷机械制造商，几乎所有排得上号的厂商都会参加……"

朋友大喜过望，立刻整装出发，结果满载而归。

你看，只需要去看一个展览会，你就会得到这个行业的几乎最有价值的潜在客户。

具体来说，在展览会上寻找客户，需要注意做到以下几点：

第一，尽量收集客户资料，越详细越好，展览会上的宣传手册千万不要放过。

第二，一定要想办法拿到该客户的名片。

第三，尽可能地与这些潜在客户进行现场交流，明确谁具有决策权。

第四，在展览会结束后，尽快取得联系，免得记忆失效而增加后期接触难度。

第五，将客户的产品资料拿回来仔细分析，寻找机会。

对收集到的客户资料进行管理，也十分重要。现有的客户，与企业联系过的单位，企业举办活动（如公关、市场调查）的参与者等，他们的信息资料都应该得到良好的处理和保存，这些资料积累到一定的程度，就是一笔财富。

寻找自己的引路人

如果刚刚迈入一个新的行业，很多事情根本无法下手。这时候，你需要能够给予你经验的人，从他那儿获得建议，这对你的价值非常大，我们不妨叫他为引路人吧。

引路人必须比你有经验，对你所做的努力感兴趣，并愿意指导你的行动。引路人愿意帮助面临困难的人，帮助别人从自己的经验中获得知识。

第7章 客户开发，迈出销售第一步

判断一个人是否是优秀的引路人，还取决于以下三点：

第一，看他是否在行业里具有一定的影响力并且声誉良好；

第二，看他是否具有对行业里的技术和市场的深刻认识；

第三，看他是否具有行业里的广泛人脉关系。

如果你的引路人确实具备以上这些特点，那么恭喜你，你的事业必将在他的引导下如鱼得水。具体来说，他将为你带来的好处是：

第一，行业里的技术及产品发展趋势；

第二，某些关键客户方向，让你能够不走弯路。

一位成功的销售员，在回忆自己当初的引路人时说道：

有一段时间，我的事业陷入低谷。因为刚进入了一个全新的行业，对一切茫然不知，在说服客户时遇到了极大的困境。

正当我走投无路时，我有幸结识了一个朋友，他成了我在这个行业的第一个引路人。因为他对于我所处的行业有很深的认识，对行业里的厂商、公司老板，那些需要我们的产品的厂商都能够作出客观的评价。因此，这使得我的目标变得非常明确，他甚至告诉我这些公司的老板，哪些是和他关系良好的朋友，我打电话去的时候就可以以他介绍的名义来进行。

寻找自己的引路人，也就是能够有幸结识销售生涯中的贵人。这种人愿意帮助面临困难的人，帮助别人从自己的经验中获得知识和成功。

通过"转介绍"开拓潜在客户

对很多销售员来说，感到最头痛也最吃力的事情，就是开拓潜在客户。其实事情远远没有你想象的那么困难，你现有的客户群就可以好好利用。

注意分析一下你收集来的客户资料，你将不难发现，在现有客户群中，还隐藏着很多潜在客户，存在很大的客户市场，等待你去开拓！怎么开拓呢？通过"转介绍",也就是让客户不断帮你介绍新的客户。这是开拓潜在客户最为有效的方法之一,也是保证你不断获得潜在客户的重要资源。通过"转介绍",还可减少初次拜访的陌生感,同时又有介绍者的认可,更具说服力,较易赢得潜在客户的认可,促成签单。于是,你的客户群就像滚雪球一样,越滚越大!

第一步,让客户认可你。

你要向客户提出请求,并解释什么是"转介绍"。只有得到客户的认可,客户才会把朋友的近况及家庭情况告诉你,从而获得潜在客户的详细资料。

具体来说,获得客户认同要做到两点:

第一,要有责任感,笃守信誉,有责任心。在经营客户时,一定要重信誉、讲信用,以实际行动赢得客户信任,客户才乐意做"转介绍"。

第二,给客户提供满意的服务。只有以真诚的服务打动客户的心,才会获得客户的认可,客户才会放心地把这种服务介绍给朋友,把你推荐给朋友,自愿反馈朋友的信息。

让客户认可你,这是很重要的一步,迈出这一步,后面的事情就好办了。但如果你遇到拒绝提供"转介绍"的客户,就应该尽快找出客户拒绝的原因,打消客户的顾虑,解除客户的担忧,重获认同与肯定。

第二步,获得潜在客户的资料。

当你获得客户的认可后,他会主动把一些潜在客户的详细资料提供给你。你在收集这些资料时,主要应掌握潜在客户的姓名,年龄,家庭及单位地址和电话号码,教育背景及未来计划,目前收入和将来可能的最高收入。同时还应获知潜在客户的兴趣,掌握潜在客户的情感与性格,为陌生拜访奠定基础。

这样,你就对潜在客户有了大致的了解和认识,轻松掌握了潜在客户的生活详情,这时再有计划性地为潜在客户做准备,对症下药,整理出购买计划,将更具说服力。

第三步，准确锁定潜在客户。

根据自己掌握的资料，认真对潜在客户进行筛选，选择最具有可能性和最具有购买实力的潜在客户，锁定主攻对象。锁定潜在客户后，选择恰当的拜访时间、拜访方式、拜访话题，精心为潜在客户设计购买计划。

虽然是陌生拜访，但对客户资料了如指掌，如吃了定心丸，介绍更得心应手，句句说到潜在客户的心坎上。再则是经朋友介绍来的，潜在客户不会拒你于千里之外，更不会为难你，甚至还会产生一种亲切感、信任感。可以借助自己为以往的客户提供的服务，用事实证明自己的信誉与能力。如此双管齐下，作用更为明显，相信会事半功倍。潜在客户也会打心底里接受你的观点，成为你的客户。

寻找客户时不要忘记朋友

不要说你没有朋友，或者朋友很少。对一个优秀的销售员来说，到处都是他的好朋友。换句话说，凡是认识你的人，哪怕只有一面之缘，只要你知道他们的联系办法，他们愿意了解你的工作和生活，关注你的事业，这些人都是你的朋友。

如此算来，天下何人不识君呢？

如果你的产品"刚好"是这些朋友们所需要的，为什么不帮助他们满足这种需求呢？说服朋友购买他所需要的产品，多半会被接受。从朋友的角度来说，只要他们喜欢你，相信你，希望你成功，也总是很愿意去尝试你的产品。

于是，在友谊的召唤下，他们将积极地回应，并成为你最好的客户。

即使你的朋友暂时不需要你的产品，也要与他们联系。寻找潜在客户的第一条规律是不要假设某人不能帮助你建立商业关系。他们自己也许不是潜在客户，但是他们也许认识将成为你的客户的人。不要害怕要求别人推荐。

取得他们的同意，与你分享你的新产品、新服务以及新的构思时的关键语句是："因为我欣赏你的判断力，我希望听听你的观点。"这句话一定会使对方觉得自己很重要，并愿意帮助你。

总之，当你说服客户的时候，一定要把他们当作你的好朋友，而不是敌人或者对手。你要从内心深处把每一次说服，当作帮助朋友的绝佳机会。如果方法正确，多数人将不仅向你提出一些恰当的问题，他们还有可能谈到一个大客户。

现在，你需要花一些时间和精力，和潜在客户培养出彼此之间的理解和信任，并建立起一种牢固、长期性的友谊。你要想办法打消客户对你的抵触情绪，只要他们接受了你这个好朋友，就一定也会接纳你的产品。

寻访新客源并不断地建立客源

推销员在寻访新客源的时候，有如下经验值得参考：

（1）推销员要与人见面才可以得到生意，见的越多，达成交易的机会越大。

（2）当结识人的时候，推销员很渴望认识一些热情的朋友，根据经验，这是错误的。越是"热情"的人，越难达成交易。为什么客户对你好反而不能成交呢？因为他们心中不打算购买产品，为了补偿推销员花费在他们身上的劳动，他们只好对推销员特别友善。至于那些东挑西拣的，好像严刑逼供的客户，因为他们心中已经付过了钱，便渴望多得些服务，这也是人之常情。

（3）每周要见20个客户，其中新朋友的比例要占七成以上，三成是旧朋友。即认识14位新朋友，6位老朋友。任何老朋友，都是由新朋友发展而来的，做了半年以上的推销人员，自然会有很多新旧朋友的。最保险的原则是每天认识4个新朋友，向他们介绍自己推销的产品。

第7章 客户开发，迈出销售第一步

（4）认识朋友固然重要，但彻底切断友谊也是必要的步骤。有些朋友是不会成为潜在客户的，长期和他们纠缠，只会浪费自己的时间。如果不是必要的话，少接触这类朋友是有益无害的。

根据这些经验，推销员就会小心地侍候那些比较挑剔的人，并欢迎他们的怀疑和质问了。

作为推销人员要靠卖出产品才可以赚取佣金。其中的赚钱步骤是将陌生人的名字，转成产生佣金的客户名字；过程是投资了时间加上促成生意达成买卖的创意。如何令一个本来不需要服务的客户产生购买的欲望呢？这便是商业上的创意。好像生人可以变成客人一样，其中的运作过程是怎样的呢？

（1）看看陌生人是否符合资格，从他的年龄、收入以及资历方面去审查一下。

（2）尽量安排机会见面，面对面地研究，探索一下陌生人的兴趣；迅速会面，建立一定的友谊。

（3）展开推销的工作，将产品系统地介绍给客户。

（4）最幸运的是及时将产品卖了出去，满足了客户的需求。

（5）产品卖不出去！客户没有需求，或者暂时不想买。

（6）他是有需求的，只不过时间不合适，他日有机会再约。

经过这几个步骤之后，推销员便可以建立一个存储库，好像厂家的仓库一般。不过厂家的仓库是放货物的，推销人员的仓库是放客户名单以及客户资料的。推销人员的工作是不断将资料更新，尽量做到不断输入新鲜血液，剔除那些起不了作用的名单。

当推销员养成这个习惯，每天输入4个新名字，每天也见上几个朋友，向他们介绍产品，那么，半年之后，推销员的收入肯定能达到半年前定下的目标。

当工作进展到某一阶段时，我们应进行进度检查。这个检查工作，对于提高工作效率，当然会很有效。

比如说推销员的成绩如下：

第一次见面而达成交易的几率是10%。

第二次见面而达成交易的几率是50%。

第三次见面而达成交易的几率是20%。

第四次见面而达成交易的几率是10%。

第五次见面而达成交易的几率是……

经过这样比较之后,推销员自然会明白为什么要浪费时间去见三四次呢?为什么不集中精力去约见第二次见面的客户呢?

不断地记录,不断地研究,推销员自然会掌握方法的。

当你到超级市场买东西的时候,也会在出发之前,列好一张购货清单,买完之后,自己会小心核对,以免错漏。同时,你又会将清单保留下来,留至待收到货品时再核对,确保无误。买东西你也会这么小心选择,对于自己的事业,为什么不小心核对呢?

推销人员是没有师傅的,唯一的老师是自己的经验,错误犯多了,经验自然就有了。犯了错但没有核对,岂不是会有再犯的可能吗?从前犯的错误,岂不是浪费了吗?唯一令你进步的方法,是自我监督,细心想一想为什么没有结果呢?错在哪里呢?

采用合理的方法进行陌生推销

要想在陌生的推销业出人头地,你必须先知道陌生推销是由哪些要素构成的,其功能以及公式是什么。当然,就像其他的科学一样,要不断实践下去,直到你找出有用的方法为止。

构成陌生推销的基本要素有:

(1)说开场白;

(2)提出有力的(发人深省的)问题制造出有意义的对话;

第7章 客户开发，迈出销售第一步

（3）做强势（有利益的）发言，奠定信赖感；

（4）以需求、决断力以及金钱（付款能力）来判断准客户的资格；

（5）搜集资讯；

（6）达到你来此的目的——踏出你行销周期的下一步。

总而言之，陌生推销中关键是不要放过任何一次机会。比如每次坐电梯时如果有其他人同行，都应当试着和陌生人认识并拿到他的名片。

你进入电梯时，应注意看有谁一起进去或者有谁在电梯里，然后试着在一群乘客中挑出你认为最佳的准客户人选。

立刻说话或提问题——通常都是幽默的，以引起他人的注意。

如果他们大笑或者微笑，就说："你是做什么的？"这是整个过程中最重要的一句话。就这么6个字，你就一箭正中红心，又快，又准，还没有威胁性。

他们会立刻告诉你他们的职业（人们最喜欢谈论自己最有兴趣的话题——他们自己）。

如果他们看来似乎是准客户的人选，可用这句话作结束语："请给我一张名片吧，我会寄一些我认为对你可能有用的资料给你。"

在电梯门打开前，他把名片给了你，你赢得了这场游戏的胜利。

给他一张你的名片，用力和他握手。

24小时内做后续追踪的行动。

这就是陌生推销。如果你说："我讨厌陌生推销！"要知道这是一种自己给自己造成的心理状态，其实只要通过几次陌生推销的成功，很容易就可以克服的。

陌生推销最重要的三个部分是：开场白、有力的问题，以及强力说明，它们能让你以所需资料来判别准客户够不够格，了解其真实需求所在，以及完成推销。

开场白很重要，因为第一印象很重要，并且开场白的传达方式决定了你的成败。总之，第一句话的印象是你成败的关键。

你必须迅速切入重点。准客户一般很忙，如果你拐弯抹角，这对他是一种侮辱。

说完开场白之后，要让准客户思考，给他一点时间，不要逼人。他们是为了解决公司的问题或满足需求而买。给他们一个思考的空间，只要你的产品和你的表现够好，相信他们会有让你满意的答复。

在推销拜访的过程中，客户或准客户看到的第一件事，就是你的专业形象，接下来是开场白给予人的印象。你的表达方式、真诚与创意会影响整个约谈的气氛，也会影响准客户的聆听态度。如果你一开始就取得了客户的注意力和尊敬，你很可能在整个过程中都得到同样的尊重。

如果是通过电话，开场白就更加重要了，因为它代表着你所有的一切。

你不能说："你看我穿了这么帅的西装。"

你的收成全在你的言语掌控之下。

这是很重要的，大家一定要加以重视，因为假使准客户不认识你，在他心中只有一个念头：你要干什么？所以，推销员越快说到重点，越有利。

对于陌生面谈而言，"你能不能帮我？"或"我需要你帮我一些忙。"这是最有效用的开场白；如此一来，准客户会因乐于助人之心而削弱了对推销人员的提防。

"你能不能帮我？"几乎是在强迫对方要注意。另外一句同样有效的话语是：

"我想留（或寄）给你们一份有关商品或服务性质的简介，应该留给哪一位？"

这是所谓的"间接限定"，可以让守门人或接待人员不起戒心。因为你只不过想问个人名，其目的也不过是留下一点东西，然后你就离开了。或者：

"我想留些东西给能够作决定（商品或服务性质）的人。请问是哪一位？"总之，有力度的问题是相当有用的，它应该是可以让准客户思考的问

第7章 客户开发，迈出销售第一步

题，是可以让准客户知道你对他和他的公司很了解的问题，或者是可以让准客户的回答里，透露出有关够不够资格、有没有约谈、能不能行销等的问题。

它更应是一个开放式的问题。不要说"你是不是……"应该要问"什么是你……"或"你怎么……"或"你什么时候……"

为了完成陌生推销，你还应当做额外的准备。

为了更好地做到这一点，你要事先计划，知道你的最佳目标。

要仔细分析准客户的需求。了解其营运上的困难、他们有兴趣贪图的、会引起他们害怕的和吸引他们虚荣心的需求，找出你的客户需要些什么、找出核心按钮——然后按下去。

第一，设定目标（大情势）。

第二，知道你的目的何在（是取得约谈、还是拿到人名）。

第三，备妥已背诵好的讲稿（包括对白、重要的语句、有力的问题）。

第四，备妥十全十美的资料与工具（广告宣传单在陌生推销上相当好用）。

为能取得买方的信心的证明，你可以使出你行销工具里的所有法宝，包括感谢状、证明书、推荐信息等，所有可能会有意想不到收效的东西。陌生推销也可通过陌生电话来实现，而在陌生电话中应时刻不忘遵守以下规则：

（1）说话时面带微笑；

（2）说出你的姓名和公司名称；

（3）尽快切入重点（在前两句话说明来意）；

（4）简短亲切；

（5）想法子带点喜悦感；

（6）要求或提供协助；

（7）说明你有重要资讯。

要想在陌生的推销业出人头地，就必须说好开场白；提出有力的（发人深省的）问题，制造出有意义的对话；做强势（有利益的）发言，奠定信赖感；以需求、决断力以及金钱（付款能力）来判断准客户的资格；搜集资讯；达到你来此的目的——踏出你行销周期的下一步。只有做好这六个步骤，才能推销成功。

如何在展览会上抓住客户

年会商展、贸易展是接触客户的大好良机，只要有完善的准备，正确的目标与持续努力，抓住大量新客户将不再是推销员的梦想。

对于每一个推销员来说，展览会属于千载难逢的推销机会，商展或贸易展是目前最节省成本的市场开发方法——不论对参观者或参展者而言都是如此。

所以，推销员在商展或贸易展里的主要任务是去了解一位目标人物或准客户的需求，让你在展览结束后，可借助电话、信件做有效的后续追踪，使一名够资格的准客户与你约谈以及让你有机会推销。

为了更好地完成任务，你必须先做好充分的准备。拟订行动计划之前应准确明了地解答以下几个问题：

第一，我是买家、卖家，还是双重角色？几乎每位参加的人都有推销企图或推销计划，要不就是去学习如何推销。通过这个问题可以确定你行动计划的性质。

第二，如果你的目的是去推销，或者是从参展者那里取得一些资讯，你要如何完成这项棘手的任务？言行谨慎迅捷。参展者也是去推销，不是去购买。他们对你留下的印象，会维持到展览会结束后至你后续追踪时，而且你要用最好的推销方法，因为还有很多的推销员也在努力争取尽可能多的客户。

第三，身为参展者，除了名片之外不要带其他东西，而你要索取别人的名片，展览会结束后再给他寄你的资料。但如何取得客户资料呢？

第四，在展览会之前定出你的目标准客户。然后搜寻他们，等待他们出现。这样，你就明确了对自己和对客户的定位以及行动目标，有利于开展推销活动。为了更好地开展活动，推销员应该从布展的时候就开始进行活动并挑选目标。

第五，期盼在这次展览会中完成什么样的结果？你应有一个定义明确的目标，包括预期从此次展览会获得的准客户数目和业务量。

第六，让自己的接触收到最佳效果的方法就是要随时在场，有备而来，言之有物，并令人印象鲜明。

第七，在展览会中还应充分利用其他工具来完成这项任务，如广告、标语、展示用品以及人物等。推销员在展览会中确定的推销群体，不能仅局限于参观者，还应向其他参展者推销，他们也是我们的准客户。

第八，当展览开始时，要注意时间的分配，如果你每3分钟见一位准客户，9个小时下来，一天你才会见了180位准客户。如果一天有3 500人到场参观，那就连6%也不到了，但不能因此而忽略了对客户的第一印象，这是取得客户信任的关键，也是成功的关键。

第九，可通过对准客户提出有威力的探问，以便立即判断出他们的资格，同时引起他们对你的兴趣。应把这些问题写下来并经过演练，不断斟酌，使这些问题的答案能透露出约谈和推销的兴趣与资讯。

第十，还应强力说明才能建立信任，刺激准客户采取行动，这些强力说明必须站在准客户的立场进行说明，还应令人难忘！

第十一，总之，每个推销员都应尽量使所做的事与众不同，在竞争中脱颖而出，给准客户一个深刻印象，以便在商展结束后进行后续追踪时更加顺利。

综上所述，行动计划应大致如下：不管你是展览会的参展者或是参观者，首先要确认资格；使用精心策划、经过演练、简短的介绍词来介绍自己和自己的行业，以及你之所以比别人强的原因，好感必须在1～2分钟的时间内建立；试着去证实他们的需求，并向准客户确认一定会有回信或回电。之后，立即在他们的名片背面写下你需要的所有资料，如果会场挤满了人，你只能给每个人1~3分钟的时间。

此时，推销员可以看到一大堆同行及大批的客户和准客户，这是分秒必争的场合，如何高效利用，切记以下20个重要因素。它可以告诉你如何规划下一次的参展，并让你获得最大的利益。这些成功法则与经验，会帮助你在商展中从事行销公关活动，并体会其中的影响力：

第一，需要做好一切准备工作包括展览品、宣传品人员都要准备妥当；你的展览说明、资料都要完全在掌握之中。印制令人印象深刻的传单或广告单，以便在后续追踪时，应对准客户提起的东西。

第二，计划好你的行动计划制定目标，包括你想得到多少准客户、你想拜访多少位客户、你想做到多少笔业务，以及你打算如何完成这些任务。这不仅能坚定你的信心，还能更好地实施计划。

第三，提早一天抵达，你不仅可以得到充分休息，知悉重要事情的最新消息，而且还能与许多商展的参展者与参观者同行增进了解。

第四，在布展期间开始活动。如果你不是参展者，想办法进入会场。早些在会场走动，你就占到了上风，因为此时许多公司总裁喜欢在布置摊位的时候在场，你可以从容不迫地与这些总裁交谈。

第五，选定与十位目标客户联络，建立关系，请他们吃晚餐，巩固你的卖主地位。

第六，选定与十位目标准客户联络，为稍后的推销建立好感；确定你的准客户和客户最有可能去的场合，你也去。

第七，每天都要第一个抵达会场，最后一个离去。多一两个钟头可能意味着额外的100次接触。

第八，参加研讨会与讲习课程，与你的准客户及客户交流。在研讨会中坐在正确对象的旁边可能会给你带来很多机会和潜力，或者挑选一个准客户或客户可能有兴趣参加的题目发表演说或主持研讨会，展现你的专业才能，

第7章 客户开发，迈出销售第一步

可赢得他们更进一步好感与信任。

第九，到处推销，没有地方是禁区。嘴巴说、眼睛看（但切记非礼勿视），什么时候会碰见一位准客户谁也说不准（或者与他擦肩而过，如果你没有注意到的话）。

第十，如果你想和每个人打招呼，动作快点，平均一个人你只有7.5秒钟的打招呼时间。你最好可以很快判断出资格，为你的目标识别证提高警觉。不过（我强调不过），当有人看起来像是位准客户时，多花一点儿时间为后续追踪阶段建立好感。不要浪费任何时间在与业绩不相干的事情上。

第十一，不要对任何人存有成见。因为老板有可能决定穿着休闲服，或藏起识别证，以避免不必要的骚扰。

第十二，话语要简短、扼要、热情、幽默，握手要适中有力。

第十三，证明购买者的需求。

用试探的方式取得你想得知的资讯，但不要一下子讲太多。提出你的威力问题以及后续追踪问题来搜集资讯、建立兴趣、决定需求，并能让你用有意义的方式传递出自己的资料。提出最好的问题，把你最简明扼要的讯息准备妥当，以便在时机成熟时可以随时传递出去。在你展示自己解决问题的能力以前，先要对你的准客户有足够的认识，如此你的资料才会对他有强烈的影响。知道什么时候该说些什么话。

第十四，展示你解决问题的方法。展示你有些什么东西是准客户需要的，并对他给予帮助的。

第十五，判断兴趣浓度。如果他们需要你推销的商品，你要判断出其购买兴趣浓不浓厚。在他们的名片上注明这些信息，以确定后续追踪的力度。

第十六，让准客户承诺下次的联系。不要还没有确定下一步，就让一位理想的准客户离开。

第十七，立刻在名片背面摘记重点。如果你和很多人接触，你不可能每件事都记得一清二楚。利用说话或对方转身离开时，立刻在名片背面写下重点摘要，主要包括对方的个人资料——高尔夫、小孩、运动、戏剧，这样在做后续追踪时才有参考资料可用。

第十八，及时结束。当你传达完信息，作完接触，并确定下次会面或行动以后，迅速转移目标继续进行下一个接触。

第十九，在晚上开小组聚会，为次日拟订或重订计划。在会场里很多事都发生得很快，你会遇见新朋友，随时都有商机，而在你行业里的一些举足轻重的人物，也不再遥不可及。你要达到最大利益，就一定要有一份书面的行动计划，并随着活动的进行作弹性的调整。

第二十，自始至终保持清醒及愉快的心情！不要逼别人，也不要有压力，这从你的脸上都看得出来。商展就像人生：你的态度越好，就会越成功。

国际会场也能向客户传达信息，布置会场要遵守以下准则。

第一，亲自分发广告传单，不要将它们放在一边等人取阅。

第二，全程站着服务。

第三，如果公司不止一人参加展示，分工合作以期获得最高利益。

第四，立刻关注客户的举动。

第五，展示摊位任何时间都要有人看管。

第六，用一个开放式问句，很快地求证出准客户的资格。

第七，使用求证资格四步骤去取得线索并完成业务：

建立好感；证实需求/求证资格；引起兴趣；确认下一步行动（信件、电话、约谈）。

第八，如果你需要名片以外的资料，准备一些问卷单和订书机。

第九，查明你有没有与准客户共同认识的朋友或客户。

第十，立即在名片或纸张上记下摘要。

总之，在通过展览会，进行产品推销时，要做好自己的行动计划，做好充分的准备，这样当机会到来时，才能迅速抓住，同时也能创造出机会。

在联谊会中结识更多准客户

"智者无所不知,精明者无不识之人。"联谊会是推销员结识大量客户的大好时机,如何把握这一时机呢?

首先,应该明确参加联谊会的重要性。通过它建立人脉网络,推销变得更轻松。

何为人脉网络呢?

人脉网络是认识那些可以帮助你建立事业的人。

——是创造冲往事业与成功生涯的推动力。

——是与商业友人聚在一起,将他们转变成客户、朋友。

——是建立并培养长期关系。

——是建立一个人力资源库。

你可以运用它协助你自己建立事业,只要你一个星期花几个小时来从事联谊活动,去结识一些新朋友。因为这里充满了机会,作为一名推销员,你将从人脉网络中得到年年增加的利息和股息,另外,拥有积极正面的态度,联谊才会起作用。

有效的人脉网络技巧与一个5年的人脉网络参与计划结合在一起,能使你获得:更多商业朋友,更多业务,更多商业教育,更多社区参与。

但想在联谊方面成功,推销员必须拟订计划,并付诸实行。

这是一份能够帮助推销员制订一套行动计划的调查问卷,应妥善加以利用:

(1)目前我在何处从事联谊活动?

(2)我该去哪儿从事联谊活动?

(3)我最好的客户在哪儿从事联谊活动?

(4)有哪三个组织是我应该去调查,或者说应该加入的?

（5）一个星期里我花几个小时从事联谊活动？

（6）我最想会见的五个人是谁？

（7）我第一年从事联谊活动的目标是什么？

（8）我有没有联谊工具？

（9）有谁对联谊很内行，是我可以打电话去寻求协助的人？

回答这些问题，确定并执行自己的行动计划。

其次，应该明确，联谊已经成为一个决定性的商业工具。它有效率，有业绩（几个小时内你可以接触到二三十个人），而且社交意味较浓（以社交方式谈生意比较容易，而且有趣）。

如果你对联谊的价值心存怀疑，不妨这么想：如果在一个房间里有100个人，而你有两个钟头的时间去联谊，你至少可以跟50%的人讲话，大概可以交50个朋友。而在其他环境下，要做50次商业拜访需要多少时间？可能是一星期。

很多人前去参加联谊活动，但很少有人真正知道如何做有效的联谊。想成为一位更有效率、更有生产力的联谊人，就要使用一些技巧与工具。但如何使用呢，它们又是什么呢？

在联谊活动里，每个人都想推销！有时推销员得扮演买方的角色，有时又要成为卖方，因此必须要能够随时扮演两种角色。只有学习了联谊的技巧，推销员才有机会成为1/2，并完全掌控局面。

推销员必须注意以下几点：

（1）事先设法知道有谁会参加，需要带什么去，你的目标是什么，以及公司里有没有同事会参加。

备妥做接触时所需的东西，如名片、行事历、记事簿等都是建立信心的必备工具。

（2）提早抵达活动场所并一直待到活动结束，如果可能的话，站在入口处，一开始你可以看到每个人并锁定目标，结束时则可以把握到曾错过的人。

当你进入会场后,一定要先吃些东西,既要吃又要和人交际是有点困难。一抵达就先喂饱肚子,这样在余下的时间里才有空和人握手,说话时也不会把食物喷出来,同时可以更有效地达到交际的目的。

(3)至少绕人群走两回,熟悉房间与房里的人,知道准客户在哪儿,你就去哪儿设法找出最有可能使自己获得丰收的团体和组织。一般是在你现有客户里一位或数位参加的某团体。加入聊天行列之后,不要坐着等成功从天上掉下来,要积极主动地与客户交谈。联谊所做的接触不一定都得与业务有关,通常,一笔业务会衍生出另一笔业务。因此,只要结识优秀的人,并帮助他们就行了,其他的事自会水到渠成。

(4)一旦人们开始了解你,见到你的表现,他们会乐意与你做生意。所以,要花75%的时间在那些你不认识的人身上,和同事或朋友厮混在一起很有趣,但是却不能把任何准客户的名片放进口袋里,这样可能失去其他珍贵的接触机会;花25%的时间去巩固现存的关系和客户谈天,你对他们认识越深,他们对你与你们公司的忠诚度便会随之提高。成熟的关系可衍生业务,如果你与某人建立起稳固的关系,他们会特意为你找业务。只要结识有地位的人并帮助他们就行了,其他的事自会水到渠成。

(5)自我推销时间应为30秒或更少,这要求必须把自我推销的步骤内容记得滚瓜烂熟。等准客户介绍过自己之后,推销员的下一个动作是要决定这是建立好感(找出共同兴趣)的时机或者是引起对方对你的商品或服务感兴趣的时机,不要浪费时间在无谓的行动上,如果对方不是准客户的好人选,不要浪费时间,但是离开时要非常客气。如果对方看起来像是个很好的准客户人选,你一定要和他建立公事以外的共同话题,找出你们两人知道或都喜欢的事物。因为推销员的目标是接触整个房间里的人,所以不要花太多时间在同一个人身上,否则就失去联谊的意义了。如果找到一个好门道或好线索,可以多花一点点时间在他身上,要懂得点到为止。要聪明到懂得定时间见面,激起对方的兴趣,然后继续下一个目标。但在继续下一个目标之前,要先试着和他们定时间见面并拿到准客户的名片。一般来说，你应该先把名片给他们，或者说出一个你需要他们名片的理由（"给我一张名片，我好寄资料给你"）。如果准客户给名片给得有点勉强，以后要约谈他可能会比较困难。之后，当你获得客户的信息时，立刻在名片背面写下相关资料，在后续追踪时，你会需要这些做参考。当你联谊的时候，要参与该组织的活动。

最后，最重要的是，玩得愉快，也做个喜欢玩的人，这是认识其他人并建立珍贵关系的大好时机。人们喜欢和快乐的人相处，但不要喝酒，不要抽烟或浑身烟味。必须一直待到联谊会结束，因为待得越久，认识的人就越多。

总之，在整个联谊过程中，你必须要全心投入，并付诸行动。说话要彬彬有礼，使用"请"与"谢谢"，会给别人留下好的印象；要简短扼要地回答客户的问题，如果有人问你从事什么行业，迅速简洁地告诉他；不要喋喋不休，为了说话而说话，要言之有物；要明白你能够解决些什么问题，不要尽说些介绍商品或服务的无聊话，站在你能如何去解决问题的角度说话；不要抱怨或说某某人、某某公司的坏话，因为你根本不知道正在和你说话的准客户，是不是跟你正在臭骂的某某人、某某公司或某某商品有着某些关联。

所以，使你的联谊活动成功的行之有效的方法如下：

第一，每天都采取联谊行动———天做一点。

第二，一天至少要打电话给两个人（一年所做的接触就达500人以上）。

第三，一星期至少参加一次联谊活动。

第四，建立关系需要一段时间——六个月。

第五，在你无所求的时候结交朋友。

第六，把准客户与客户变成你的朋友。

如果你现在就行动起来，很快就能看到它给你带来的好处了。

与客户联谊时常采用的方法

在进行各种交际活动时,我们如果掌握了一定的方法,就能结识到更多的优质的客户。

1. 个人观察法

这是一种比较古老的方法,也是一种基本的方法。实际上,无论在什么地方、做什么事或和什么人谈话,推销员都必须经常留心观察可能的准客户。例如,某君曾经有一次和两个企业界人士一起打高尔夫球,这两个人以前互不认识,其中一位是颇负盛名的商业巨子,在谈话中提到他必须在未来的三个月中,将几个推销员和他们的家眷,从某地调来。另一名则表示他是一家运务公司的老板,很乐意帮助做这件调职搬家的事。结果,在娱乐中他们就圆满地达成一笔交易。

利用这种方法寻找客户,关键在于培养推销员个人自身的职业灵感,一个优秀的推销员则应该善于寻找客户。在实际生活里,每时每刻都有新闻事件发生,嗅觉敏感的新闻记者总是抢先报道重大新闻。同样,潜在的客户无处不在,有心的推销员随时随地都可以找到自己的客户。下面列举几个推销员的成功实例,借以帮助大家加深对个人观察法的理解。

汽车推销员,整天开着新汽车在航空工业部区街道上转来转去,寻找旧汽车。当他发现一辆旧汽车时,就通过电话和该汽车的主人交谈,并把旧汽车的主人看作是一位准客户。

一位人寿保险代理很善于察言观色。有一次,他与其他推销员在一起进午餐,旁边有一位老人滔滔不绝地谈论他的孙子,十分得意。这位人寿保险代理认为这位老人很可能会为其孙子购买人寿保险单,从而把他列入准客户名单。

在我国各地，推销员也普遍运用个人观察法寻找客户。例如，修理自行车的人注意观察骑自行车的人，修鞋工人则注意观察行人的双脚，等等。

在利用个人观察法寻找客户时，推销员要积极主动，既要用眼，又要用耳，更要用心。在观察的同时，运用逻辑进行推理。例如有一位办公家具推销员，每天夜深人静时，在大街上四处徘徊，观察还有谁仍在办公室里工作，并记下深夜亮灯的门牌号码，翌日便登门拜访，建议主人添置一套办公家具，在家里开辟第二办公室。我国也有些地方的生意人，深夜走街串巷，发现有灯光的窗口，便大声吆喝，叫卖各种风味小吃。

从各种书报杂志的广播电视节目里，推销员也可以找到自己的客户。在国外的各种报刊杂志的分类广告就是推销员寻找客户的引子。

另外，有些引子并不这样明显，因而需要推销员具备敏锐的洞察力。现代经济活动是一个错综复杂的过程，这个过程的每一个阶段和每一个方面都是相互联系的有机整体。现代的消费活动也十分复杂，各种消费活动之间存在着不可分割的联系。

现代生产和消费需求本身之间的相互联系，给推销员提供了许多客户引子的启示。一种新产品问世，往往会给其他许多种产品开辟市场。因此，只要推销员善于观察和思考，就会从自己所见所闻的各种似乎毫不相干的消息里找到潜在的客户。

此法的具体优缺点如下：

第一，个人观察法的缺点。

（1）由于是个人观察所得，所以将受到推销员个人见闻的局限。

（2）由于事先完全不了解客户对象，往往容易陷入空洞的可能性里，失败率比较高。

尽管个人观察法具有上述缺点，但它还是一种比较可行的办法。

第二，个人观察法的优点。

（1）可以使推销员直接面对现实，面对市场，排除中间性干扰。

（2）可以使推销员扩大视野，跳出原有推销区，发现新客户，创造新的推销业绩。

（3）可以帮助推销员培养洞察能力，积累推销经验，提高推销能力。

个人观察法是其他各种方法的基础，推销员在使用任何其他方法寻找客户时，都离不开个人观察。

不同行业的推销员的个人观察能力不同，使用的方法也有所不同。这里所讲的个人观察法，只能作为一种提示，以帮助推销员培养自己的观察能力，确定适合自己使用的观察法。只有先学好基本原理，然后才能有所发挥，各显神通。只要推销员时刻留心，细心观察，就会发现客户无处不在。

2. 地毯式访问法

地毯式访问法，也称"撞见访问法"。此法相信如果访问是彻底的，那么总会找出一些客户，其中有某一比例会达成交易。换句话说，推销员所要寻找的客户是平均地分布在某一地区或所有的人当中。当推销员在不太熟悉或完全不熟悉推销对象的情况下，可以直接访问某一特定地区或某一特定职业的所有个人或组织，从中寻找自己的客户。这其实是一种相当传统的推销方式，已经有了一定的历史。自从商品生产和商品交换出现以后，挨门挨户的推销方式就开始出现。而且今天无论在东方还是在西方，无论在中国还是在外国，无论在城镇还是在乡村，几乎到处都可见到这种推销员的身影。

采用地毯式访问法寻找客户，首先推销员应该根据自己所推销商品的各种特性和用途，进行必要的推销工程可行性研究，确定一个比较可行的推销地区或推销对象范围。如果推销员毫无目标，胡冲乱撞，犹如大海捞针，则难得找到几位客户。如果推销员有所选择，例如到大学校园推销大学生用的教材或其他文化用品，或者到医院推销医药品，或者向家庭主妇推销肥皂，则可能会找到更多的新客户。因此，在开始地毯式访问法前，推销员应该先确定理想的推销范围，做好必要的访问计划。

接下来，我们来谈谈此法的优缺点。

第一，地毯式访问法的缺点。

（1）由于地毯式访问法秉承"遍地开花"的原则，最大缺点就在于它的相对盲目性。采用地毯式访问法寻找客户，通常是在不太了解或完全不了解对方情况的条件下进行访问，尽管推销员可能在事先做了一些必要的选择和准备工作，但是仍然难免带有很大程度的盲目性。如果推销员过于主观，判断错误，则会浪费大量的时间和精力。

（2）主要是由于客户的自我保护意识引起的拒绝。大多数人都不欢迎不速之客。由于在进行地毯式访问之前，推销员一般难以事先通知客户，因此访问是在客户毫无精神准备的情况下进行的，客户往往表示拒绝接见，从而给推销工作带来阻力，给推销员造成精神负担。

（3）由于推销工作和"地毯式访问法"本身的有机联系和相互影响，推销工作一旦失误，就会影响整个推销计划。

第二，地毯式访问法的优点。

（1）可以借机进行市场调查，能够比较客观和全面地了解客户需求情况。这是因为两者之间本来就互不认识，客户可以毫不客气地表明自己的真实看法，而且由于接触面比较广，推销员可以听到各方面的观点。

（2）有助于扩大推销商品的影响，使客户形成共同的商品印象。

（3）可以积累推销工作经验，尤其是对新推销员来说。

（4）如果推销员事先做了必要的选择和准备，推销技巧使用得法，则可以收到意想不到的收获，争取更多的新客户。

这种方法是适宜于推销各种生活消费品，尤其适用于推销必备的日用工业品和人人必需的各种服务，例如推销各种家庭用品、火灾保险服务等。实践证明，只要推销员善于掌握时机，灵活运用，这也是一种无往不利的成功方法。随着我国第三产业的迅速发展，地毯式访问法的应用必将越来越广泛。各类服务性行业的性质决定了其推销工作的特点，走出店门寻找客户与坐等客户上门这两种经营方式各有妙用。尤其是个体业者，送货上门，服务上门,更是竞争中取胜的上策。

总之,地毯式访问法是现代推销员最常用的寻找客户的方法之一。在采取这种方法寻找客户时,推销员必须做好必要的选择和准备工作,并且要在推销行动开始之后针对客户适时调整行动方案。由于这种方法固有的缺陷,推销员最好能够配合使用其他方法,发起立体攻势,随机应变。这样,才能取得理想的推销效果。例如,推销员在进行地毯式访问之前,可以先向推销范围里的推销对象寄去推销信,或者先通过电话打一个招呼,以便让客户做好思想准备。如果推销员能够灵活运用,地毯式访问法就是推销成功的一大法宝,可把天下的客户都列在自己的客户名册上。

开发经销商的八大招

开发经销商有窍门,有人总结了不少这方面的经验,作为新手的你,可以看看别人是怎么做的,并将别人的成功方法运用到自己的实践中,以求快速提升自己的销售能力。下列八大招,是一些常用常灵的方法。

1. 诱惑法

对那些喜欢贪小便宜的经销商可以采用该方法。你的产品没问题,价格没问题,就等签约了。可就是在这关键时候,他不表态,讲话多是吞吞吐吐,眼神顾左右而言他。俗话说"拿人的手短,吃人的嘴软"。这个时候你可略施恩惠,或送点小礼品,或大撮一顿,一般来说都会奏效的。

2. 缠功法

缠住客户,不让竞争对手有任何接近经销商的机会。本法适用于那些对你不反感,暂时拿不定主意的经销商。往往招商时节,一个经销商同时要接待几个厂家的销售人员,由于商业秘密的关系,一般谈判都是错开进行的。2001年,小李在湖南长沙招商时,一连半个月缠着经销商。白天帮经销商在店里卖货,晚上陪经销商打麻将,使得经销商抽不出时间与其他品牌销售员谈判,从而签下了合约。

3. 激将法

关键时候,激将一下。现在的不少经销商都是夫妻店。对代理某个大品牌的事,一般都要经过两人商议后才能定。但是,往往两人商议后想法就变了。这时,要抓住机会,采取先抬后激的方法,把合约签下来。就算他后悔,也是打掉门牙往肚里吞。

2000年,小李在湖南签一个小合同,该公司老公是董事长,老婆是总经理,看得出来应是老婆当家。老公对小李的产品不感兴趣。小李就一直把宝押在女总经理身上。什么都谈得差不多了,女老总没有异议,可是就是定不下来签约的事。小李便灵机一动先恭维一下,满足她的虚荣心,然后就立即激她一下:你把公司做成这么大,这么小的一个合同都签不了?是不是还要找老公商量商量啊?既然认为我们产品有助于贵公司发展,今天就应定下来。早投资早得利啊。女老板听了,犹豫了一下,就把合约签了。

4 串门法

这种方法适用于:客户对你不是很反感,能够接受你这个人,而又有对某类产品的需求,路途方便。对这样的客户,你走访的频率要高,时不时就跑去串串门。俗话说,一回生,二回熟,三回四回是朋友。先跟经销商混个脸熟。久而久之,客户在心理上感觉和你已成了朋友,自然就增加了胜算的几率。

5. 朋友法

这是个长线运作法,先和客户交个朋友,隔三差五地给他打个电话,问个好说点祝福的话联络感情,节日再寄张贺卡。路过客户家时送去小小礼品,给客户的小孩子带点小玩具。"顺便"受托办点事情,这都是好方法。通过这种方式建立起来的客户一般稳定性强,而且愿意为你的产品销售卖力。注意不可表错情免得误会,或者过度,引起客户猜疑,这样会适得其反。

6. 算账法

有些客户超级吝啬，斤斤计较，唯利是图，这些客户是只认钱的，是钻在钱眼里的一种。遇到这样的客户，你要和盘托出你的销售方案，你说话重点不要放在自己产品上，要放在能给他带来的利益上，要一笔一笔地把账算给他听，和他算利润，算空间，算得失，算性价比，算……直到算得他心花怒放为止，当然，还得抓住机会，补上"临门一脚"快速签合同，否则，第二天客户很可能又会反悔的。所以，遇到此类客户，事前要做足算账方面的准备。

7. 训斥法

有些客户做事犹豫不决，害怕承担万一出问题的责任。这些人的主要特征是做事没主见，办事效率低，拖拖拉拉，不利索不爽快。遇到这类客户，就像牛耙田一样，不用鞭子抽，是不会耕地的。小李在一家化妆品公司做总监，遇到一个河南的客户，这个客户要了公司的样品，要了产品的资料，问了这个又问那个，担心这个又担心那个，害得小李一个月就差点耗在他身上了，他还是拿不下主意订货。一天，小李实在忍无可忍，电话中把他狠狠训了一顿。出乎意料，小李与这个客户虽未谋面，第二天这个客户就与小李签约打款。

8. 厚黑法

这是厚黑学的一招，专门对付老奸巨猾一类的。客户打迷踪拳，你也打迷踪拳。只要你打得比他还漂亮，他就会服你。你要拳在意先，事事想在客户前面。对客户可能做的事都做一番预料。这样，你就会掌握主动权。没有一定功力的人是玩不动这套打法的。

作为销售新人，你以后在实际开发客户的过程中，会遇到各种各样的客户，各种各样的情况。用心去思考，用眼去观察，把已学的方法在实践中融会贯通，就一定会举一反三，让更多更好的技巧助推你的工作。

第8章　巧设开场白，三言两语锁定乾坤

销售员与准顾客交谈之前，需要适当的开场白。开场白的好坏，几乎可以决定这一次访问的成败，换言之，好的开场，就是销售员成功的一半。

好的开场白是成功的一半

业务员给客户的第一印象很重要，甚至直接影响到了说服的效果。而要想给客户留下良好的第一印象，一定要注意你的开场白。

开场白是业务员与客户见面时，前两分钟所说的话，这可以说是客户对业务员第一印象的再次定格（与客户见面时，客户对你的第一印象取决于你的衣着与言行举止）；虽然经常讲不能用第一印象去评判一个人，但我们的客户却经常用第一印象来评价你，这决定了客户愿不愿意给你机会让你继续谈下去。

一般来讲，标准的开场白包括以下几个部分：

（1）感谢客户接见你并寒暄、赞美；

（2）自我介绍或问候；

（3）介绍来访的目的（此中应突出客户价值，以吸引对方）；

第8章　巧设开场白，三言两语锁定乾坤

（4）转向探测需求（以问题结束，好让客户开口讲话）。

要记住，为了使客户开口讲话，一定要以问题结束你的开场白，否则会陷入暂时的僵局，一下子会让我们无话可说。

在交谈的过程中可以适当适时地运用一些恭维用语。

有的时候恭维别人算是一种美德，但不要说些违心的话。只要用词得体或是发自内心深处的由衷之言，对方一定会非常高兴的。

谁都有自尊心，也总是希望别人能对自己的长处给予肯定。如果你能把握这一点，满足对方的这种欲望，那就能取得成功，对方还会认为你是个会体谅别人的人，说不定他能把"心"也交给你。

作为推销员有时候在外貌上有些缺陷，千万不要为此自卑和不安。

有些时候，身体方面的缺陷还可能会得到意想不到的效果。例如：一位身体瘦小的推销员，在他访问客户时的第一句话就开玩笑地说："风真大，眼看就要把我给吹跑了。"如果是一位胖乎乎的推销员则可以说："因为太急，所以我今天这样连滚带爬地来了。"客户一听，一定会忍不住笑出声来。扮演丑角不会伤害你的自尊心，只要双方一笑，相互间的距离一下子就缩短了，任何不好解决的问题，只要"丑角"一登场，通常就可迎刃而解了。

有时候面对别人的提问会作出这样的回答："我从事人事资源管理工作。"这是非常不恰当的。

你应该回答："我们提供高素质的紧急临时员工给诸如贵公司之类的企业，如此一来，当公司有职员生病、缺席或请假时，你们就不会因此而蒙受生产力的损失或降低对客户的服务品质。"如此漂亮的回答，一定会让准客户对留下深刻的你印象。

开始与客户沟通时，可试着用以下几种方法。

1. 引旁证

在唤起注意方面，推销员广泛引用旁证往往能收到很好的效果。在香港地区，一家著名的保险公司的推销经纪人常常在自己的老客户中挑选一些合作者,一旦确定了推销对象,公司征得该对象的好友某某先生的同意,上门访问时他就这样对客户说:"某某先生经常在我面前提到您呢!"对方肯定想知道关于自己的事情,愿意听这位经纪人继续讲下去。

2. 单刀直入式

熟人之间遇到急事往往采取这种形式。开头一句"无事不登三宝殿",就直接打开话匣子,讲什么事情、什么情况、什么要求等,全盘托出,引入本题。这种方式必须是对客户十分了解,无须多加寒暄,或者事情紧急,才可使用。因它太直率,如果不了解对方心情,不设身处地替对方着想,往往不会取得满意的效果,因此,要看情况使用,而不宜随处滥用。

3. 借题发挥式

推销时先不直接明言,而是借别的问题加以发挥,逐步引入本题,也是人们经常使用的一种开头方法。《战国策》中的《触龙说赵太后》就是一例典型。赵太后新亲政,秦国就来攻打赵国。赵国请齐国出兵救援,齐国要赵太后幼子长安君作为人质才肯出兵。赵太后不肯,大臣进谏,赵太后说:"谁再提这件事,我就吐他一脸唾沫。"左师触龙进见,先问太后身体怎样,吃饭饭量如何,然后求赵太后给自己的幼子补一名宫中警卫。赵太后说:"男子汉也这样爱孩子呀!"触龙说:"比妇女还厉害。"接着就说赵太后爱女儿燕后胜过爱幼子长安君,送女儿去燕国完婚时很悲痛,赵太后哭得很厉害,祭祀时还祝她别被赶回来,为的是让她子孙成为燕国国君。他又说赵国皇室子孙,占有的金玉珠宝太多了,这是历史的教训。然后他才说赵太后对长安君给予很高的俸禄,封他在很好的地方,国家有难,不让他去建功立业,将来太后去世,长安君如果无德无功还能长久保持下去吗?赵太后被说服了,心甘情愿地送长安君去齐国当人质,齐国出兵救援,秦国也就退兵了。这种谈话的艺术是很高明的,效果很好。在推销过程中,双方的进言、劝说,特别是碰到对方思想不通的时候,使用这种方法往往可以获得满意的推销效果。

4. 比喻引入式

推销活动中双方洽谈时的比喻有明喻、暗喻、借喻之分，但谈话主要使用明喻，因为它能使对方明白理解。

5. 寒暄入话式

先叙饮食起居，拉家常，由个人的身体、工作，谈到家庭、孩子的情况，天南海北地扯一通，再讲点新闻、说点笑话，使推销气氛融洽热烈，然后引入正题。

创造性的开场白

在与客户洽谈时到底怎么开场呢？怎么说出创造性的开场白呢？

1. 金钱

几乎所有的人都对钱感兴趣，省钱和赚钱的方法容易引起客户的兴趣。如：

"张经理，我是想告诉你贵公司节省一半电费的方法。"

"王厂长，我们的机器比你目前的机器速度快、耗电少、更精确，能降低你的生产成本。"

"陈厂长，你愿意每年在毛巾生产上节约5万元吗？"

2. 出奇言

推销员上门访问时出其不意地讲一句话，往往能一下子抓住客户的注意力。

但奇言并不等同于胡说，不是什么样的奇言都可用于推销中。要出好奇言，我们不妨将自己放在客户的位置上思考一个问题：究竟是什么因素使我们愿意认真听取推销员的介绍？恐怕最重要的是自己有某种尚待满足的需求，也就是说，我们的生活中存在着某种需要解决的问题，某些需要克服的困难。

在推销访问开始时,有经验的推销员会有意无意地制造神秘气氛,以引起对方的好奇心和注意力,然后在解答疑难时,巧妙地进入推销访问的下一阶段。

那些客户不熟悉、不了解、不知道或与众不同的东西,往往会引起人们的注意,推销员可以利用人人皆有的好奇心来引起客户的注意。

3. 利用赠品

每个人都希望得到意外的馈赠,赠品就是利用人的这种心理进行推销。很少人会拒绝免费的东西,用赠品做敲门砖,既新鲜又实用。

4. 举著名的公司或人为例

人们的购买行为常常受到其他人的影响,推销员若能把握客户这层心理,并好好地利用,一定会收到很好的效果。

"李厂长,公司的张总采纳了我们的建议后,公司的营业状况有了很大的起色。"

举著名的公司或人为例,可以壮大自己的声势,特别是,如果你举的例子,正好是客户所景仰或性质相同的企业或人,效果会更好。

5. 真诚的赞美

赞美准客户必须要找出别人可能忽略的特点,使准客户知道你的话是真诚的。

下面是两个赞美客户的开场白实例:

"林经理,我听华美服装厂的张总说,跟您做生意最痛快不过了。他称赞您是一位热心爽快的人。"

"恭喜您呐,李总,我刚在报纸上看到您的消息,祝贺您当选十大杰出企业家。"

6. 借助"第三者"

告诉顾客,是第三者(顾客的一个朋友或者是一个亲戚,总之是一个熟人)要你来找他的。如此一来,顾客是不会不搭理推销员的。正所谓"不看僧面看佛面"。

"章先生，您的好友王大伟先生要我来找您，他认为您可能会对我们的纸张感兴趣，因为，这些产品为他的公司带来很多好处与方便。"

打着别人的旗号来推介自己的方法，虽然很管用，但要注意，一定要确有其人其事，绝不能自己杜撰，欺骗顾客是绝对不好的。那样，将会使你陷入更加尴尬的境地。

为了取信于顾客，若能出示引荐人的名片或介绍信，效果更佳。

当代世界最富权威的推销专家戈德曼博士告诉我们，在面对面的推销中，说好第一句话是十分重要的。正所谓，良好的开端是成功的一半。因此，销售员一定要设计好创造性的开场白。只有这样，才能保证推销访问的顺利进行。

巧妙设计开场白

在陌生拜访中，客户难免会有一些疑惑点。一般说来，疑惑点会有以下两个。

第一，你是谁，你怎么知道我的。

一般人对于一个陌生的电话通常都存有戒心，他的第一个疑问必然是："你是谁？"所以我们必须先表明自己的身份，否则，一些人为避免不必要的干扰，可能敷衍你两句就挂上电话。可是，也有人会说："如果我告诉他，他会更容易拒绝我。"事实上确实如此，所以我们尽可能表明，我是你的好朋友××介绍来的。有这样一个熟悉的人做中介，对方自然就会比较放心。同样的，对方心里也会问："你怎么知道我的？"我们也可以用以上的方法处理。有的人又会说："其实我只是从一些资料上得到顾客的电话，那又该怎么办呢？"这时，可以这样讲："我是你们董事长的好朋友，是他特别推荐你，要我打电话给你的。"这时，你也许会想：如果以后人家发现我不是董事长的好朋友，那岂不让我难堪。其实，你不必那么紧张，我们打电话的目的无非是为了获得一次面谈的机会。如果你和对方见面后，交谈甚欢，那对方也不会去追究你曾经说过的话了。

第二，怕花太多的时间。

大多数推销员有个毛病，一到客户那里就说个没完，高谈阔论，舍不得走。因此，在电话约访中要主动告诉客户："我们都受过专业训练，只要占用10分钟，就能将我们的业务做一个完整的说明。您放心，我不会耽误您太多的时间，只要10分钟就可以了。"

基于客户的疑惑，推销员必须找到一个合理的借口来接近客户，下面介绍几种技巧。

1. 当面约见，利用面对面的机会

所谓当面约见，是指推销员与推销对象当面约定访问事宜。这种机会是很多的。例如，在途中不期而遇时，在见面握手问好时，在起身分手时，推销员都可以借机面约。

当面约见是有许多优点的。

首先，可以在无形之中缩短推销员与顾客之间的距离，从而可以消除各种隔阂，建立起亲密无间的关系。在十分友好的气氛里，顾客往往会欣然应允。俗话说，"见面三分情"。

其次，有助于推销员进一步做好接近准备。当面相约，身临其境，耳闻目睹，对了解顾客的有关情况十分有利。

第三，可信可靠。有时约见内容比较复杂，只有面约才能说清楚，可以在当时消除顾客的疑虑，做好面谈准备。

第四，面约还可以防止走漏风声，确实保守商业机密，且简便易行，只要推销员略带微笑，略费口舌，而不要别的推销工具。

虽然当面约见有很多的优点，但也有一定的局限性。

首先，有一定的地理限制。如果要在近期召开一次订货会，推销员没必要也不可能走遍各个推销区面约所有的顾客。

第8章 巧设开场白，三言两语锁定乾坤

其次，即使推销员完全可以及时面约每一位顾客，但效率低。

第三，面约虽然简便易行，面释疑点，却容易引起误约。面约一般是口头约见，慌忙之际难免顾此失彼。一旦被顾客拒绝，就使推销员当面难堪，造成被动局面。

第四，对于某些无法接近的推销对象来说，面约方法便无用武之地。不过，如果推销员善于把握时机进行面约，一般都能成功。个别面约光顾，收效更佳。

2. 电话约见

电话约见，重点应放在"话"上。所以，推销员首先要熟知电话约见原则和方法。

原则上，推销员与顾客在电话中谈话的时间要精短，语调要平稳，出言要从容，口齿要清晰，用字要妥切，理由要充分。切忌心浮气躁，语气逼人，尤其在顾客借故推托，有意拖延约见之时，更须平心静气，好言相应。如果巧言虚饰，强行求见，不但不能达成约见目的，反而增加了顾客的反感。但在与顾客约定会面的时间和地点时，推销员应尽量采取积极、主动的行动，不可含糊其辞，以免给予顾客拒绝接见的机会。下面举出两种有关约定时间的问话，由于表达方式和用语的差异，其效果反应完全不同。

问话一："王先生，我现在可以来看您吗？"

问话二："王先生，我在下周三下午4点来拜访您呢？还是在下周四上午9点来？"

问话一，推销员完全处于被动的地位，随时易遭顾客设法推辞。问话二则相反，推销员对于会面时间已主动排定，仿佛早已料到顾客那时一定能抽空接见，故顾客一时反应不过来，便只好随推销员的意志，从上述两个已排定的时间中，做"二选其一"的抉择，而没法推托了。

3. 利用感谢别人的机会

"张先生，我是金生电子公司推销员，您上月5日寄来的定单刚刚收到，谢谢您。目前本公司新出一系列电子组件，品质和效果都比以往同类产品好，所以想尽早介绍给您试用……"

由上述话语中可知，推销员与顾客相互认识，并有相当交往，因此，推销员可以直接在电话中报上姓名。基于这种关系，推销员借顾客订货之便，推荐电子新产品并要求约见，极为顺理成章；这也表示推销员对顾客的关心，遇有新产品上市，立即向熟悉的顾客介绍以期顾客能尽早试用，改良其产品。这份为顾客利益所表现的关怀，自会赢得顾客的欣赏，而愿意接受约见。

4. 恭喜别人也是一种方法

"您早，林董事长，我是汽车公司的业务代表，听说令千金不久就有喜事了，恭喜！恭喜！我想利用这个机会，向您推荐我们最近进口的一种敞篷跑车，设计新颖，款式别致，装备齐全，适合新婚夫妇蜜月、郊游和上下班之用。所以，我想在今早六点半到府上，或明天中午到您办公室去，亲自向您说明细节如何？"

推销员利用此法约见，必须对消息来源的可靠性有十分的把握，包括：顾客家确有嫁女的喜事；有增添一份别开生面的礼物，作为嫁妆的意愿；确信顾客具有购置一辆贵重汽车的财力等。

5. 社交手腕的运用

"卓太太，您早，我是百音乐器公司的推销员，昨天下午您带着令媛到我公司展示中心选购钢琴，结果您说过一年后再买；现在刚巧有个机会，从今天起，百音牌钢琴，特价一周，不论琴号大小，一律每台减价500元。我想您不会错过这个难得的机会吧？还是赶快来吧！最好明天下午3时，我在公司展销中心恭候大驾光临，亲自为您精选，早买早用，又享受减价优待，何乐而不为呢？"

约见原则上应由推销员去拜访顾客，但如果推销的产品体积笨重，或不便搬动，不妨让顾客屈尊就教，但言语必须得体，为一般社交所接受。推销员能为顾客的利益设想到如此地步，盛情确实难却，顾客对如此约见，虽在

第8章 巧设开场白，三言两语锁定乾坤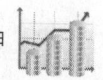

百忙之中，亦会愿意前往。

让自己成为宣传大使

对于许多老练的推销人员来说，被推荐的客户是新生意的重要来源。在现有客户的介绍下与你联系的客户，比通过电话、直接地随机拜访要容易得多。首先，被推荐者已经属于潜在客户，虽然仍是陌生人，但因为推荐者从自己的购买中已经初步认定被推荐者是有可能购买你的产品或者服务的；其次，推荐本身能给被推荐者带来比较好的感受，而不是陌生人对推销人员直接的反感；最后，推荐可以给推销人员带来更好的信誉，无论能否成交，被推荐者都会认为你是一个值得信赖的人。

研究表明：推荐生意的成交率是60%。相比之下，如果你是个新手，可能你接触100个人都不能成交一笔生意，可见，被推荐的生意对你是多么有价值。如果你学会如何成功地获得推荐生意，就不会把客户拱手让给竞争对手了。

1. 与新客户保持联系

新客户是招徕生意的有力资源。与其保持联系，赞赏他们的购买是一种明智的选择，对你有益无害。因为新客户对于他们刚买下的商品总是又喜又爱，如果这种商品使用起来的确很方便，他们更会赞不绝口，乐于向他们的亲朋好友推介。推销人员在商品售出后，约每隔一周即打电话关切地询问客户使用产品的情况，若他们有任何不清楚的地方，推销人员必须提供周全的咨询服务。在这些新客户的帮助下，你可开发出许多潜在客户。

事实上，当我们购买一项产品或服务之后，很少会有推销人员再来关心你，可以这么说，新生意或者叫作"一笔生意"仍是现在推销人员的重心。对推销人员来讲，每天有计划地拜访新客户是必需的，同时，拜访老客户也是必需的。现在的科学技术这么发达，完全可以借助计算机来进行日程管理。

2. 制造你的宣传大使

别人一旦提供给你潜在客户的姓名地址，你最好在多久之内去拜访这名客户，6天、或是6周？我认为6分钟内最合适，总之越快越好。如果不立刻行动，你的热情就容易被档案夹里其他的杂事所取代，只好冷冻这份资料一阵子，届时这名潜在客户的资料就像已发了霉的面包一样，毫无价值了。

不管结果好坏，你都不要忘记告诉推荐人有关你去找被介绍者的情形，对结果不说不提是非常不礼貌的。也许介绍人不曾在口头上提起，但我相信他会耿耿于怀的。如果你告诉介绍人，经过他的推荐介绍，你达成了一笔交易，并向他致谢，那么他会和你一样高兴的。即使交易未成功，而你把面谈情形告诉他，他通常会热心地提供给你另一位潜在客户的姓名和地址。

如果要使业务做得好，一定要建立一个客户相互推荐的网络。你在业界的名誉，是要靠口碑建立起来的。满意的客户至少会向3个人述说与你的交易，而不满意的客户平均至少要向11个人诉说自己的不满。报纸、杂志、电视的宣传，只可以为你建立知名度，并不会带来真正的客户，要想成功地使那些看热闹的人也肯花钱，你便要靠客户推荐，也就是靠你的宣传大使来推动那些正在掏腰包的旁观者。

你首先要从那些用过产品而感到满意的人身上下工夫。做生意总归是先将陌生人变成朋友，朋友变成老朋友，再把老朋友变成客户。在众多的客户中，有些只是应酬式的人；有些是用后感到讨厌的；有些是满意了，但又不肯出力替你宣传的；只有那些既满意，又乐意为你宣传的人，才是你真正的宣传大使。如果用数字计算，要制造一个具有足够影响力的宣传大使，一定要有10个客户，每一个客户，是在25个陌生人中产生的，换句话说，要产生一个愿意为你宣传的忠实客户，你要结识250个陌生人。当你今天看到某些成功的推销人员很幸运地有人代为宣传时，会相当羡慕。如果是这样的话，倒不如自己努力，拼命多找些客源，你也一样可以碰到一些愿意无条件为你宣传的人，这并不是幸运，而是多劳多得。

3. 成为宣传大使的条件

首先是要有一定的影响力。例如在职位上，要享有一定的权威性，如果是一名普通职员，说的话虽然对，但其他人听了也会当作耳边风。所以，目标是要培养一些对你生意有影响力的人，向高层着手是必要的。

其次是这些具有影响力的人，一定要是无私的。社会上有很多热心的人，他们有意协助年轻人成长，同时他们又洞悉年轻人的心态和野心。如果我们争取到这些人代为宣传，生意便会一帆风顺了。好人是有的，不过你要很努力地寻觅才可以找到！

另外这些人一定欣赏你的工作态度，他们之所以肯义务为你宣传，因为他们知道你是可靠的人，而且工作态度又认真。所以，要争取他们义务代为宣传，你自己一定要努力做一个正直、诚信、勤奋向上的人。如果你是一个上进的人，人家自然有意推荐介绍，以认识你为荣。

一般来说，客户在接触推销人员之前，都认为推销人员是油嘴滑舌之辈，靠不住。但当客户和你完成交易之后，他们的态度会发生180度的转变，觉得推销人员是诚恳的、踏实的、认真的。只有那些懂得欣赏你的知识、经验和判断的人，才会为你宣传。

4. 当宣传大使为你介绍生意之后，你要知道怎么去做

千万不要以为这种介绍是理所当然的。即使这个宣传大使是自己的太太，也要送上一束鲜花，或者一些令她开心的礼物。否则，一笔半笔生意之后，就没有人肯再为你出力了。天下没有免费的午餐，也没有白养的士兵。在你的重赏之下，自然会有为你卖命之人。但是对这些纯粹是为了欣赏你而代为宣传的朋友或客户，你回报的手法自然也要巧妙一些。很多情况下他们是不收现金的，因为这样会显得他们市侩，不够朋友。不爱现金回报的人，你要巧妙地去处理才更有意义。

刚出道的推销人员是应该拼命找客户，成熟的推销人员则要懂得"养"客户，由找客户到养客户这个阶段是自然培养的过程，当你没有足够的客源

时，也不必学习。这种情形如同养小孩一般。没做妈妈的女孩子，永远不会学习如何带孩子，孩子一旦诞生了，自然就学会了如何带孩子。如果你今天还是个夹着公文包横冲直撞的生手，一旦找到了足够的客源，客户自然会教你如何"养"他们。

当你在商场浸润数年之后，你自然带出了大量的客户，到那个时候便自在了。这些重要的客源资源，要如何应酬保持呢？首先，最忌太过接近。如果你每天要见一次面，对方对你的礼遇程度自然会降低，最好保持一个月见一次面。因为一方面客户也可以在30天之内代你搜集新的客户信息；另一方面是保持自己的忙碌，我们只尊敬忙碌工作的勤劳人士，如果你是一名百无聊赖的闲人，他们又怎敢随便将客户介绍给你呢？

在可能的情况下，你们最好能够保持互利的关系。客户为你介绍客户，目的是保持关系，你碰上机会的时候，为什么不同样努力去向客户回报呢？如果你的宣传大使在卖车的话，碰上你自己买车或者朋友买车，你一定要尽力代为引荐、互相推荐，肥水不流外人田是保持长久关系的最好方法。

一旦涉足商场，你要养成一种积极工作的态度和习惯，就是不断找新客户和培养旧客户成为宣传大使。这是一项工作，一刻也不能淡忘。很多人说推销人员的工作非常自在，这是错误的观念。成功的推销人员，每天需要工作10个小时以上。如果你深信自己是一个勤劳的人，应该尝试做推销人员。

用开场白吸引客户的注意力

下面是一个销售员的客户拜访开场白。

销售员A如约来到客户办公室。开场："陈总，您好！看您这么忙还抽出宝贵的时间来接待我，真是非常感谢啊！"（感谢客户）

"陈总，办公室装修得这么简洁却很有品位，可以想象到您应该是个做事很干练的人！"（赞美客户）

第8章 巧设开场白，三言两语锁定乾坤

"这是我的卡片，请您多多指教！"（第一次见面，以交换名片自我介绍）

"陈总以前接触过我们公司吗？"（停顿片刻，让客户回想或回答，给客户留时间）

"我们公司是国内最大的为客户提供个性化办公方案服务的公司。我们了解到现在的企业不仅关注提升市场占有率和利润空间，同时也关注如何节省管理成本。考虑到您作为企业的负责人，肯定很关注如何最合理配置您的办公设备，节省成本。所以，今天来与您简单交流一下，看有没有我们公司能协助得上的。"（介绍此次来的目的，突出客户的利益）

"贵公司目前正在使用哪个品牌的办公设备？"（问题结束，让客户开口）

陈总面带微笑非常详细地和该销售员谈起来。

从这个例子可以看出，开场白要达到的目标就是吸引对方的注意力，引起客户的兴趣，使客户乐于与我们继续交谈下去。同时，如何找出客户最关注的价值是开场的关键部分。该案例的主人公A销售员，就通过很好的开场白吸引了客户，有了个漂亮的开门红，就等于向促成销售迈进了一步。

开场白是销售人员与客户见面时，前两分钟要说的话，而如果电话行销，则是前30秒要说的话。这可以说是客户对销售人员第一印象的再次定格，因为与客户见面时，客户对你的第一印象取决于销售人员的衣着与言行举止，而第二印象就是这短短的开场白。开场白做好了，给客户留的好印象会更深刻，因为相较外表，开场白的语言是一个人内在的反映。

虽然经常讲不能用第一印象去评判一个人，但我们的客户却经常用第一印象来评价你，这个印象的好坏决定了客户愿不愿意给你机会继续谈下去。

在这里值得一提的是，如果是你主动征得客户同意会面的，你的开场白非常重要；而如果是客户主动约见你，客户的开场白就决定了你的开场。

通过有吸引力的开场白赢得了客户的注意，也就向成功销售迈进了一大步。

开场白要达到的目标就是吸引对方的注意力，引起客户的兴趣，使客户乐于与我们继续交谈下去。所以，在开场白中陈述能给客户带来什么价值就非常重要。

可要陈述价值并不是一件容易的事，这不仅仅要求销售人员对自己销售的产品或者服务的价值有研究，并且要突出客户关心的部分，找出我们即将带给他的产品的亮点。每个人看待一件物品的价值是不同的，比如同样是购买一件衣服，有的人考虑的是衣服的款式，有的人考虑的是衣服的质量，有的人考虑的是衣服的品牌，等等。你要了解客户关心的是什么，通过他的注意点来吸引他。

就像上面说的，如果客户关注的就是这件衣服对于他的价值所在，即使这件衣服有10个好处，顾客也只是考虑2~3个好处就足以促使他购买了。只要这些好处让他觉着很有价值。

因此，如何找出客户最关注的价值并结合你的来意陈述是开场的关键部分。

如何才能通过短短几句话成功吸引客户的注意力，有几种常用的方法。

（1）提及客户现在可能最关心的问题。

例如，"听您的朋友提起，您现在最头疼的是产品的废品率很高，通过调整了生产流水线，这个问题还没有从根本上改善……"

（2）谈到客户熟悉的第三方。

例如，"您的朋友王先生介绍我与您联系，说您近期想添置几台电脑……"

（3）赞美对方。

例如，"他们说您是这方面的专家，所以也想和您交流一下……"

当然赞美要合乎根据，过分的夸奖会让客户产生反感。

（4）提起他的竞争对手。

例如，"我们刚刚和××公司有过合作，他们认为……"

客户听到竞争对手，就会把注意力集中到你要讲的内容上。

（5）引起他对某件事情的共鸣（原则上是客户也认同这一观点）。

例如，"很多人认为面对面拜访客户是一种最有效的销售方式，不知道您是怎么看的……"

第8章 巧设开场白，三言两语锁定乾坤

这种方法的要点在于在拜访前了解客户的工作。

（6）用数据来引起客户的兴趣和注意力。

例如，"通过增加这个设备，可以使您的企业提升50%的生产效率……"

"我知道贵企业现在的产品废品率比较高，如果有一种方法使您的废品率降低一半的话，您是否有兴趣了解？"

（7）有时效的话语

例如，"我觉得这个活动能给您节省很多话费，同时也截止到12月31日，所以应该让您知道……"

这种时间的限制会让客户产生紧迫而稀有的心理。

上面这几种方法表达可结合交叉使用，重要的是要根据当时的实际情况作出合适的选择。当然，我们在与客户交谈的时候，一定要以积极开朗的语气对客户表达与问候。

我们经常会发现，我们去与客户会面时，刚开始的10分钟气氛很好，可过了一会儿，就不知道该和客户谈什么了，或者是整个过程只是销售人员一个人在发表演说。一定要记住，为了使客户开口讲话，一定要以问题结束你的开场白。否则，会使拜访陷入暂时的僵局。

开场白要达到的目标就是吸引对方的注意力，引起客户的兴趣，使客户乐于与我们继续交谈下去。同时，如何找出客户最关注的价值是开场的关键部分。

第9章 巧妙说服,把话说到客户心坎儿里

说话是一门艺术,得要领者讲话精练,字字珠玑,简洁有力,使人不减兴味且深得人心。对于销售人员来说,关键不在于口才有多好,而在于是否能把话说到客户的心坎儿里。在销售中,掌握好说话的各种技术往往能使你的努力达到事半功倍的效果。

引导对方说"是"

世界著名推销员原一平在推销寿险时,总爱向客户问一些主观答"是"的问题。他发现这种方法很管用,当他问过五六个问题,并且客户都答了"是",再继续问保险上的知识,客户仍然会点头,这个惯性一直保持到投保。

原一平搞不清里面的原因,当他读过心理学上的"惯性"后,终于明白了,原来是惯性化的心理使然。他急忙请了一个内行的心理学专家为自己设计了一连串的问题,而且每一个问题都让自己的准客户答"是"。利用这种方法,原一平缔结了很多大额保单。这种方法后来被称为"6+1缔结法则"。

第9章 巧妙说服，把话说到客户心坎儿里

"6+1缔结法则"源自于推销过程中一个常见的现象：假设在你推销产品前，先问客户6个问题，而得到6个肯定的答案，那么接下来，你的整个销售过程都会变得比较顺畅，当他和你谈产品时，还不断且连续地点头或说"是"的时候，你的成交机遇就来了。此时他已形成一种惯性。每当我们提一个问题而客户回答"是"的时候，就增强了客户的认可度，而每当我们得到一个"不是"或者任何否定答案时，也就降低了客户对我们的认可度。

这就如同你面前的客户是一团熊熊烈火，千万不要让他熄灭，你只要不停地加上一些汽油，使得这团火更加旺盛，一直保持到成交的那一刻。那么，你肯定会说服他购买产品的。

在推销中，平庸的推销员经常被一些突如其来的问题弄得目瞪口呆，败下阵来。其实，只要你牢记你的目的，预先堵住可能造成麻烦的漏洞，创造一种安全的推销气氛，主导整个沟通过程，大部分问题是完全可以消弭于无形之中的。

让我们来看看推销员最怕、最头疼的三句话。

辛辛苦苦地谈完了，好不容易说服了对方，冷不丁听到对方说一句："不错不错，我要跟××商量商量？"

不断地转换角度促成，对方仍淡淡地说："我还要考虑考虑！"

历尽艰辛成交了，墨迹还没有干，客户突然说："我不要了，给我退货吧？我要解约！"

优秀的推销员却可以让这些话通通消失，秘诀就是尽量避免谈论让对方说"不"的问题。而在谈话之初，就要让他说出"是"。销售时，刚开始的那几句话是很重要的，例如，"有人在家吗？……我是汽车公司派来的。是为了轿车的事情前来拜访的……""轿车？对不起，现在手头紧得很，还不到买的时候。"

很显然，对方的答复是"不"。而一旦客户说出"不"后，要使他改为"是"就很困难了。因此，在拜访客户之前，首先就要准备好让对方说出

"是"的话题。

例如，对方一出现在门口，你就递上名片，表明自己的身份，同时说："在拜访你之前，我已看过你的车库了，这间车库好像刚建没多久……"只要你说的是事实，对方必然不会否认，而只要对方不否认，自然也就会说"是"了。

就这样，你已顺利得到了对方的第一句"是"。这句话本身，虽然不具有太大意义，但却是整个销售过程的关键。

"那你一定知道，有车库比较容易保养车子啊？"除非对方存心和你过意不去。否则，他必然会同意你的看法。这么一来，你不就得到第二句"是"了吗？

如果对方真的要拒绝，那不仅仅是口头上的一声"不"，同时，他所有的生理机能，分泌腺、肌肉等也都会进入拒绝的状态。然而，一句"是"却会使整个情况为之改观。所以，优秀的推销员明白，比"如何使对方的拒绝变为接受"更为重要的是：如何不使对方拒绝。

优秀的推销员一开始同客户会面，就留意向客户做些对商品的肯定暗示。

"夫人，你的家里如装饰上本公司的产品，那肯定会成为邻里当中最漂亮的房子！"

"本公司的储蓄型保险是你最好的投资机会，5年后开始返还，你获得的红利正好可以支付你的儿子的大学费用！"作出诸如此类的暗示后，要给客户一些充分的时间，以便使这些暗示逐渐渗透到客户的思想里，进入客户的潜意识里。

当他认为已经到了探询客户购买意愿的最好的时机，就这样说：

"夫人，你刚搬入新建成的高档住宅区，难道不想买些本公司的商品，为你的新居增添几分现代情趣吗？"

"为人父母，都要尽可能地让儿女受到最良好的教育，怎么样，你考虑过筹集费用的问题吗，我劝你向本公司投保"

第9章 巧妙说服，把话说到客户心坎儿里

"你有权花钱买到最佳商品，你可别错过这个机会，买我们的商品吧！"

优秀的推销员在交易一开始时，利用这个方法给客户一些暗示，客户的态度就会变得积极起来。等到进入交易过程中，客户虽对优秀的推销员的暗示仍有印象，但已不认真留意了。当优秀的推销员稍后再试探客户的购买意愿时，他可能会再度想起那个暗示，而且还会认为这是自己思考得来的呢！

客户经过商谈过程中长时间的讨价还价，办理成交又要经过一些琐碎的手续，所有这些都会使得客户在不知不觉中将优秀的推销员预留给他的暗示，当作自己所独创的想法，而忽略了它是来自他人的巧妙暗示。因此，客户的情绪受到鼓励，定会更热情地进行商谈，直到与推销员成交。

"我还要考虑考虑？"这个借口也是可以避免的。一开始商谈，就立即提醒对方应当机立断就行了。具体方法很多，在这里，请看一看循序渐进的例子。

"你有目前的成就，我想，也是经历过不少大风大浪吧？要是在某一个关头稍微一疏忽，就可能没有今天的你了，是不是？"不论是谁，只要他或她有一丁点成绩，都不会否定上面的话。等对方同意甚至大发感慨后，优秀的推销员就接着说：

"我听很多成功人士说，有时候，事态逼得你根本没有时间仔细推敲，只能凭经验、直觉而一锤定音。当然，一开始也会犯些错误，但慢慢地判断时间越来越短，决策也越来越准确，这就显示出深厚的功力了。犹豫不决是最要不得的，很可能坏大事呢。是吧？"

即使对方并不是一个果断的人，他或她也会希望自己是那样的人，所以对上述说法点头者多，摇头者少。有些直率的人还会举一些犹犹豫豫、优柔寡断坏了大事的例子。因此下面的话，就顺理成章了：

"好，我也最痛恨那种优柔寡断，成不了大器的人。能够和你这样有决断力的人谈，真是一件愉快的事情。"这样，你怎么还会听到"我还要考虑考虑？"之类的话呢？

任何一种借口、理由，都有办法事先堵住，只要你好好动脑筋，勇敢地说出来。也许，一开始，你运用得不纯熟，会碰上一些小小的挫折。不过不要紧，总结经验教训后，完全可以充满信心地事先消除种种借口，直奔成交，并巩固签约成果。

把握沟通的五大语言技巧

"买卖不成话不到，话语一到卖三俏"，由此可见销售语言的重要性。销售人员是靠嘴吃饭的，好的口才能够充分展示一个销售人员的个人魅力，同时也能给自己的客户带来愉悦的享受。所以，一名出色的销售人员一定有出色的口才。只有有了出色的口才，才能够让客户感受到你的魅力，才乐意购买你的产品。向客户展示你的语言魅力，要注意以下几点。

1. 用客户听得懂的语言来介绍

通俗易懂的语言最容易被大众所接受。所以，在语言使用上要多用通俗化的语句，要让自己的客户听得懂。销售人员对产品和交易条件的介绍必须简单明了，表达方式必须直截了当。表达不清楚，语言不明白，就可能会产生沟通障碍，就会影响成交。此外，销售人员还应该使用每个客户所特有的交谈方式。

一客户的公司刚搬迁，需要安装一个能够体现公司特色的邮箱，于是咨询了一家公司。接电话的小伙子听了他们的要求，便坚持认定他们要的是CSI邮箱。

这个CSI搞得客户一头雾水，客户问这个销售人员这个CSI是金属的还是塑料的？是圆形的还是方形的？

这个销售人员对于客户的疑问感到很不解。他对客户说："如果你们想用金属的，那就用FDX吧，每一个FDX可以配上两个NCO。"

CSI、FDX、NCO这几个缩写搞得客户一头雾水，客户只好无奈地对他说："再见，有机会再联系吧！"客户要买的是办公用具，而不是字母。

一个销售人员首先要做的就是要用客户理解的语言来介绍自己的商品。

2. 用讲故事的方式来介绍

讲故事可以引发共鸣，可以激发兴趣，显得平易近人，更能深入人心。用讲故事的方法来介绍自己的产品与客户沟通，就能够收到很好的效果。

一客户来到海尔冰箱的柜台前，对海尔的销售人员说："你们的质量有保障吗？"这时销售员倒没有就质量本身说那么多，只是讲起海尔的总裁张瑞敏上任时砸冰箱的故事，一个故事立刻令人对海尔冰箱的质量刮目相看。

像乔·吉拉德、甘道夫、原一平、柴田和子都是说故事的大师。原一平每次在推广保险的时候，都会讲一个因没有买保险发生意外和死亡的悲痛故事，他的真情感动得客户流下泪水，这时他便说道："我真的不希望这样的故事发生在我遇到的每一个人身上，我有责任去帮助他们，我出售的不是保单，我出售的是爱和保障。"就因为原一平讲故事的真挚，一次又一次地打动了客户，从而帮助他成交了一个又一个的保单，让他成为了受人尊敬的推销大师，被誉为"推销之神"。

所以各位朋友，不管你今天卖什么产品，你一定要收集那些能令新客户产生共鸣、激发需要的故事。任何商品都有自己有趣的话题：它的发明、生产过程、产品带给客户的好处等等。销售人员可以挑选生动、有趣的部分，把它们串成动人的故事，以此，作为销售的有效方法。所以销售大师保罗·梅耶说："用这种方法，你就能迎合客户、吸引客户的注意，使客户产生信心和兴趣，进而毫无困难地达到销售的目的。"

3. 要用形象的描绘来打动客户

在做培训的时候，我总要给学员讲这样一句话："说话一定要打动客户的心而不是客户的脑袋。"

而打动客户的心的最有效的办法就是要用形象的描绘。有一次王太太去逛商场，售货员只对王太太说了一句话，使本来没有购买欲望的她毫不犹豫地掏出了钱包。她对王太太说的什么话竟有如此的魔力呢？很简单，那句话是"穿上这件衣服可以成全你的美丽"。

"成全你的美丽"，一句话就使王太太动心了。这位女店主真的很会说话，很会做生意。在客户心中，不是客户在照顾她的生意，而是她在成全客户的美丽。虽然这话也是赞誉之词，但听起来效果就完全不一样。

4. 用幽默的语言来接近

每一个人都喜欢和幽默风趣的人打交道，而不愿和一个死气沉沉的人待在一起，所以一个幽默的销售人员更容易得到大家的认可。

两个销售保险的销售人员，分属不同的公司。有一次，客户对保险公司的办事效率产生怀疑。这时A公司的销售员说他的保险公司十有八九是在意外发生的当天就把支票送到投保人的手中。而B公司的销售员却对我说："那算什么！我的一位客户不小心从楼上摔下来，还没有落地的时候，我已经把赔付的支票交到了他的手上。"

最后，客户选择哪一家保险公司还用得着问么？

再让我们看看原一平进行直接访问的实例。

"您好！我是明治保险的原一平。"

"喔——。"对方端详他的名片有一阵子后，慢条斯理地抬头说："两三天前曾来过一个某某保险公司的销售员，他话还没讲完，就被我赶走了。我是不会投保的，所以你多说无益，我看你还是快走吧，以免浪费你的时间。"

此人既干脆又够意思，他考虑真周到，还要替原一平节省时间。

"真谢谢您的关心，您听完我的介绍之后，如果不满意的话，我当场切腹。无论如何，请您拨点时间给我吧！"原一平一脸正经，甚至还装得有点生气地说。

对方听了忍不住哈哈大笑说："哈哈哈，你真的要切腹吗？"

"不错，就像这样一刀刺下去……"原一平一边回答，一边用手比划。

第9章 巧妙说服，把话说到客户心坎儿里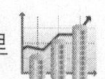

"你等着瞧吧！我非要你切腹不可。"

"来啊！既然怕切腹，我非要用心介绍不可啦！"话说到此，原一平脸上的表情忽然从"正经"变为"鬼脸"，于是准客户和他不由自主地一起大笑了。

上面这个实例的重点，就在设法逗准客户笑。只要你能创造出与准客户一起笑的场面，就突破了第一道难关，并拉近了彼此的距离。下面让我们再看一个实例。

"您好！我是明治保险的原一平。"

"噢！明治保险公司，你们公司的销售员昨天才来过。我最讨厌保险了，所以他昨天被我拒绝啦！"

"是吗？不过，我总比昨天那位同事英俊潇洒吧！"跟对方开了一个小玩笑，一脸正经地说（开这种玩笑时，声调与态度要特别留意，一不小心会引起对方的误会，以为你瞧不起他）。

"什么？昨天那个仁兄啊！长得高高的，哈哈哈，比你好看多了。"

"矮个儿没坏人，再说辣椒是越小越辣哟！俗话不也说'人越矮，俏姑娘越爱'吗？这句话可不是我发明的啊？"

"哈哈！你这个人真有意思。"

不论如何，总要设法把准客户逗笑，然后自己跟着笑。当两个人同时开怀大笑时，陌生感消失了，彼此的心在某一点上沟通了。

幽默可以说是销售成功的金钥匙，它具有很强的感染力和吸引力，能迅速打开客户的心灵之门，让客户在会心一笑后对你、对商品或服务产生好感，从而诱发购买动机，促成交易的迅速达成。所以，一个具有语言魅力的人对于客户的吸引力简直是不能想象的。

5. 清晰地表达自己的观点

在与客户进行初次约见时，由于心情紧张等原因，可能销售人员会因为急于表达自己的销售意图而忽视自己的表达方式。很多销售人员身上都有过这样的体验：越是慌慌张张地表达自己的意图，语言组织得就越是错误百出，结果与客户沟通起来就越吃力。销售员在了解和掌握足够的产品信息的同时，也十分有必要培养和锻炼自身的语言组织和表达能力，尽可能地用最清晰、简明的语言使客户获得其想要知道的相关信息。

出色的销售人员，是一个懂得如何把语言的艺术融入商品销售中的人。可以这样说，销售人员要培养自己的语言魅力，有了语言魅力，就有了成功的可能。

神奇的沟通用词转换法

做销售的，一定要注意自己的沟通技巧，为什么这样说呢？因为语言是多变的。你要想表达一个意思，可以使用不同的语言去表达。而不同的语言表达方式也会带来截然不同的效果。例如，在你想要向别人借一件东西的时候，你最少有下面几种不同的表达方式：

"把××借给我用用，好吗？"

"你不是有吗？给我用用，用完了我马上还给你好吗？"

"您好！将××借给我用一下可以吗？"

"我们相互支持没问题吧？你看我能为你做什么呢？我可以把你的××借用一下吗？"

"我需要你的帮助，假如你能帮得到，凭我们的关系，你不会拒绝我对吗？"

你可以有无数种的表达方式。但是，无论怎样，你要想让对方把你所想要的东西借给你，你就要尽量保持应有的礼貌，使得自己说出来的话，让对方能够接受，听起来舒服。如果不这样的话，恐怕对方就是有，也会对你说没有的。

第9章 巧妙说服，把话说到客户心坎儿里

不同的表达方式会带来不同的结果。对于从事行销行业的人员来说，一定要牢牢记住这一点。也就是说行销人员在与客户交流和沟通的时候，一定要注意到自己的语言组织，尽量地使用让客户听起来舒服的词汇及表达方式，从而促成交易。

故此，作为一个优秀的销售员，首先就要理解如何做到能够像水一样进入任何容器，而在这里我可以和大家分享以下几种方法。

1. 催眠式的语言

使用催眠式语言让对方在不知不觉当中接收你传递给他的信息，让他感受很清楚，愿意听你的语言、愿意跟你进行合作，或者是与你沟通，或者是接纳你所表达的观点。

2. "约见"转换成"拜访"

比如你对客户说约你见个面，这个方式一般别人听起来不是太有感觉的，那么你可以将其转换成拜访。

在行销的实际工作之中，为了能够促成交易，行销人员经常会主动地约见客户。而这种约见，大部分是由行销人员在电话之中向客户提出来的。我们常常能够听到行销人员在给客户打电话的时候这样说："某某先生，您好，我是某某，不知道您这两天是不是有空，如果有空的话，我想我们约一个时间见见面，详细地谈谈上次所说的一些事情。"

如果你是那个客户，在接到这个电话的时候，会有什么样的感受？或许，从事行销行业的你觉得并没有什么，认为这很正常，因为，一直以来，你都是这样和客户约定见面时间的。在这里，我并不去说采取这样的语言有什么不好，我只是想问问你，你在采取这种语言约见客户的时候，对方的语气怎样，效果是否达到了预期的目的呢？

你肯定会说，还行，只不过偶尔对方会拒绝的。那么，你怎么不想办法使得拒绝尽量减少呢？而减少这种拒绝的最有效的方式，便是将"约见"转换成另外一个词："拜访"。像上面的那句话，你可以这样去说："某某先生,您好。我是某某,不知道您近期哪天比较方便,在您方便的时候我想专程拜访您。"

怎么样?如果你这样去说,对方感觉肯定与前面听到的不一样,对方可能会很高兴地与你确定时间。

为什么会这样呢?还是在于你词汇的使用。"约见"与"拜访"虽然所表达的意思差不多,但是,你能明显感觉到"拜访"不仅表示出了你对对方的尊重,还显示出了你的礼貌。

每一个人都喜欢自己被他人所尊重,成为一个重要人物的感觉,请你充分感受这一点。

3. 将"商讨"转换成"征询"

在与客户见面时,客户对于某些具体的问题有异议,千万记住要使用"征询"这一字眼,而并非是"商讨"。

"商讨"是将双方放在同等的位置,对于一件事情发表各自的看法和观点,从而去寻求一种使得双方之间的异议尽量减少的过程。"征询"则是将自己主动地放在下风的位置,让对方感到受到充分尊重的同时,自己可以按预先设计好的方向引导。

4. 将"店铺"转换成"展示厅"

如果你去购买一件商品,例如衣服,价钱都一样,只不过一家是装潢较为考究的专卖店,一家是很小的服装店,你会选择哪一家?

你肯定会走进专卖店。大部分人在购买和消费的时候,越来越注重到生产或者销售这种产品的厂家和销售商的实力。就像是某一则广告里面所说的:"中国人都相信专家"。在这儿换成另外一句话来说,便是"中国人都相信具有实力的商家"。

实力,能够给人一种安全感,会让人产生一种信赖。对于行销人员来说,一定要掌握客户的这一心理。也就是说,在客户要求前往你的公司去看看的时候,你一定要向对方介绍,说是去"展示厅"而不是去"店铺"。你

这样介绍，不但让对方感受到你所在公司的实力，也让对方感觉到你讲话的品位也不一般。

5.称"客户"为"合作伙伴"

在你向其他的人介绍客户的时候，千万不要这样去说："这是我的客户，"而应该说："这是我的合作伙伴。"

你在称你的客户为客户的时候，对方的心里会感到有些不舒服，因为，这句话表示了你与对方是生意利益上的关系。另外，在人们的思维意识之中，在听到"客户"的时候，总会或多或少有一点反感，有一种自己好像被"掏"的感觉。你在向他人介绍你的客户的时候，称为"合作伙伴"，便会消除客户心中的这种不自在的想法。因为，"合作伙伴"表示的是双方为了共同的一个目的而走在一起，并且为之努力。

一句话虽然用不同的语言表示出来的意思一样，然而所达到的效果和给人的感觉完全不同。语言是一门艺术，为了能够使得客户接受自己的产品和提供的服务，敬请在说话的时候，选用合适的词语，让对方感受到你的礼貌，很好地改善双方之间的关系，从而为成交奠定良好的基础。

6."买到"转化为"拥有"

"你买到这个产品获得什么利益"，把买到转化为拥有，就是当你"拥有"这个产品的时候，你感觉到对你将有莫大的帮助，这样讲就比较有催眠力和销售力。买到会让客户想到是花了多少钱。拥有的时候令对方想到的不是钱，而是得到那份快乐和感觉。

7."便宜"转换成"经济"

当说到经济的时候会想到实用，而便宜只会让人想到那句"便宜没好货"的俗语。

8.把"广告"转换成"消息"

把广告改掉，一说到广告的时候，会引发信赖感的下降。所以当说到广告的时候，应把它改成消息，"你是从哪里了解到我们的消息，是从报纸上还是从其他什么地方？"比如说曾经有一段时间，我听我的同事打电话，他们都会这样说道，"你是从哪里看的广告？"我一听给客户的信赖感就下滑，所以说广告要转换成消息。

9. 把"意见"转换成"比较关心"或者"关注"

"你对这件事有意见是吗？"我告诉各位，你在扩大反对意见，最顶尖的销售人员会把意见转换成比较关心或者关注。"你对这个比较关注是吗？"

10. 把"提成"转换成"服务费"

别人问你拿多少提成，你说2万块，别人觉得你一个月拿2万块，这肯定是暴利，觉得你在他身上赚了大钱！如果你说得太少，客户会觉得你的销售能力及服务客户的能力太差，而不太愿意与你合作，所以最聪明的推销人员会说服务费有多少钱。提到服务费的时候，客户会想到是因为你服务客户量比较大，服务客户比较好，拿的钱多是理所当然的，所以要把提成转化成服务费。

11. 把"成交"转换成"谢谢支持"或"合作愉快"

我们还要把成交改掉，不要说"我们终于成交了！"对方心里会想：你终于把我的钱收到手了。我们平时应该说："周总，谢谢合作、谢谢支持！"或者说："周总，我们一定会合作愉快！"实际上就是签单了、成交了，但是这样听起来比较舒服。

12. 把"问题"转换成"挑战"

我们把问题改一下，"你是钱的问题是吗？"本来就有些问题，你要重复一遍，这个问题也就更大了。催眠式的销售会说："这个钱对于你来说不是问题，是一个挑战。你肯定没有问题，一定可以做到。"所以，把问题说成挑战。

13. 把"员工"和"下级"转换成"同仁"

当上级说下属的时候，"这个是我的员工，这个是我的下级"，这样说很不好，要把员工和下级转换成同仁，这样的话员工和下属听了比较舒服，感觉也会比较好。

第9章 巧妙说服，把话说到客户心坎儿里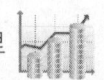

14. 把"等"转换成"恭候"

"明天10点钟我准时在某个酒店等你。"还有一句话："明天10点钟我准时在某个酒店恭候你。"你觉得哪一句话更令对方感觉到位？

15. 把"购买"转换成"选择"

不要说"你买这个空调，买这个手表，买这个彩电，是吗？你准备买这个椅子是吗？你准备买这个服装是吗？"只要一说购买，都会重复地让客户联想到钱的问题，而客户要掏钱的时候是痛苦的。我们要转换成他的选择，因为他想要的才会选择。一说到选择，他就会想到选择的理由、选择的好处，无论选择哪个都是他所想要的，他才会作出选择。

16. 把"回音"或"回电"转换成"遵照要求"

"王总你好，遵照你昨天的要求让我10点给您回电话，我9点50分就等待着10点的来临，以非常激动的心情拨通您的电话"，就是说你是遵照了他的要求给他回电话，从而堵住了他的后门，让他没有机会说"现在忙，没有时间。"这样业务就好谈了。这个方法一般是让对方难以抗拒的。你要有这种让客户兴奋起来的感觉。他在兴奋的时候，也就处在最佳的沟通状态。

17. 把"直拨"换成"专线"

把一般大客户老总办公室的直拨换成专线，当你拨通他的电话后，你说："您好，请问，这是王总的专线吗？"因为他一听专线就会想到省长专线、市长专线之类，他会有一种自己是一个大人物的感觉，听着会觉得非常舒服。

18. 把"希望"转换成"一定"

"我相信你一定会选择品质比较高的产品，你会选择对你最有价值和最适合你的产品。"当你不断地说一定的时候，就是在刺激对方和拉动对方作出决定选购你所推荐的产品。

19. 把"假如"换成"如果"，"如果"换成"当"

"假如有一个方法可以帮助你们利润增长一倍，你们有兴趣了解吗？如果这个方法有很多公司使用而且很有效果，你有兴趣吗？当这个方式在你面前的时候你会作出选择吗？"先提出一个假如，再来一个如果，然后来一个当，这能达到层层推进的行销效果。

20. 把"但是"换成"同时"

千万不要跟客户说"但是"，"但是"是比较令客户讨厌的，比如你对他说："你们某某方面做得非常好，某某方面也做得非常棒，但是……"当他一听你说"但是"的时候，他觉得你前面说的都是废话，一个"但是"把前面的一切都否定了，没有销售力，也会令客户反感的。当你转换一下时，就会有不一样的感觉，比如，你说："我非常理解你的想法，同时我可不可以谈一下我的认识？"这样既表现出了你尊重对方，而且表达自我意见也能引发对方的重视。

21. 把"没办法"换成"怎么样能够有办法"

"没办法"是一个比较消极的词汇，是一种消极面对问题的方式，会让客户失望进而影响购买情绪。而当面临问题时，你换一种思维方式，效果是不一样的。当你对客户说："我们应该讨论一下，凡事都是有方法可以解决的，方法总比困难多，我们最想要的答案不是没办法，而是怎样能有办法是吗？"你所有的想法，所有的思维，所有的资源都想着如何去解决问题，因此得到的结果也是完全不一样的。

22. 把"费用"换成"投资额"，把"预付费用"或"定金"换成"前期投资额"

"你的产品需要多少的费用，""你买我们这个产品需要多少钱，需要十万块，"这个不够有推动力，要说"你跟我们合作你只需投资十万块，"这样给人的感觉就会比较好。如果需要对方预付一部分费用或交一定定金的，你可说："你选择这个产品，前期投资额只需多少元！"

23. 把"合同"换成"合作的约定"或者"协议"

我们做一个书面的约定，或者说我们做一个书面的协议。合同多严肃，多难听，令人毛骨悚然。"我们把商量好的事情书面化！"这样感觉会比较好。

24. 把"说明"转换成"演示"

"我把产品给你说明一下!""我给你演示一下,我给你做一个示范,"前后哪一句话令客户更有感觉。

25. 把"不可能"换成"有些难度"、"怎样可能"或"如何可能"

谈及数量时,不要说:"你打算要多少?"要说:"十个够吗?"如果客户说:"不,不,太多了,我只要五个。"你的推销就是成功的。但是,不论你做什么,永远不要低估什么。要往多处想,使你的客户也往多处想。这对于你的谈判技巧同样有帮助,因为有些客户也许认为订购一个就是大生意了,并且还期望得到折扣。如果你往多处想,客户不太可能要求太大的折扣。同样,如果客户确实准备做大生意,你往大处想了之后,就可以轻易谈妥。

如果你往大处想,就会逐渐教会你的客户也往大处想。

"这个肯定不可能,这么一个价格肯定不行,"当肯定不行的时候,你在打击客户的热情,在消灭客户的购买欲望。其实,你完全可以说:"我们非常理解你,但是我们这样做有些难度。"这样既给客户希望,又可以留下客户,锁定交易。

上面提到的这些是平常的销售工作中经常用到的,实际上,还有很多沟通中用到的很多词汇也是可以去转换的,只要平时用心,就一定会找到更容易让客户接受、更具有催眠力度的语言。这就需要销售员平时多在工作当中积累。

语言、语调同步技巧

语言、语调同步技巧是指当对方说话的时候,你跟他说话的语言、语调同步。比如说,假设遇到老乡在一起说家乡话,也许可能刚刚认识5分钟,都显得特别亲切。

比如说你是上海人，你出差已经有好几个月的时间，你突然回到上海听到周围的人讲上海话，可能会让你有一种温馨感。如果大家都在上海创业，你是外地的，你回到老家的时候，你走到那片土地和那里的人交流，语言、语调都有很放松的感觉，让你很坦然。这都是源于语言、语调的同步。当别人说OK，你也跟他说OK。他说OK你就不要说是。

比如说，河南人遇到事情没有问题的时候，他会说一个字"中"，他说"中"的时候你也要说"中"。东北人聊天的时候，喜欢说唠嗑，你就跟他唠嗑，这样两个人感觉比较好。

比如说，我在课堂中会经常和学员做一个互动，我会写下下面一句话来让全场的男士和女士分别念一遍："在这个世界上男人没有了女人就恐慌了。"

结果就会出现，女士一般这样说："在这个世界上，男人没有了女人，就恐慌了。"而男士一般会这样说："在这个世界上，男人没有了，女人就恐慌了。"

从上面的对话中我们得到什么启示呢？我们可以看出，这是一个有停顿的句子，如果你的停顿不一样，语言与语调就会发生变化，意思就发生了变化。比如说，在演讲的时候，经常问听众是还是不是，有一些讲师也在使用这个方式，我每次说"各位，是还是不是？"，就把眼睛扫过去，然后把手往上推，暗示听众回答，眼睛不收回来，同时配合语言和语调的把握，总会有一批人回答，而有些讲师不是这样的，他们也在问是还是不是，往往得不到听众的回应，越是这样问下去，现场的气氛会越差。

曾经有一销售员原来是做皮鞋销售的，在商场的时候，有营业员告诉她说这里有的皮鞋太贵了，一直卖不掉，我问她原因，她说这个是意大利进口的，最便宜是几百元，最贵的好几千，每次跟客户耐心讲这个是意大利进口，是体现他的身份、价值、品位的，客户听完以后感觉很好，可最后一报价很多客户很惊讶地说："好是好，可也太贵了吧。"结果这位营业员就再没有介绍了，也没有心情跟人家沟通了，觉得这些人真的没有素质。

第9章 巧妙说服，把话说到客户心坎儿里

这位销售员就告诉她，"对这样的客户你采用语调同步的技巧，说不定对你的销售有帮助。"下一次来了这样的客户，面对类似问题，问了很多问题，直到最后，依然像以前一样说："你这个皮鞋好是好，可也太贵了吧。"这时营业员运用我教的方法，立刻站到客户的一边说："就是太贵了！"谁知客户随即说道："好，才贵呢，我买了。"这样就成交了。

当有客户比较粗野的时候，你使用语言、语调同步技巧就有可能成交。语言、语调同步技巧，可以帮助你建立良好的沟通关系。

努力促进沟通的互动

在与客户初次洽谈时为了给以后的成功销售打好基础，首先就是要了解客户的观点，也就是你要主动与客户互动。只有了解了客户的想法，你才会了解他的需求和动机，你订立的所有销售策略才会有效。

虽然每个销售员都知道沟通在销售过程中的重要性，但很遗憾的是，尽管有了这种意识，却往往由于单纯地将"沟通"理解成了"说"这样一种习惯性思维，而使自己陷入误区。

其实关键的问题就在于：你说的这些话，客户是否能够全部接受？他是否对你所说的意思完全明白？你说的这些能否激起他的购买欲？你说的这些真的就是客户想知道的吗？……

阿甘死后升入天堂，在天堂门口他遇到了圣徒彼得。

彼得对他说："很高兴见到你，阿甘。我们已经听了很多对你赞美的话，但是我仍然不得不告诉你，这里已经人满为患，因此每一个想升入天堂的人都得接受一个测验，只有通过的人才可以进入。"

阿甘欣然接受了，还幽默地说希望不要出太难的题，因为他觉得人生的考验已经足够艰难了。

彼得微笑着点点头告诉他只有三个问题，而且一点儿也不难。一周中哪几天是以字母"T"开头的？一年中有多少秒？上帝的名字叫什么？

阿甘带着这三个问题离开了。

第二天，他带着彼得提的三个问题的答案又来到了天堂门口。

彼得向他挥了挥手，并希望他能多考虑一下再回答。阿甘坚定地拒绝了，说道："你的第一个问题太简单了，答案就是今天和明天。"

彼得听了很惊讶，喊道："阿甘，这可不是我意料中的答案。不过，你言之有理，我想可能是我没有把问题说清楚的缘故吧，不过我同意你的答案是正确的，那么，下一个问题呢？一年中有多少秒？"

"这个有点难，"阿甘坦白地说："我想了很久，觉得答案应该是'12'。"

这时彼得已经惊得目瞪口呆了："天哪！'12'？你怎么能说一年只有12秒呢？"

阿甘说道："是的，确实是'12'，分别是1月2日、2月2日、3月2日……"（英文中，"秒"与"第二"都写为secoud）

"好了，好了，"彼得打断阿甘："我想我已经明白你是怎么想的了，我承认这个答案确实出乎我的意料。不过还是算你答对了。那么最后一个问题呢？你能说出来上帝的名字吗？"

"安迪！"阿甘点点头，肯定地答道："没错，上帝的名字就叫安迪。"

彼得又不解了："你怎么知道的呢？"

"你听过我们在教堂里唱的那支歌：'安迪与我散步，与我谈话。'"

由此我们可以看出，总会有很多的想法是与你原来想的不同。同样的事情，你跟对方的想法都不是错的，只是你们看待的角度不同，你们的角色不同。很多你设想的问题，答案也不是唯一的。

当我们向客户介绍和推荐产品时，我们是不是也考虑了这些呢？作为一个销售员，不管采取什么样的方式和方法去与客户接触，最终的目的还要

第9章 巧妙说服，把话说到客户心坎儿里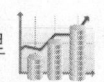

让客户接受并购买产品。你所关注的应该是客户本身的需求和问题是什么样的，而不是去告诉对方我的产品是什么样的。要与客户对话。

在一部叫《双雄》的港片中，黎明扮演的催眠大师说过这么一段话：要想催眠一个人，就必须找出对方心中最隐秘的地方。就像是从伤口流出鲜血，当鲜血流出的同时，血红蛋白、血小板也会涌出来，自动地止住伤口中让鲜血不再流出。

也就是说，销售人员要想使客户接受，就必须找出对方真正的需要。

对话的重点是提问和反问。与客户沟通和交流时重要的是互动。那么怎么来实现互动呢？其实就是要在交流的过程中，把重点放在"提问"和"反问"上。

销售过程中的交流，其实就是一个销售人员与客户之间关于产品和服务的现场交流会。

我们在电视里面看过新闻发布会什么的，发布的一方就比喻成"销售方"，那么记者也可以算代表"客户"，发言人就是"销售员"。客户对于他们想知道的事情向销售员提出疑问，而销售方为了排除疑问达到成交的目的，就要回答客户提出的疑问。销售方也可以在之前准备一些假设的提问，但是很可能这些问题并不是客户们真正想知道的，这就需要销售方的新闻发言人对整个事情了解得非常透彻，才能细致地回答。

事实上，拒绝是客户的惯性。我们要想达成交易，就要积极主动地找出对方拒绝你的理由，以便有针对性地打消他们的顾虑，激发他们的购买欲。而拒绝的理由绝不是客户会主动说出来的，因此，应用良好的语言技巧，以提问和反问的方法便是最行之有效的。

提问和反问就能得到你要的答案。

人，只有对不感兴趣的事情才会淡然。只要对某一事务产生兴趣，他们就会有很多的问题，并且对其越发地感兴趣才会有越来越多的疑问。也就是说，当客户对你提出问题时，说明他们已经对你的产品产生了兴趣，他是想更进一步地了解。而销售的全过程也应该正是一个发现问题和解答问题的过程。但是有很多的销售人员在遇到这种情况时,并不知道怎么去解决,变得手足无措,他们认为客户肯定有意刁难,根本无心购买,就主动放弃了。

对于这种情况,有着多年销售日用洗涤用品经验的王武平却没有任何退却。

某日,王武平敲开了一栋居民楼的一户人家之后,开门的是位肥胖的中年妇女,她一脸冷漠地扫了他一眼,便问道:"你找谁?有事儿吗?"当她得知王武平的来意后,冷冰冰地说了一句:"我们不需要。"

"是吗?那么实在是不好意思打搅您了,不过,我有一个问题想问问您:'您为什么在我一开口,还没有等我说出我要对你说的话,就一口拒绝了呢?能告诉我原因吗?'"伍平面带微笑地说。

这时,这位中年妇女咬着牙愤愤地说:"什么原因?你们这些上门搞推销的,都是骗子。听你们说得天花乱坠的,虽然东西便宜,买回来全都不能用,一堆垃圾。"

王武平顺着对方的话回答,并且发现了真正的问题所在,他用委婉的方式使对方跟他继续沟通下去,并最终消除了对方心中的不满,接受了他的产品。

因此,在沟通的过程中,最重要的是对话,是互动。

销售过程中有些话不能说

"祸从口出",在推销过程中经常遇到这种情况:无意之中的一句话往往会毁了一笔业务。因此,推销员在与客户交谈中应注意避免一些不该说的话。

如推销员不应向客户问:"我能帮你的忙吗?"因为这给客户提供了一个说"不"的机会。

推销员不能说出让客户产生逆反心理的话。如:"这款型号的抽油烟机已经够您用了?""您不必如此挑剔,挑来挑去挑花眼,我们这儿的产品都

第9章 巧妙说服,把话说到客户心坎儿里

是名牌。"这些话都很容易使客户产生反感。

有人曾将推销员不该说的话做了个具体分类。大体上,推销员应当避免以下几种话语。

1. 批评性的话语

许多推销员,尤其是业务新人,讲话不经过大脑,脱口而出伤了别人,自己还不觉得。常见的例子,推销员见了客户第一句话便说,"你这张名片真老土!""真累啊,活着不如死了值钱!"虽然是无心去批评指责,只是想有一个开场白,而在客户听起来,感觉就不太舒服了。

人们常说,"好话一句,做牛做马都愿意",也就是说,人人都希望得到对方的肯定,人人都喜欢听好话。推销人员从事推销,每天都是与人打交道,应多说赞美性话语,但也要注意适量,否则,让人有种虚伪造作、缺乏真诚之感。

2. 主观性的议题

在商言商,与推销没有什么关系的话题,最好就不要去议论,比如政治、宗教等涉及主观意识的内容,无论你说的是对是错,对于推销都没有什么实质意义。

有一些新人,涉足推销行业时间不长,经验不足,在与客户的交往过程中,无法主控客户的话题,往往是跟随客户一起去议论一些主观性的议题,最后难免双方意见产生分歧。有经验的老推销员,在处理这类主观性的议题时,起先会随着客户的观点,一起展开一些议论,但争论中他们会适时地将话题引向推销的产品上来。

3. 专业性术语

比如有个保险行业的新人,一上阵就一股脑儿地向客户炫耀自己是保险业的专家,电话中向客户讲了一大堆专业术语,客户听了都感到压力很大。当与客户见面后,他又接二连三地大力发挥自己的专业,让客户如坠五里云雾中,反感心理油然而生,从而误了促成销售的商机。我们仔细分析一下,就会发觉,只有把这些术语用简单的话语来进行转换,让人听后明明白白,才能有效达到沟通目的,产品销售才会没有阻碍。因此,应尽量避免专业性术语的出现,即使不可避免,也要向客户解释明白。

4. 夸大不实之词

不要夸大产品的功能!客户在日后使用产品时,终究会清楚你所说的话是真是假。不能因为要达到一时的推销业绩,你就夸大产品的功能和价值,这势必会埋下一颗"定时炸弹",一旦纠纷产生,后果将不堪设想。

任何一个产品,都有好的一面和不足的一面。作为推销员理应站在客观的角度,清晰地与客户分析产品的优与劣,帮助客户"货比三家",唯有知己知彼、熟知市场状况,才能让客户心服口服地接受你的产品。提醒推销人员,任何的欺骗和夸大其词的谎言都是推销的天敌,它会使你的事业无法长久。

5. 贬低对手的语言

我们可以经常看到这样的场面,同业的推销人员用带有攻击性色彩的话语,攻击竞争对手,甚至有的人把对方说得一钱不值,致使整个行业的形象在人心目中一落千丈。

多数推销员在说出这些攻击性话语时,缺乏理性思考,殊不知这些攻击性词句会造成准客户的反感,因为不见得每一个人都与你站在同一个角度,你表现得太过于主观,反而会适得其反。随着时代的发展,这种不讲商业道德的行为将越来越没有生存空间。

6. 隐私问题

与客户打交道,主要是要把握对方的需求,而不是一张口就大谈特谈隐私问题,这也是推销员常犯的一个错误。试问你推心置腹地把你的婚姻、财务等情况和盘托出,就能使你的推销产生实质性的进展吗?

7. 质疑性的语气

在推销过程中,你很担心准客户听不懂你所说的一切,而不断地质问:"你懂吗?""你知道吗?""你明白我的意思吗?"……从销售心理学来

第9章 巧妙说服，把话说到客户心坎儿里

讲，一直质疑客户的理解力，客户会产生不满感，这种方式往往让客户感觉得不到起码的尊重，逆反心理也会随之产生，所以说这是推销中的一大忌。

如果你实在担心准客户在你很详细的讲解中还不太明白，你可以用试探的口吻了解对方，"有没有需要我再详细说明的地方？"也许这样会容易让人接受。在此，给推销员一个忠告：客户往往比我们聪明，不要用我们的盲点去随意取代他们的优点。

8. 枯燥的话题

在销售中有些枯燥性的话题，但你不得不讲解给客户听，因此就要讲得简单一些，这样，客户听了才不会产生倦意，你才能达到推销目的。如果有些相当重要的话语，要跟客户讲清楚，不要拼命去硬塞给他们。在讲解的过程中，不如换一种角度，找一些他们爱听的小故事、小笑话来刺激一下，然后再回到正题上来，也许这样的效果会更佳。

9. 注意避讳

每个人都希望与有涵养、有层次的人在一起。同样，在推销过程中，不雅之言对推销活动，必将带来负面影响。诸如，推销寿险时，你最好回避"死亡"、"没命了"、"完蛋了"，诸如此类的辞藻。有经验的推销员，往往在处理这些不雅之言时，都会委婉地说"丧失生命"、"出门不再回来"等。只有你注意到了这些细节，才会成功在望！

"祸从口出"，在推销过程中经常遇到这种情况：无意之中的一句话往往会毁了一笔业务。因此，推销员在与客户交谈中应注意避免一些不该说的话。

顺着顾客的思路进行说服

眼看即将成交，但是顾客对价钱还是有些异议，这个时候与顾客的交谈非常重要，如果言谈不得体，可能会让即将成功的交易泡汤。如果能摸透顾客的心思，可能很快就能促成交易。

"你觉得多少钱合适？"这很显然是店员自己主动进入讨价还价阶段，让顾客掌握主动，自己处于被动地位。

"这就贵了？还有更贵的呢！"这样的话无疑是暗示顾客见识少，这么点钱就觉得贵，有点瞧不起顾客的意思，伤害顾客的自尊心。

"好东西的价格肯定高啊。"这是反驳顾客的说法，这样的说法很不可取，会让顾客觉得没面子。

如果经过观察判断，觉得顾客购买的可能性很大，但是在价格上他还想得到些优惠。这个时候一定要有耐心，稳住自己，分析一下顾客的心理。

已经看出顾客有购买的欲望了，但是还是说贵的话，最大的可能是说贵只是借口，顾客想以此要求店员给予降价或获得其他利益。这个时候店员应该顺着顾客的思路进行说服，说服的方法有以下几种。

1. 采用构图讲解法说服

顾客："能不能再便宜一点啊？"

店员："先生，您真是太有眼光了，这双运动鞋不但款式新潮时尚，而且面料和做工更是一流！目前这个价格已经在原价的基础上打了8折，对于这么好的运动鞋来说，绝对是物超所值的！您想象一下，当您穿着这样潇洒的运动鞋出现在女朋友面前时，您将在她心目中留下多么美好的印象啊！您说是吧？"

2. 采用时间细分法说服

顾客："我没必要买这么贵的啊！"

店员："您可不能这么说，好东西是人人都需要的！常言道'没有最好，只有更好'，像您这样的年轻才俊不配这种时尚的装饰怎么行呢？这套装饰品虽然有点贵，但它质量上乘，一看就知道品位不凡，而且用个十年八年肯定没有问题，这样算下来每年就一百多块钱，与在外面吃一顿快餐差不多！您还觉得贵吗？"

3. 采用比较法说服

顾客："我觉得还是有点贵。"

店员："其实真的不贵了，我们来做个比较，您也知道市场上牌子的多少钱吧，这个产品比牌子便宜多啦！您看质量还比牌子的好。我这不是在贬低牌子，抬高我们自己的商品，我只是在说事实。"

4. 采用拆散法说服

顾客："我觉得还有点贵。"

店员："真的是不贵了，您看这个显示器给您算……（价格），这个主板给您算……（价格），这个硬盘才给您算……（价格），您再看……（其他电脑组件的价格），而这对音箱又是免费赠送给您的，每一组件给您的都不贵，合起来就更加便宜了。"

5. 采用赞美法说服

顾客："我觉得还是有点贵。"

店员："先生，一看您，就知道平时很注重生活品位的，不会舍不得买这种产品。如果这次买了我们的商品，觉得非常不错的话，欢迎您下次再来光顾啊！"

总之，要传递给顾客这样的信息，这么好的商品才卖这个价格已经很实惠了，然后强调商品的优点及能够带给顾客的利益，让顾客强烈地意识到自己对商品的需求。

第10章　学会倾听，默默不语听出话外音

沟通从心开始，第一步就是学会倾听，在销售中，80%的成交要靠耳朵完成。"听"客户讲话，不能仅仅听文字上的话，还要善于"听音"。以积极的态度真正"听懂"客户，了解客户"话里"和"话外"所隐含的信息，识破他们的内心机密，同时让客户感到你的重视与关怀，就可以为解决问题、达成合作奠定良好的基础。

沟通中要耐心倾听

推销员在与客户沟通的过程中，最忌讳的是急于求成。急于求成的推销员往往没有耐心倾听客户的意见，而不善于倾听的推销员很难取得成功。在他们看来，交易是否达成的关键在于他们怎么说；但是事实上是，成交的关键是他们怎么听。

和客户沟通感情就必须有耐心，不能急于求成。急于求成的推销员往往认为自己的时间宝贵，却没有考虑到如果交易没有达成，其实质就是浪费

第10章 学会倾听，默默不语听出话外音

时间。这种现象正好像为了贪图便宜，购买了许多质量差、价格又很低的产品，但是每一件产品都不能使用，结果浪费了大量的钱。如此购买倒不如就选择一个质量有保证、价格较高的产品。推销员与其在有限的时间内试图和两位客户沟通，倒不如在有限的时间内和一位客户达成交易。在交易达成以后，还有一种急于求成的现象是应该避免的，这就是急于离开。在销售学中有这样一个说法：当一笔生意成交后，销售人员必须在30秒内离去，以避免客户变卦。这种说法是不妥的。

对于小件物品，也许可以通过这种方式来提高工作效率；但是如果是大件产品，尤其是客户花费较多的产品，如果迅速离去往往会使客户犯疑，以为自己上当进而产生取消交易的想法，而且极有可能将想法付诸行动。推销员有必要在达成交易之后，向客户提出一些保险措施，然后离去，比如留下自己的联系方式和企业的联系方式等。推销员也可以通过赞美客户来取得客户的成交安全心理。

我们仅以保险推销员在离开时应该注意的细节来说明在成交之后怎么样让客户安心。

在推销员和客户达成交易之后，推销员按照以下步骤来安排自己的离开。

第一步收拾资料，并将现金很慎重地收进皮包内，这个动作一定要让买方看出该推销员十分稳重。

第二步是给公司的同事打个电话，要当着客户的面打回去，明确地向公司表示这位客户已经投保，请公司立即承认。

第三步赞美客户。赞美客户眼光独到，购买了这份保险。其购买行为已经对其家庭负了相当的责任。

第四步是告诉客户这份保险有必要和朋友一起享用。因为客户的选择是相当明智的，这种明智的决策足以成为客户向其朋友炫耀的资本。

第五步很礼貌地向客户告别。和客户告别时要郑重地向客户道谢。

耐心是一个推销员应该具备的基本素质，推销本身的基本特征就是从拒绝开始。如果推销员没有耐心，一遇到拒绝就立即放弃，是很难取得成功的，同时也会给客户造成不好的印象。

过去注重理论的专家们为成交规划了四步骤。第一步是接近，取得和客户接触的机会；第二步是营销，既营销自己，又营销产品；第三步是拒绝处理，通常也叫异议处理，这是谈判的磨合过程；第四步是促成，主要是向客户提出成交要求。理论专家们强调必须按部就班，否则就是急于求成。这种理论是有一定道理的，虽然推销员可以通过促成试探来寻找成交的时机，但是就达成交易的全过程来看，这种模式往往比较多见。

有些推销员缺乏耐心，处处急于推销，结果销售业绩不好。有些推销员上来就是一句："你买不买？"这样直接地问倒不如说是问客户："你出不出钱？"这样的交易方式怎么能够成功呢？

有些推销员之所以没有耐心，往往是因为以下几个原因：

一是过去经验表明，在大多数情况下要被拒绝，即使产品介绍得再好，他们往往觉得介不介绍产品是无所谓的事情，反正想买的人就会买，不想买的人就算怎么说也不会买的。因此，他们容易缺乏介绍产品的耐心，一见到客户就问买还是不买。被拒绝是当然的事情，即使是世界上最优秀的推销员在大多数情况下也是被拒绝的，他们之所以成功就在于他们越是被拒绝就越是想办法将产品更好地介绍给客户。推销员抱有"想买的人就会买，不想买的人就算怎么说也不会买的"这种观点是根本错误的，大多数客户是有产品需求的，除非推销员硬是要给盲人推销近视镜。客户有需求就可以引导，而推销员引导客户需求的方式就是通过产品介绍。

二是推销员本身缺乏耐心。缺乏耐心的人很难做好推销工作，真正成功的推销员往往是有十足耐心的。但是耐心是可以锻炼和培养的，推销员可以通过不断地训练来培养自己的耐心。当推销员求见一位客户时，发现自己已经没有耐心的时候，就要不断地告诫自己要坚持，坚持到最后。只要这次坚持的时间够长，就会成为下次商谈的标准时间，这和锻炼中的"第二次呼吸"是一个道理。

三是推销员希望节省时间多见一位客户。两鸟在林，不如一鸟在手。那些试图通过节省时间来多见一位客户的推销员往往由于缺乏耐心而被客户拒绝。与其这样不断地追求新客户，倒不如在老客户身上获取更好的销售业绩。

总之，推销员千万不要陷入缺乏耐心的陷阱之中，因为缺乏耐心是对客户的不尊重。如果一个推销员在会见其客户的时候显得很匆忙，谁又能保证该推销员在推销产品的时候不会因为匆忙而犯错呢？

倾听也是一门艺术

推销是一门艺术，听别人讲话也是一门艺术。

你可能以为别人讲话的时候你是在认真地听。据有关资料显示，人说话的速度为每分钟120~180个字，而思维的速度要比说话快四五倍。所以一个人听别人讲话时注意力容易分散，常常只能听进去一半。

一些推销员认为，做买卖应当有个"商人嘴"，因此，口若悬河，滔滔不绝，客户几乎没有表达意见的机会。这是错误的。认真倾听客户谈话，是成功的秘诀之一。日本推销之神原一平说："就推销而言，善听比善说更重要。"倾听客户谈话，能够赢得客户好感。推销员成为客户的忠实听众，客户就会把你引以为知己；反之，推销员对客户谈话心不在焉，或冒昧打断客户谈话，或一味啰啰唆唆，不给客户发表意见的机会，都会引起客户反感。同时，推销员可以从客户的述说中把握客户的心理，知道客户需要什么，关心什么，担心什么。推销员了解客户心理，就会增加说服的针对性。此外，倾听客户谈话还可以减少或避免失误。话说得太多，总会说出蠢话来。少说多听是避免失误的好方法。认真倾听需要技巧：推销员要注视对方，眼光和脸部面向客户，表现出全神贯注的神情。推销员不可左顾右盼，或死死盯住对方。无论对方谈话内容如何，都不能拉长脸，或露出鄙夷的神态。推销员身体要向客户方向微微前倾，适当地运用一些表示恳切的微小动作，如点头、微笑、轻声附和，避免呆若木鸡的神情。推销员要让客户把话说完，能听到最后的才是会听的，不要匆忙打断对方的谈话而插嘴。

关于改善聆听的能力，有以下几点建议：

（1）保持耳朵的畅通——请你闭上嘴巴。在与人交谈时，尽量使对方谈他所感兴趣的事，并用鼓励性的话语或手势让对方说下去，并不时地在不紧要处说一两句赞叹的话，对方会认为你在尊重他。

（2）全心全意地聆听——轻敲手指或频频用脚打拍子，这些动作会伤害对方的自尊心。眼睛要看着对方的脸，但不要长时间地盯住对方的眼睛，因为这样会使对方产生厌恶、害怕的情绪。只要你全神贯注，轻轻松松地坐着，不用对方将音量放大你也可以一字不差地听进耳朵里。

（3）帮助对方把话说下去——这一点很重要，因为别人说了一大通以后，如果看不出你的态度，尽管你在认真地听，对方也会认为你心不在焉。

作为一个成功的推销员要善于倾听，懂得"两只耳朵一张嘴"规则，所以用于听和说的比例是2∶1。推销靠"喋喋不休"、"高谈阔论"是没用的，而是要拿出更多的精力来听。推销员要善于听取客户的要求、需要和渴望，从中听取和收集有助于成交的相关信息。同时，推销员要听客户可能提出的异议，甚至下意识地倾听其他人的声音，如附近一个生硬客户的声音，或者一个大嗓门的推销员与客户没完没了的交谈。优秀推销员还特别善于听客户"没说出口的声音"。

有一个大企业家，他在招收雇员时，使用下述办法来判别他们听的能力。

进行面试的时候，考官面对大家说，在接下来的5分钟内，他要给他们讲讲公司的历史，并介绍公司的产品。他让大家注意听，然后就开始讲了起来。

第10章 学会倾听，默默不语听出话外音

两三分钟后，出现了一个情况。一个人走进房间，他走到前面，在一张空桌旁停下，这张桌子摆在角落里，正对着考官。这个陌生人不看考官一眼，也不说一句话，就开始往桌子上放盘子。

这名考官完全不理会陌生人，甚至不看他一眼，无视他的存在，继续讲，好像什么也没发生一样。这时，陌生人取出一罐刮胡膏，使劲摇晃，然后往盘子上抹。

听众感到有些不自在，甚至感到好笑。当所有的盘子都抹完后，陌生人离开了房间，还是不说一句话。考官又继续讲了半分钟左右，然后他让大家就他刚才讲过的话，回答几个简单的问题。

只有少数几个人回答出了考官提出的简单问题，这证明他们的注意力没有被陌生人吸引，而是一直在认真听讲，因此，这些人最终被录用了。

记住，没有人愿意被忽视。或者换一种说法，人人都希望自己的谈话受人重视。

推销员应该如何做才能当好一名听众呢？

（1）带着真正的兴趣听客户在说什么，把它当成一种享受，把注意力集中在客户身上。

（2）永远也不要假设你知道客户要说什么，因为这样会分散你的注意力，你就不会认真地去听。

（3）不要漫不经心地听。边听边思考，理解客户说的话，真正做到听进去。这是你能让客户满意的唯一方式。

（4）把脑子里最重要的位置留给客户。

（5）倾听是一件容易做到的事，特别在你心中有话要说，或者受到外界干扰时，要学会克制自己，排除干扰。

（6）听的时候看着客户的眼睛，观察他的面部表情，注意他的声调变化。优秀的推销员应当学会用眼睛来听。

（7）可能的话用笔记下客户说的关键词语，它会帮你更认真地倾听，并且记住对方说的话。

（8）不要相信客户说的每一句话，对有些话要打个问号。

（9）不要轻易插嘴打断客户的话头，或让他缩短谈论。

（10）记住，客户喜欢谈话，特别是喜欢谈他们自己，谈他们感兴趣的问题，他们谈得越多，越感到痛快，就越会倾向于购买你所推销的产品。人们都喜欢好听众，所以，要耐心地听。

但是，现实中有的推销员很想用心倾听客户的谈话，但却做不到，是什么原因使你不能很好地倾听客户呢？

要想成为一名善于倾听的优秀推销员还必须防止以下情况的发生：

（1）喜欢抢着说话，常常将客户的话打断，以致客户无法说下去。

（2）听到不同意的观点或是客户说错了便急于反驳对方。

（3）认为无关紧要或没兴趣的话，便不注意去听，以致注意力无法集中。

（4）急于记住每件事情，结果重要的事情反而没有注意到。

（5）在客户未全部说出自己的想法时，就轻易地作出结论。仿佛客户要说的自己早就知道了。

（6）当买方有多人在场时，你常忽略你认为不重要的人所说的话。

（7）由于时间紧迫，还要赶下一个约会，心中烦躁不安，因而也就无法细听客户唠叨。

倾听客户谈话，能够赢得客户好感。推销员成为客户的忠实听众，客户就会把你引以为知己；反之，推销员对客户谈话心不在焉，或冒昧打断客户谈话，或一味啰啰唆唆，不给客户发表意见的机会，都就会引起客户反感。

良好的倾听有助于推销成功

成功的推销人员深知良好的倾听和沟通能力是其取胜的法宝。多数人想当然地认为倾听是一种与生俱来的技能。他们错将听见某人说话当作倾听行

为。通常，他们最多吸收了25%的谈话内容。

倾听是一门必须学会的技巧，它和与生俱来的听截然不同。倾听是有目的的听。这是一个相当积极的过程，人们必须专心倾听说话者所说的内容。在同一个时间内，我们会听到许多声音，但是，我们会有目的地、有选择地听某种特定的声音。在我们的社交谈话中，我们只需要理解意思，有大致的信息、概念及感觉。然而，倾听却需要专心、思考和注意力，最后，还要得出一个结论。专业推销员应该运用倾听和提问技巧，与客户之间建立平等的双向互动的交流，并且通过介绍产品或服务，帮助客户完成购买的心愿，满足需要，解决问题，或找出实现愿望的方法。虽然能言善辩是一位优秀推销员必须具备的重要能力之一，但是，成功的推销员不仅仅是一位口齿伶俐的说客，而且也是一位出色的听众。

良好的倾听技能是成功地进行沟通及推销的关键。因为电话交谈只能闻其声，而不能从对方的肢体语言、眼神交流中获得任何有助于集中注意力、提高倾听效果的形体暗示或线索，唯一能够依赖的就是你的双耳。

有效的倾听技巧与单纯的专心倾听是不同的。反馈或释义能够使推销员和客户之间沟通的意思更加准确和清楚，因为这种技巧能够显示出具有强烈欲望的推销员发现自己是否完全理解了客户的意思。有效的倾听也可以说是一种有选择性的倾听。

当我们有效地倾听时，就在对听到的东西进行消化、综合、分析，并理解其中的真实意思，以及哪些东西没有说到。良好的倾听，意味着对说话人所说的内容获得了完整、准确的理解。倾听的目的，不仅在于知道真相，而且在于听众能够自己理解出所有事实，并且评估事实之间的相互联系，进而努力寻找信息所传达的真正含义，这样的倾听才是富有意义的。推销员自我设定倾听的目标，不但可以为自己明确倾听方向，而且也有利于自己专心倾听。有组织的倾听，有助于推销员快速而完全地从客户那漫无边际、毫无章法的谈话中跳出来，抓住客户谈话的重点，达到自己倾听的目的。

推销员良好的倾听的两个主要目标，就是要告诉客户：自己非常专心地倾听他们的说话，而且也完全了解客户所说的意思。最好的办法就是在倾听时尽量不要分心，更不要假意倾听。

在必要的时候要对客户表现出同情心。这意味着你理解他的心情，明白他的观点，但并不意味着你完全赞同他们的观点，而只是了解他们考虑问题的方法和对产品的感觉。

推销员在专心倾听时，可以不时地作些反应性回答，比如"噢，是的"，"你是对的"，"我知道你的观点"，或"当然"，等等。这些用词都是你在倾听时偶尔插话的关键词，这样，客户就会觉得你真的在听他的话，而且相当赞同他的看法。另外一些更加具体的反应性回答包括"这一点对你很重要，不是吗？""我能想象出你当时的感受"，"我想多了解一些事件的细节"。

正如上面提到的要向客户表示你已经了解他们的心情，如对客户说："我明白你的意思"、"很多人这么看"、"很高兴你能提出这个问题"、"我明白了你为什么这么说"，等等。

在倾听后与客户或准客户的交谈中，关键是学会使自己的音质与环境和言辞相协调。以明快、轻佻的语调与打来投诉电话的客户进行交谈显然不合适，这时你应该表现出经过精心润色、专业化的音质。它会将你的关切之情、高效的工作态度和尽快解决问题的良好愿望传递给电话线另一端的客户。

在你与客户交谈的过程中应该让对方听到你的笑声。

尽管你所说的至关重要，但语气更重要。冷漠、敌对和太含蓄的语气都会激怒对方。

平实的语调能提高听话效率，无论是听还是说，最为重要的是你必须保持热情、令人愉悦的声调，让对方相信他（她）是你关心的唯一焦点。注意控制音调，因为音调是衡量一个人心情的晴雨表，对此，别人比自己更敏感,因为我们的声音在对方听来不大一样。如果你说话的音高或音调的变化幅度更大一些,你的语言会更加生动。

完善音调的最好办法是说话时面带笑容,听者虽然看不见,但听得见。在您说话的过程中,需将四个重要信息传递给客户:

(1)对客户的来电你深感荣幸,对自己工作中的不足之处会加以改进;

(2)你是一位优秀的听众,对客户的难处深表同情;

(3)你了解公司和客户的需要;

(4)你将快速、有效地解决客户的问题。

专业推销员绝对不会在做推销性电话访问时,一开始就说许多话。这样做,充其量是散布信息,而非推销,由此而来的结果,也只能是单方面的会话,丝毫起不到建设性的作用。在推销过程的第一个步骤中,推销员需要运用倾听和提问技巧,找出合适的客户。推销员在示范产品过程中,最忌讳的是采用一套固定的模式。在示范产品中,一些推销员将示范产品看成是一个论坛,一口气将产品的特色或优点说完,并且把一些与产品无关的东西也联系在一起讲,丝毫不顾及客户的真实需要。推销技巧是因人而异的,切不可对每个人都用同样的方法。

要进行完整的推销活动并非易事,除非推销员已经完全了解客户的主要需求,一次完整的推销活动,才可能进行。只有这样,推销员才能开展起专业而又有说服力的产品展示会。推销员必须清晰而又完整地认同客户的期望与需求,再用令人信服的传递方式将你的认同肯定地告知自己的客户,本公司的产品与服务完全符合他们的需要。此时,推销员必须应用聆听与提问的技巧。在谈话过程中(特别是在谈话的开始阶段),推销员最好是保持低调的语气,并且适时运用提问的技巧,提出恰到好处的问题,这样,他就能够有效、自然地指导客户,逐渐地使客户参与到他的产品或服务之中。

推销员不应回避客户的问题,而要正面回答客户提出的问题。对客户提出的异议,推销员要回答清楚,才能促使推销进入下一步。

这就要求你认真思考你"所说的"及别人"所听的"。

在回答客户问题之前应有短暂停顿。这会使客户觉得你的话是经过思考后说的,你是负责任的,而不是随意乱侃的。这个停顿会使客户更加认真地听你的意见。重要的是,你必须认识到你的每一句陈述都会给对方留下印象。假如对方感觉你的回答不诚实、不真诚或粗鲁无礼,他(她)们会记在心里。事实上,一旦形成负面印象,必须经过很多积极的、建设性的交流才能消除。这就需要你在交谈过程中时刻注意。

记住回答问题也同样是很重要,你回答时,应该为对方提供选择的余地。这样要比让对方简单地回答"是"或"不是"更有效。在与客户交谈的过程中除非有助于解释产品能为客户带来的利益和好处,否则不要使用专业术语。

俚语,尽管是一种公认的沟通语言,但是客户可能听不懂你的方言、俚语。为了消除对方不必要的误会和沮丧情绪,请避免使用。

掌握娴熟的倾听技巧

推销员如果能够娴熟地运用良好的倾听与提问技巧,那么,他就能在推销过程中及时解读客户身体语言所传递的信息,推销也就会变得轻松自如。有效的倾听能促进推销员与客户实现双赢。

乔·吉拉德是美国首屈一指的汽车推销员,他曾经创造过在一年内推销出1 425辆汽车的成绩。然而,就是这样一位出色的推销员,却有一次难忘的失败教训。一次,一位客户来找乔商谈购车事宜。乔向他推荐一款新型车,一切进展顺利,眼看就要成交,但对方突然决定不买了。原来在签字之前,客户提到自己的儿子即将进入密西根大学就读,客户还跟乔说到儿子的运动成绩和将来的抱负,他以儿子为荣,可乔根本就没有用心听客户说这些话,而是在听另一名推销员说笑话。这位客户很生气,他不愿意从一个不尊重自己的人手里买东西!这件事使乔认识到倾听客户的话实在太重要了。因为自己没注意听对方的话,没有对那位客户有一位值得骄傲的儿子表示高兴,显得对客户不尊重,所以触怒了客户,失去了一笔生意。所以,作为推销员应当调整情绪,做好倾听的准备。所谓倾听的准备就是要做好倾听的心理准备。推销员每一次都要提醒自己,为了实现自己的推销目标,一定要专心致志地倾听,并且清除大脑中的所有杂念。

推销员要做到:①认真听客户讲;②让客户把话讲完,不要打断客户谈话;③要带有浓厚兴趣去听。

推销员全身心地倾听是建立与增进同客户之间良好人际关系的重要因素,控制情绪,下定决心,凡事都要以改善有效聆听为出发点。

下面三种方法促使推销员将注意力集中在对方的谈话上,以获得必要的推销信息资料。

1. 做笔记

边听边记,这在打电话时简单易行,因为无须与对方进行眼神交流。它可以降低听速,使你专心听对方的谈话。在倾听时,对于重点问题或信息,恰当地作好笔记,将会使推销访问更加有效,而记录客户提出的观点和信息又有助于推销员更加轻松、更加迅速地达成交易。推销员要切记,自己做笔记有两个目的,就是既让客户知道你在认真听对方讲话,又使自己在会谈结束后仍然掌握正确的信息,以帮助自己实现下一次会谈的目标,进而完成交易。

2. 提问

这是放慢听速的有效办法。辅之以笔记,这样你的提问将更中肯,沟通效果更佳。在提问的过程中,千万注意要听清潜在客户谈话中的关键词,然后用客户的语言来与他们交谈,这样更容易让客户接受。认真而专注的倾听,能够指导推销员帮助客户了解自己的需要,以及产品是否符合自己的需要，不是使客户在外在压力下购买，而是由客户自己根据需要和可能，作出购买决定。

使用这种方式，客户丝毫不会觉得推销员是在推销产品，反而会感到是根据自己的需要，自己决定购买这种产品或服务。客户也会因此相信、喜欢并且尊重推销员，不但会为推销员提供信息，而且还会提供指导。推销员也完全没有必要采取强迫、推销术或其他操纵人心的办法或给客户施加压力，客户自然就会持续不断地从推销员那里订货。

3. 不断反馈信息

当你觉得事关重大，必须加入对话，密切关注对方的答复时，这一点显得尤其重要。

"是的，我听到了你说的话。"你是不是经常听到这样的回答呢？如果你正在气头上，或者你当时的心情不舒畅，或者处于极度紧张状态之中，那么，当听到这样的回答时，你很有可能会反驳说："是啊，我知道你听见了我说的话，但是，你听进去没有？"也就是说，听与聆听之间是存在本质上的差异的。

"我肯定我已明白了您所说的。"这时，你可解释对方说的要点。这将确保双方都了解谈话要点，而且对方也确信你已明白他（她）的意思而不再重复。

不要打断客户的谈话。

我们都会错过对话中的某些细节。解决这个问题的办法就是在客户给你机会时趁机确认你获得的信息，而不是随意打断对方。你在交谈中打断对方意味着：

（1）你没有礼貌或感觉迟钝，因此你不可能对商务需求感觉灵敏；

（2）你没有认真听客户正在讲的话，而这也许正是一条关键信息；

（3）你可能已经错过了其他重要的信息。

无论属于哪一种情况，你都失败了。记住，耐心等到客户说完后，再获

第10章 学会倾听，默默不语听出话外音

取你错过的信息。听者不专心倾听，因而赶快把话题引开，或者随便找一两句与说话者所说的内容毫不相干的话应付了事。在这些情况下，说话者会觉得自己所说的内容完全被听者忽视了，或者对听者来说，他是否作进一步解释并不很重要。发生这样的情况，会使说话者感到不满，这对于听者而言是很不利的。应避免的现象是，打断客户的话，匆匆为自己辩解，竭力证明客户的看法是错误的，这很容易激怒客户，使谈话演变成一场争论。

相反，当客户谈到一些不利于推销的话题时，推销员反而可以利用不表示任何意见的方式来尽快结束谈话。像这种方式今后可以多加应用，以激发客户发表见解或改变话题。"对，但是……"处理法是一种比较常用也比较有效的方式，对客户的不同意见，如果推销员直接反驳，会引起客户不快。因此，推销员可首先承认客户的意见有道理，然后再提出与客户不同的意见。这种方法是间接否定客户意见，比起正面反击要委婉得多。

在倾听的过程中时刻提醒自己，你是在评判信息，而不是评判说话者。同时，要求自己，凡事都要从积极的角度来评判，无论说话的内容如何，都要把说话者提供的信息或观点看成是有独到之处的、有意思的和有价值的东西。

除了插话之外，另一种应该避免的坏习惯是接话。只有在倾听所有细节和信息，并逐一加以分析和综合后，才能完全理解客户的想法与心思。

"不了解客户的需求，好比在黑暗中走路，白费力气又看不到结果。"询问在专业推销技巧上扮演极重要的角色，你不但能通过询问获取所需的情报、确认客户的需求，并能引导客户谈话的主题。询问是沟通时最重要的手段之一，它能促使客户表达意见并产生参与感。而倾听与询问同样重要，只有在两者相互作用的状况下，才能使你更接近客户的内心。倾听和询问是正确掌握客户需求的重要途径，若不能善用这两项技巧，你的推销将是乏味与盲目的。

谁能打开客户购买决策的黑箱子，谁就能最有效地进行推销。倾听与询问是你打开客户内心黑箱子的钥匙，请务必勤练这两种技巧。无论是说话还是聆听，手势、身姿、表情和语调都是进行令人信服和易为人理解的沟通基础。用自己的声音和身体来活跃自己的谈话内容，能给自己的听者留下最完美的印象。积极主动地表明自己赞同对方的观点并完全理解了信息，能给信息发送人留下最佳的印象。

在从事商品推销以前，先"发掘客户的需求"是极为重要的事。了解客户需求以后，可以根据需求的类别和大小判定眼前的客户是不是自己的潜在客户，值不值得推销，如果不是自己的潜在客户，就应该考虑是否还要再跟他谈下去。

通过询问客户许多问题，可以发掘客户的真正需求。倾听客户的回答，让客户尽量发表意见。有些推销人员一见到客户就滔滔不绝地说个不停，让客户完全失去了表达意见的机会，使客户感到厌烦。一旦客户厌烦，不用说，推销人员的推销活动注定要失败。倾听客户的回答，可以使客户有一种被尊重的感觉。许多推销人员常常忘记，倾听是有效沟通的重要因素，他们在客户面前滔滔不绝，完全不在意客户的反应，结果平白失去了发掘客户需求的机会。上帝给我们两只耳朵，一张嘴巴，就是要我们多听少讲。

积极地倾听

生活在都市里的人们，人与人之间有一种疏离感，因为我们在心理上筑了一堵墙，互相隔离，自我保障。所以，我们渴望找到一位肯聆听的朋友。

人们通常都只听自己喜欢听的，或依照自己认可的方式去解释听到的事情，这往往已不再是对方真正的意思了，因而人们在"听"的时候通常只能获得25%的真意。为了增进人们的沟通，应提倡"积极的倾听"。

所谓积极的倾听是积极主动地倾听对方所讲的事情，掌握真正的事实，借以解决问题，并不是仅被动地听对方所说的话。

第10章 学会倾听，默默不语听出话外音

客户倾诉时，推销员若懂得点点头、拍拍手，恰似吃东西时略放一点酱油，肯定会令食物更为可口。如果你要成为推销行业杰出的人物，一定要在倾听方面下工夫。客户不开口，你的生意肯定做不成。

如果没有听懂某人所说的话，可能是因为你心猿意马，错过了某一个要点。如果不专心致志、积极主动地聆听，你还会得到错误的信息。全神贯注于说话者所说的话，提问并明确地发出信号，表明自己关心说话的内容，能确保双向交流的顺利进行。

听人谈话时，你必须尽可能多地与对方进行沟通，好像是自己在说话。你应该专心致志地聆听，但是，如果你没有明显地表明这一点，说话者是不可能知道的。

如果你毫无反应，什么应答也没有，说话者无法肯定你是否已听懂。表明自己对内容感兴趣是一种反馈，能鼓励说话者继续往下说。下面一些简单而又行之有效的方法能表明自己在聆听。

可以用下列方式表明你对谈话的内容感兴趣。

第一，保持视线接触。聆听时，必须看着对方的眼睛。人们判断你是否在聆听和吸收说话的内容，是根据你是否看着对方来作出的。

第二，让人把话说完。让人把话说完整并且不插话，这表明你很看重沟通的内容。人们总是把打断别人说话解释为对自己思想的尊重，但这却是对对方的不尊重。

第三，表示赞同。点头或者微笑就可以表示赞同对方正在说的内容，表明你与说话人意见相合。人们需要有这种感觉，即你在专心地听着。

第四，全神贯注。把可以用来信手涂鸦或随手把玩等使人分心的东西（如铅笔、钥匙串等）放在一边，就可以免于分心了。人们总是把乱写乱画、胡乱摆弄纸张或看手表解释为心不在焉——即使你很认真也是如此。

第五，放松自己。采用放松的身体姿态（如把头稍偏向一边，或把身体重心偏向一边），就会得到这样的印象：他们的话得到你完全的关注了。

所有这些信号能使与你沟通的人判断出你是否正在专心听取他们说的内容。

检查自己是否听得真切，并且是否已正确地理解了信息（尤其是在打电话时），可以按如下两点去做。

第一，复述信息。把听到的内容用自己的话复述一遍，就可以肯定是否已准确无误地接收了信息。

第二，提出问题。通过询问，可以检查自己对信息的理解，也能使说话者知道你在积极主动地聆听。

上述双向活动不仅能使你获得正确的信息，而且还能使说话者把精力集中于真正想要沟通的内容上。

倾听过程中需要注意的几个问题如下。

1. 适度沉默

沉默在推销上有很多不同功效。推销员在做完了产品介绍与示范后不妨停止说话而开始聆听，这时沉默是高明的。总体来说它起到两大作用：让客户有说话的机会；无形中强迫客户讲话，这样他就或多或少地会谈到对产品的看法。

许多人对推销员的认识就是能言善辩，甚至是喋喋不休。其实在推销员之间有这样一句格言：多言之客以耳闻，少言之客以口问。这句话的意思就是推销员与客户面谈时要多用耳朵听，用嘴巴问，同时要切忌多言多语，即所谓"言多必失"。

推销员在刚刚接触到客户时必须迅速打开局面，这时当然不能沉默了。在介绍产品时推销员就要适当地减少语言，尽量用事实说话；同时不时地引发客户参与进来。现在经过一段时间的交流，不少自我信息和产品信息已经输入给客户了，如果前阶段的工作一切顺利，那么现在应该拿出点时间来倾听客户的意见。如果客户是属于内向型或沉默型的，你要做的也只是就其兴趣集中点进行引发。一旦他们开口，你要认真倾听，如有必要还可以做笔记。

在对方讲话过程中千万不可以打断,最好时常和对方进行眼神的交流,同时要在合适的机会点头示意。对于客户所提问题推销员一定要耐心回答,对于准备不充分或确实不了解的问题不要回避,要敢于承认"自己不了解",但一定要注意这一类问题不要过多,否则就会使客户对你产生不信任。对客户错误的或于己不利的说法应该怎样处理呢?如果这种说法并不太重要,那么你最好将其置于一边,保持沉默,切记不能正面纠正;如果客户的错误太严重,以致影响了他对产品或公司的看法,那么你就要运用你的智慧委婉地予以纠正。冲动是推销员的大忌,一定要设法约束自己,不与客户发生争论,尤其是正面的交锋一定要避免。此时保持沉默还有一个重要作用,那就是给自己一个缓冲的机会,整理一下思路,反省一下前一阶段的工作,如有漏洞或过失则应在下一阶段进行弥补。推销员应该能控制整个推销过程的节奏,做到有张有弛,不要喋喋不休,那样容易使对方感到厌倦和疲劳,适时的沉默一定会有助于你成功。

2. 适当恭维

在商品推销过程中,以一些较为诚恳的话来取悦于客户,会让你在客户心中留下一个较为良好的印象,让客户觉得与你做交易是件令人愉快的事情,如果有机会,他还愿意继续与你做交易。这种好的印象在客户心中形成了,将对你的推销及下一次的交易带来很大的收益。

推销员在运用这个技巧时,必须掌握好说话的时机。否则,客户会认为你根本不是诚心的,只是一句奉承的话而已,这样反而增添了客户对你的不信任感,拉大了你和客户之间的距离。

进行有效恭维的手段有以下三个:

(1)恭维对方所做的事及周围的事物,如:"您办公室布置得非常高雅。"

(2)恭维后紧接着询问,如:"您的皮肤这么白,您看试穿这件黑色的礼服怎么样?"

（3）代第三者表达恭维之意，如："我们总经理要我感谢您对本公司多年的照顾。"

推销商品时，你可以这样说：

"我这个人一向不太喜欢给不熟悉的人下结论，不过对您我确实可以这样说，您是我遇见的客户中最好的一个。也许您会认为我说这话是为了推销自己的商品，但请您相信，不管您对我的商品怎么看，是否愿意购买，这些都对我不太重要，我仍然觉得您是我遇见的最好的客户。与您合作、谈交易，我觉得是件很愉快的事。我真的很乐意跟您交朋友、谈交易，替您出一份自己的微薄之力。跟您合作，我觉得我的工作都变得轻松愉快，谢谢您。"

说到此时，客户心里就会认为你是个真诚可靠的人，也就愿意跟你做交易了。

这之后，你就可以继续进行商品介绍说明。而此时客户也愿意听你的讲解，仔细了解你的商品，与你做成这笔交易。

3. 适时强调

众所周知，买东西和做其他事情一样，有个时机问题，如能把握时机，按计划进行，那么一定能很顺利、很安稳地办好事情。因此，在推销过程中，要注意强调购买的最佳时机，使客户感觉到如果现在不买，将来就可能会后悔。这样，即使是客户当时不需要的商品，也可能先把它买下来，以免将来后悔。

在你强调购买的最佳时机时，必须向客户介绍当今这种商品在市场上的行情，生产这种商品的厂家的情况及客户对这种商品的需求方面的情况，让客户觉得你说的是有根据的，是经过分析许多各方面的讯息而得出的结论，否则，客户很难相信你。

某医药厂现在生产了一种新药品，而且疗效的确不错。你应聘当了这个厂家的药品推销员，在大致了解了一些关于药品的性质、效果及市场行情等

信息之后,便开始了你的推销工作。

这时,有人来看你的药品。当然,由于这是一种新药,他只是在电视、报纸上的广告中得知一些大致情况,还不敢肯定这种药品的效果,你便可以这么说:

"这药是某厂家的最新产品,由于疗效不错,刚投入市场便受到了专家和用户们的普遍好评。它对治疗××病确有很好的效果,而且是一项最新的成果,采用科学配方精制而成,经临床试用,治愈率达95%以上。现在我们的厂家已经收到了许多使用这种药品而病愈的用户的感谢信,他们都充分肯定了这种药的作用。"

推销员用这样一段话,首先把客户吸引住,然后再向他强调现在就应抓住时机购买:

"现在,这种药刚上市就有了这么好的效果,您能保证它以后不会被假冒伪劣药品冲击吗?现在这种东西打响了名声,立即就会有许多假冒的同种药品出来,到时,您就真伪难辨,想买也买不到这种药品了。趁现在刚上市,不会有假冒的药品,赶紧把自己多年的病给治了,您说是吗?"

至此,客户还有什么可犹豫的呢?

4. 尊重对方

每个人都希望得到对方的尊重,受到别人的礼貌接待。作为推销人员,应该理解人们的这种需要,并能主动地给予满足。

推销员不应向客户说:"您买了……""您买了我们的保险后一定会感到愉快。""您买了我们的保险后一定会感到满意。""您买了我们的保险后会得到极好的售后服务。"客户听到这些话的第一个反应就是要掏钱(掏钱让人心烦)。

不管你推销的是什么产品,推销员应永远不对客户说"不"。推销员应该对客户说:"请稍等一会儿,我帮您找一找。""如果您需要的话,我可以介绍您到其他商场。"这样,就能让客户有一种受尊重、受关心的感觉。

听力障碍及应对措施

在倾听的过程中,无可避免地会遇到听力的障碍,它形成的原因也是多种多样的。

听力障碍之一:环境影响

一种可能会影响聆听的环境条件就是室内温度与空气的流动情况。另一种可能影响聆听的因素是光线。室内装饰及其风格也会影响听者的聆听效果。比如客户的办公室潮湿、东西摆放得零乱不堪,室内装饰质量低劣,或者客户的办公室装饰得富丽堂皇,室内摆设的工艺品琳琅满目都会吸引听者的注意力,以至于听者无暇聆听说话者说话了!

接下来的问题就是噪声和音响效果了。令人分心的噪声包括建筑物外传来的杂音、高速公路上的汽车行驶声、空调或电风扇发出的声音、背景音乐、办公室外的机械设备运转声,还有响个不停的电话铃声,等等。室内不良的音响效果也会引起过多过大的回音或过多地吸收声音,因而使每个人的说话声变得低沉或沉闷。不仅如此,室内不良的音响效果还会使听者听起来更加费神费力,从而影响聆听效果。

听力障碍之二:对说话者的感觉

如果听者对说话者没有好感,他就很难坦诚而又客观地聆听其所说的话。此外,说话者所表现出的某些特质也会在某种程度上影响其所说的内容而干扰听者的注意力。再者,说话者的说话方法也会影响听者的注意力。说话者说得太快或太慢,或者语音不悦耳(单调、急促,或者结结巴巴)或者口音很重等都会分散听者的注意力。听者也可能会从说话者的演讲风格来对他作出判断,以至于消极地对待说话者,认为说话者情绪过于紧张,用词枯燥乏味,语言具有挑衅性、讽刺人或骄傲自大等。

一般地说，人们对于自己熟悉、喜欢或尊重的人，一般都能专心地聆听，并适时作出反应。

听力障碍之三：意见相左或故意刁难

说话者说的任何含有威胁、恼人、失望或挑衅意味的话以及故意刁难，都会使听者的聆听效果降到最低点。

意见相左会影响听者的情绪，进而影响听者的倾听质量。

推销员如果能专心地倾听客户与自己不同的意见，实在是一件很不容易的事情，特别是在个人情绪激动的时候，尤其如此。

听力障碍之四：对主题的偏见

如果听者对于某个主题具有强烈的自我看法，而说话者又正好持有与听者相反的观点（而且他们彼此的信念都很坚定），这会使倾听很快终止。

听者和说话者之间在同一个主题上存在不同的观点，这常常是因为，他们双方是从不同的角度去看这个问题或考虑问题——这是由于他们各自的知识、经历和受教育的程度不同。而他们各自基于自己坚定的信心，都认为自己的观点、感觉和行事方式才是正确的，所以，他们基本上不考虑对方的看法，更不愿采纳对方的意见，通常人们都不喜欢听一些令人痛苦或令人不愉快的事情，尤其是当这些事情是令人无法接受的真实的事情时，更是如此。

听力障碍之五：平淡或乏味

面对一位健谈的客户，如果他说话漫无边际，即使推销员主动而又努力去倾听客户说话，也很难从客户说的大量无关的信息中找到相关的有用信息，所以，推销员也会感到客户说的话枯燥乏味，而难以集中精力倾听。

听力障碍之六：听者的情况

听者的身体、心情和情绪状态都会对其倾听效果产生影响。如果听者的身体相当疲乏——无论是因劳累过度、情感压力、睡眠不足等所引起，还是因时所致，都会影响听者的注意力，以致难以集中精力倾听。如果听者身体不适或生病，则会使本来已经糟糕的情况变得更加糟糕。

如果听者心中充满自我思想、自我感受、自我希望或自身的问题，那么，他就不可能将注意力集中在说话者所表达的思想上。如果出现上述情况，即使听者想努力倾听也是心有余而力不足。

倾听是一种包括身体、心智和情绪在内的经历。因此，多少会产生某些障碍影响人们的倾听。作为推销员，应该知道这些影响倾听的障碍是什么，并努力将这些障碍的影响减到最小。某些形势状况及态度观点限制了我们高效倾听的能力。有些是环境因素，如喧闹的背景噪声，这时，推销员克服聆听时分心的方法，就是选择一个有利于聆听的环境。有时候有些是精神方面的，你可能对某些人心怀厌恶之情，或者抱有某些看法。又或者是聆听者疲惫不堪，这就要聆听者排除一切个人干扰，即学会将与客户无关的一切因素抛开。最后，同时也是很重要的一点，请务必轻轻地挂上电话。

总之，"交流"是一个互相传递信息的过程。传送者将信息传给接收者，同时，接收者又会把回复或完全不同的信息传给传送者。有时会有第三者介入，有时杂音或外界干扰会影响信息的准确传递。信息不仅仅靠讲话传递，有时甚至在讲第一句话之前就已传递了很多信息。这些信息可能借紧张的咳嗽、手势、微笑或急躁情绪表现出来。为了准确交流，必须对所有信息作出准确的判断。

客户与推销员之间的关系，系因买卖产生，故不如亲友之亲，但亦不如陌路之疏，无论相熟与否，彼此态度须以真诚为度。虽然推销员约见客户，目的是推销商品，但客户亦可从约见过程中得到相当的知识与欲望的满足。两者就利益而论应属一致；就地位而论，无分高下。

他们通过仔细地倾听和提问，以及同客户保持友好的态度，相互理解，可以渡过难关，化干戈为玉帛。这些态度会鼓励客户敞开心扉，冷静、理智地与推销员讨论相关问题，提出解决的办法，促使彼此之间达成共识，进而顺利完成交易。这些解决办法，只有在推销员逐步将客户的需要、问题与目标拼凑完整时，才能派上用场。

接下来是推销策略，推销员必须准备一套具有说服力而又与推销有关的示范产品的办法，并且将重点集中在说服客户相信本公司的产品或服务完全可以满足他们的需要上。同时，他还必须把产品或服务的特色或优点凸显出来，以证明它们能够满足客户的需要或解决客户面临的问题。作为推销员应当朝着积极的方向建立推销的短期策略与长期战略。这其中包括建立持续的推销计划，以提醒自己在找到客户时，应该谈些什么，什么时候去拜访他们；在拜访客户时，应该说些什么；在电话访问潜在客户时，应该讨论一些什么问题。最重要的是，在电话访问时，应该达到什么样的目的等。需要指出的是，推销员在运用这些策略与技巧时，需要随着时间和地点的变化而随时加以修正，而不能生搬硬套。要知道，其实通过运用良好的倾听和恰当的提问技巧，推销员根本不需要催促、威胁、利诱客户，就能完成交易。

倾听是一个非常需要集中注意力而又需要下工夫的复杂过程。要提高倾听技巧，不仅需要在与客户打交道时全力以赴去提高自己的倾听技巧，而且在各种社交场合都要努力提高自己的倾听技巧。但是一定要相信，当你有了"高超"的倾听技巧之后，将会对你的推销事业起到事半功倍的作用。

善于倾听客户的抱怨

客户与企业间是一种平等的交易关系，在双方获利的同时，企业还应尊重客户，认真对待客户提出的各种意见及抱怨，并真正重视起来，才能得到有效改进。在客户抱怨时，认真坐下来倾听，扮演好听众的角色，有必要的话，甚至拿出笔记本将其要求记录下来，要让客户觉得自己得到了重视，自己的意见得到了重视。当然仅仅听是不够的，还应及时调查客户的反映是否属实，迅速将解决方法及结果反馈给客户，并提请监督。

客户意见是企业创新的源泉，很多企业要求其管理人员都去聆听客户服务区域的电话交流或客户反馈的信息。通过聆听，我们可以得到有效的信息，并可据此进行创新，促进企业更好地发展，为客户创造更多的经营价值。当然，还要求企业的管理人员能正确识别客户的要求，正确地传达给产品设计者，以最快的速度生产出最符合客户要求的产品，满足客户的需求。

在一次进货时，某家具厂的一个客户向其经理抱怨，由于沙发的体积相对较大，而仓库的门小，搬出搬进很不方便，还往往会在沙发上留下划痕，客户有意见，不好销。要是沙发可以拆卸，也就不存在这种问题了。两个月后，可以拆卸的沙发运到了客户的仓库里。不仅节省了库存空间，而且给客户带来了方便。而这个创意正是从客户的抱怨中得到的。

国庆节期间，一位客户申请安装一部固定电话，一切都按客户的要求进行安装。可不知哪个环节使这位客户不满意。在重新安装时，他又有抱怨，而且说了好几句难听的话。在场的装机维护中心的主任一言不发，静静地看着那位客户，不气不恼，样子很像认真聆听的小学生。足足半小时，客户累了，终于歇了口，看着不动声色的主任，客户开始为自己的举动而内疚。他对主任说：＂真不好意思，我的脾气不好。被我这样吵闹，你还不在意。＂主任说：＂没事，没关系，这些都是你的真实想法，我们会虚心接受的。＂

事情过去后，出人意料的是，这位客户又陪朋友到电信局申请安装一部电话。现在主任和他还成了好朋友。

所以当你与客户发生意见分歧时，不妨耐心聆听客户的意见和抱怨，不要害怕自己会失去面子。失去面子往往能赢得面子，赢得尊重，最终赢得客户，赢得生意。

第11章　电话销售，一线值万金

电话已成为销售人员与客户沟通、邀约客户的主要手段和途径，同时也是效率最高的推销方式。掌握电话销售技巧，让你的职业生涯从此发生实质性改变。

向陌生人打电话前的心理准备

推销员在向陌生人打电话前一定要有充分的心理准备。

不见得每一个电话都行得通，要有被拒绝的心理准备。要想着"别人不是拒绝你，而是拒绝你所提供的东西。"这样你会觉得舒坦多了。但关键是要在拒绝中学习，找出他们拒绝或不感兴趣的原因。

每走过一扇门，就要满载而归。要知道自己这次陌生拜访的目的何在。与准客户完成行销周期的下一步，最大的恐惧不在于打电话，而是开口要求行销。其实被拒绝并非失败，只有在放弃的时候才会失败！

为了减少被拒绝或使你更有把握，为每一个缺点制定一份行动计划，以便逐一将它们克服、消除。

每隔一段时间（可依各人情况来定）制定并完成一个计划，以日日成功为自我挑战。推销员应在做行销前，积极练习。

除非你能全盘掌握你的强力说明，否则表述出来的东西会让人觉得很不自然，不要让人感觉，你就是推销人员——即使你就是。

如果你想开价，动作快点。试着用最有创意的方式去做，但是一定要做，并且要快。

停止抱怨……没有人喜欢向一个抱怨不停的人买东西。

不管你的目的是什么，一旦你对他或她进行了推销，你就要坚持到你达到目的为止，比如说"同意下次的约谈时间"。

在一次电话后，不要就此停手，要知道你的工作还未完成，要做后续电话追踪。提出"你有没有收到我留给你的资料？"这样一个问题，是大多数行销人员最致命的错误，因为万一准客户说"没有，那怎么办呢？"如果支支吾吾地说明3天前所寄的资料内容，并埋怨邮局，客户听了心里会产生异样感觉，并且你已经丧失掉一个大好机会了。

你试试这么说："我打电话来想跟你谈谈寄过去的资料。资料本身可能还说明得不够完全，我希望能有机会亲自与你做个5~10分钟的讨论。"这样，你就夺得了主动权，你可以进行强有力的说明了。

但是你在打电话前应当有充分掌握的客户情况。

（1）决策者的姓名与名片。

（2）他是不是有绝对掌控权？

（3）决策者拿到了你的资料。

（4）他有你的名片和你留下的字条。

（5）你与秘书交上了朋友。

（6）你知道打电话过去的最佳时间。这样，你才能做到有备而来，陌生行销才能开展得更好。

拨动电话号码，你准备好了吗

对于产品的整理、客户资料及自身心态的调整！

1. 对于产品和客户的准备

首先对自己的产品需充分了解（了解什么产品适合什么样的客户）。

产品最打动人的几个优势：

第一，对之前和客户电话沟通时的一些问题及客户的需求做记录，并给予解决；

第二，准备好给客户的详细方案及相关资料；

第三，要清楚自己公司的优势。（为什么同样的产品客户要买你的而不买竞争对手的呢）；

第四，产品资料的准备，包括：产品性价比分析，能给企业带来的效果分析；

第五，成功案例准备，尽可能各个行业都有一两个。这样对每个行业都有比较好的说服力。

2. 对于客户的准备

第一，了解客户公司的相关情况，潜在客户的姓名职称，经营产品等；

第二，准备一些客户同行的资料；

第三，准备好要说的内容；

第四，想好客户可能会提出的问题；

第五，想好如何应付客户的拒绝。

以上各点最好能将重点写在便笺纸上，以免对方接电话后，自己由于紧张或者是兴奋而忘了自己的讲话内容。另外和对方沟通时要想好如何表达意思，都应该有所准备，必要的话，提前演练到最佳状态。

3. 目标的确定

一位专业的电话销售员在打电话给客户之前一定要预先订下希望达成的目标，如果没有事先订下目标，将会使销售人员很容易偏离主题，完全失去方向，浪费许多宝贵的时间。

常见的主要目标有：

第一，确认客户是否为真正的潜在客户；

第二，定下约访时间；

第三，销售出某种预定数量或金额的商品或服务；

第四，确认准客户何时作出最后决定；

第五，让准客户同意接受商品/服务。

常见的次要目标有：

第一，获知准客户的相关资料；

第二，定下未来再和准客户联络的时间；

第三，引起准客户的兴趣，并让准客户同意先看合适的商品/服务的相关资料；

第四，得到转介绍。

写出销售目标可使工作更有效率。一般来说，假如一位电话销售员每天打100个电话，其中90%的客户会说"NO"，订次要目标后，即使未成交电话销售员也不会感觉失败，而是朝主要目标又迈进了一步。另外如果完成次要目标，实质上能有助于未来主要目标的达成。

4. 其他准备工作

最重要的，是你的精神准备！你态度积极吗？

下面是一些非常有效的电话行销信念。确保自己拥有这些信念：

第一，我一定要和任何跟我通电话、我确认要见面的、有趣的人会面；

第二，我所接听到的每一个电话都可能是一次宝贵的交易机会；

第三，我所拨出的每一通电话，都可能为客户带去巨大的帮助，我从事

的是一种崇高的帮助人的行业,我的客户可能正焦头烂额,而我提供的咨询恰恰是我的客户所需要的;

第四,我的每一通电话不是要获得交流,而是为了获得与客户见面的机会。有机会你就默念它们,牢记它们,重复的次数越多,越能深入到你的潜意识中。

很多电话销售人员在打一些很重要的电话时,十分紧张,害怕客户讲"不",遇到这种情况,充分准备是很重要的。但要避免过度准备,你的大部分时间还是应花在与客户的交谈上。

电话约见客户的常识

为了成功地接近客户,推销员应该事先进行约见。所谓约见,或称商业约会,是指推销员事先征得客户同意接见的行动过程。作为接近的前奏,约见本身就是接近过程的开始。约见作为整个推销过程中的一个环节,既是接近准备工作的延续,又是整个接近过程的开始。

一些成功的约见将有助于推销员成功地接近客户,并同客户顺利展开推销面谈,客观地进行推销预测,展开重点推销,提高效率。

约见的内容一般包括访问的时间,访问的地点,访问的对象及访问的事由。

每个行业都可以把其客户分成几种类型,每种客户都有特定的需求。所以推销员必须对客户有深入的了解,才能针对不同的人采用不同的策略,建立客户档案就是一个好方法。

推销员在建立自己的卡片档案时,要记下客户和准客户的所有资料。其主要包括:孩子、嗜好、旅行过的地方等任何与他有关的事情,这些资料使你能够和客户谈论对方感兴趣的话题。你可以让他兴高采烈,忘记你的目的。在没有防备情况下,他当然会掏出钞票买下你的产品。

所以推销员就应在档案中列出所有与客户有关的资料。

推销员要和一个团体打交道，就应事先取得该团体的相关资料（过去的历史、目标与成就），如果能够以圈内人的方式说话，那么他就会获得极大的优势。

对一个团体而言，推销员在推销的过程中应当找出领袖人物（就是除了你之外最能吸引团体注意的人）。

如果是一家小公司，采购权往往是由老板或其中一位董事来行使的。随着公司规模的扩大，就要委派专人来负责某类商品的采购工作。有时，一些公司会专门安排时间，由采购部安排同销售商见面。

另一个关键人物就是团体中的问题人物。推销员找出问题人物后应尽早与他们作正面的讨论；同时对他们的问题和关心的事要有确实的答案。"一粒屎坏了一锅粥"的理论适用于此。

曾经与你有过业务往来的老客户会是将来的好客户。

你的客户名单上位居首位的那些人——他们以前向你买过东西，对你的服务也很满意——最值得你费精力和金钱去吸引其注意力。不但要维护老客户，还应开发新客户。确定各主要类型的客户，从中挑选新客户。假如新客户是公司，那么它们的名称、地址总会在某一工商行名录中出现。公司的名字还可能会出现在杂志、报刊或注册簿中。

假如某家公司是不知名的，出版物上找不到其名称，那么，该公司就不会是家有希望的客户。大部分企业都会为自己做广告的，哪怕只是在工商行名录中登载一行字的公司名广告。这对于推销员而言就已经足够了，好好把握住每一个对你来说可能是相当宝贵的商机，不能让它从你手边溜走。

当然这只是一种工具而已，如果推销员只能靠一种工具来做生意，日子一定不好过。但是如果一定要选一种的话，那可能会是名片。这并不是经销商印的那种名片——把推销员的名字印在角落上，不十分明显。乔·吉拉德的名片非常特殊，上面甚至有他的照片。当然他多付了不少印刷成本。但是这有什么关系！这是一件非常有用的工具，他经常使用它，甚至把它附在税务表格中，为了商业用途而付的款项绝不会超过它本身价值的一半，因为即使不用，也一样要交那么多税。

除了名片之外，有很多推销的机会也应当把握住。

（1）下班后的聚会。推销员下班之后与准客户见面较为轻松自在，并且有机会多认识准客户，并进一步发展友谊（人们会先向朋友购买）。

（2）午餐约会多花一点儿钱通常可以带来业务，还可以取得个人资讯，拉近关系。

（3）在资讯交流场合（俱乐部、会员聚会等等）见面，即商业聚会或社交聚会是20世纪90年代的商业核心，也是未来10年的趋势。

在参加会面时，推销员千万不可犹豫不决。推销员对于会面时间已主动排定，仿佛早已料到客户那时一定能抽空接见，若客户一时反应不过来，便只好随推销员的意愿。

电话营销及全程策划

现代电信事业的飞速发展为推销提供了快速约见的通信工具，目前，用途最广泛的电信推销工具是电话，其次是电报、传真等。

电话营销就是通过电话做生意。现在，不需要当面做的所有事情都可用电话营销来替代，十分方便。电话营销是当今商业领域发展最快的行业，每年预计以30%的速度递增。电话营销走过了很长一段发展道路，它经过了多年的"高压锅炉"锻炼。这个听起来似乎很简单，但电话营销涉及商业的各个方面，具体操作过程由来电和打出的电话组成。

推销员每接打一次商务电话即是一次为公司营销推介的过程。公司成长的每一步都与电话息息相关。每当争取、满足和挽救一位客户时，不仅扩展了业务，而且还逐步提高了通话技能。每位推销员都是电话营销商，每位客户都是买主。每天数百万的商业得与失就在第二声、第三声电话铃响还无人接听当中，在客户默念"别挂断"的漫长等待中，在缓慢的转接当中，以及通话时不经意的嘲讽声中发生。

打电话并非想象中的那么简单，这时电话已经成为一种营销媒介与手段，所以打电话一定要慎重。打电话的最佳方式是什么？联系电话要永远按照事先准备好的方案进行。

打电话联系前一定要拟好一份方案，然后按此方案进行。打电话时一定要注意基本的四要素——热心、准时、友善、专业。制订方案是打电话营销的准备工作。

电话联系方案是一个引导你成功的计划，这个计划要同"黄金规则"结合在一起。其结构如下。

1. 把电话打到该找的人那里

我们应该在什么时间打电话给客户？

由于各类客户的工作习惯不同，打电话的时间也有所不同。

适合于所有客户的统一联系时间（在这个时间里打电话效果最佳）是没有的。一天中可以打电话的时间很灵活，只有一种情况例外，那就是当客户告诉你，他或她只能在某个时间接电话，在这种情况下就没灵活性可言。这就是你无论如何要给他打电话的时间。

2. 讲明打电话的原因

打通电话后，要在最短的时间内说明你打电话的目的，没有必要说这句客套话："你今天好吗？"直接说出你的姓名、公司名称，以及你将如何帮助他。说完之后，你和对方都会松一口气。准客户松一口气是因为他知道了你这通电话的来意；而你会松一口气，是因为对方没有挂断电话。现在你可以放心大胆地去建立友好关系，进行约谈了。

3. 设法了解对方（了解客户的行业特点，背景资料），以确保这次联系有价值

你的产品或服务对此行业的哪些部门特别有用？

第11章 电话销售，一线值万金

你能发现哪些行业需求？在客户所在的行业中，是否存在特殊的协调组织或某些阻碍（如职业安全组织、消费者委员会等）？它们是否能给你带来新的机会？这些都是推销人员应当自问的问题，当这些问题都有了令人满意的答案，才可以打电话给你的客户。

作为推销人员应当善于通过提问来推销，一定要设法了解客户，以取得下列资料：

需要：客户必须具备的东西。

希望：客户希望得到的东西。

时间：客户打算何时购买你的产品。

金钱：客户的购买力。

4. 对产品进行宣传，以满足客户的要求

真要命！明知这准客户非买这些东西不可，但他却说"不"！在回家路上，你"舔舐"着伤口，试图为自己辩白或者试着弄清楚客户拒绝你的原因。这就需要你能找出原因来。多数情况下，推销人员更关注特点而非益处。但是，客户是冲着利益这一点来购买商品的。

每项益处最终使你的客户：①增加销售额；②降低成本；③增加利润。益处对你的客户而言有着"致命"的吸引力，而推销人员要做的就是向客户充分地诠释产品或服务的益处。诠释益处最容易的办法就是描述其特点以及它将如何帮助客户。例如："这台装置仅重30公斤（特点），您可以毫不费力地扛起来（益处）。"

5. 达成初步协议

发现成交的信号，你必须马上完成销售任务。因没有主动询问客户的购买意向而痛失的销售机会比因其他任何原因所失去的销售机会都要多。

最后值得注意的一点是，一旦你询问客户是否购买时，请保持安静，等待该客户作出答复。

6. 假如未能成功，便要弄清客户的意图，并继续谈判

电话营销中的平均成交率约为10%，也就是说，10人中有9位说"不"。

接受这一事实能防止它蚕食你的自信心和取得成功的能力。推销失败最有可能的原因是，你还没让准客户建立起足够的信心去下订单。如何建立客户信心的问题很重要，如果你们公司成立不久，信用可能会是影响这笔生意能否达成的最大因素。你必须销售自己的经验、想做大事的企图心，同时只要求一笔试验性质的小订单。

如果准客户对你或你的商品信心不够，他肯定不会购买。那么你要如何建立购买信心呢？运用推销工具、例子以及故事，让准客户能够把商品的使用与他们的商业环境联想在一起。建立购买信心的适当时机是什么时候？越快越好。

试着运用你建立信心的工具，就像在玩牌时使用王牌一样。有必要的时候就把它亮出来。如果准客户问你，还有谁使用你的产品，回答你客户里名气最大的，或者把你的满意客户名单亮给他看。如果准客户提到服务，把你得到的感谢信给他看，以确认你的能力。不要太早把王牌用掉！当你的准客户对你的信心开始上升的时候，它将增加你的可靠性和自信心。当然我们不能将失败的原因都归结于推销员，因为有些失败是客户引起的：

①客户对自己公司的某些情况了解不够，无法作出决定；

②客户没有足够的时间来考虑报价；

③客户的财力有限。

如果未能建立购买信心，还可尝试达到第二目的。第二目的需要推销员向准客户提供足够的产品资料，将此作为"敲门砖"。事实上，反对很可能暗示着购买兴趣。所以，作为推销人员千万不可就此气馁。

7. 对产品进一步宣传

我国有一句经商格言："褒贬是买主、喝彩是闲人，"即说明了这个道理。异议表明客户对产品的兴趣，包含着成交的希望。推销员对客户异议的答复，可以说服客户购买产品，并且，推销员还可以通过客户异议了解客户心理，知道他为何不买，从而有助于推销员对症下药。推销员如果进一步对

第11章 电话销售，一线值万金

产品进行宣传，也许希望就在眼前。

8. 首要目的达到，便要结束对话

推销人员虽说要有坚忍不拔的精神，但也不能不知好歹或死皮赖脸。过分地喋喋不休，不仅没有赢得客户，反而失去了推销良机。让"安静"为你效劳！要知道，客户并不一定对任何事都感兴趣。比如，有的人可能对谈论天气不感兴趣，也可能对当地足球赛不感兴趣。同样，客户可能并不想听别人介绍他的公司，哪怕是几句话都不想听。但请记住，大多数人都很讲礼貌。由于客户讲礼貌，你致电对方时他不会立刻把话筒放下。客户给你一个唠唠叨叨的机会，但这并不意味着生意能做成。所以，在电话交谈中，一秒钟都不能随便浪费，每个字、每个问题都必须有助于达成你的目的。但如果你做完推介、解答疑问之后，听到的是对方沉默无语，你就可以转入成交阶段。

请直截了当、废话少说。对客户来说，跟他们一样直来直去是最佳方式。如果对方提出有关交货日期、安装调试和售后服务方面的问题，则也表示他已有采购欲望。如果你听到客户说"我可以在下个月开始的项目中使用您的产品"或"货款方面绝对没问题"时，请准备成交。

当客户开始谈论有关产品的细节问题时，他可能准备说"是"。这当然是令人兴奋的，但切记请不要为了回答这些问题而忘了成交。每个成交机会都是来之不易的，千万不能让它离开。

9. 假如还不成功，便要继续交谈，以求达到第二目的

放弃意味着失败，继续努力则还有希望。

怎样用电话推介产品

在通话过程中应当注意，如果你对产品的宣传可以满足客户的某一个或某几个要求，客户就会发生兴趣。

这就要了解你的客户及其需要。或者是当你打电话给客户时，在自我介绍的过程中将自己所能提供的服务讲清楚，这样，对方可能会立刻声明自己的迫切需要。在比较委婉、含蓄的交谈中，认真倾听会很有帮助。你必须根据情况随时提问，以了解客户有什么需要。

寻找客户所关心的问题。如果你的试探性工作做得好，接下来就必须进行强有力的推介。你可能已经发现了几种你能满足的客户的需求。但是，这些需求仍有轻重之分。

抓住客户实际而现实的那一面。有时候你的产品或服务可能是另一种产品的最佳"伴侣"，请坚持寻找这样的组合，它可能会开辟一个全新的市场。你应让客户按照他的标准来对这些需求进行重要性排序。你不仅要让客户告诉你他自己认为最重要的需求，而且还应让他与你共同讨论、共同提出解决方案。这样一来，你就再一次下意识地对客户作出了承诺。

在讨论的过程中要时刻关注客户的语言，因为你应当时刻准备为客户介绍产品或服务的新用途。宣传是用来促成交易的，它主要是宣传产品或服务的功能，你应当注意对产品进行深入的介绍，而且不仅仅是对产品作表面的介绍。

介绍时，千万别忘记了产品的特性和它将给客户带来的好处。用好处打动客户！通过介绍产品的新用途，你就已经成为客户中的一分子，这将使你获得竞争优势。首先确定客户的欲望是取得成就还是避免失败。明确客户的哪种欲望占据上风之后，你就能呼应其强烈的动机，严格减少延迟的机会。为此，你必须认真听客户强调的重点。

你可以设法诱发客户的欲望。你可向客户说明你会怎样提供优惠条件，怎样由于客户无动于衷而使这些优惠条件落入他人之手。

另外，客户的欲望还可通过提供额外优惠来诱发，这通常是比较有用的。还有一种方法是通过事实让客户点头，因为通过对客户采用事实调查和证明成本合理性的方法，你不仅解决了问题，还能正确地估算客户所节约的开支。关键是你应当记住以下几点：

第11章 电话销售，一线值万金

第一，辨识客户的真正需求；

第二，真正了解客户的现状；

第三，向客户展示你的产品或服务能为其带来的潜在利益。

也许证明成本的合理性是个不错的主意，证明成本的合理性需考虑的关键因素就是客户认为最重要的商务领域。

要知道，客户关心的是增加公司或部门的经济效益，而其他考虑都是次要的。

为了更容易地证明成本的合理性，你需要采取一定的步骤。

确定你在帮客户所在的公司哪一方面的忙，并弄清帮助的途径。

当你在尽力推销你的产品时，千万不可忽视客户的"额外"要求。当客户需要与销售无关时，最令其气愤的是遭到冷遇。你必须对这笔业务进行跟踪，随时提供帮助，以向客户证明购买你的产品或服务绝对是正确的选择。在客户的请求也还合理的情况下，请给予其你力所能及的帮助。反过来，客户也会"投之以桃，报之以订单"。如果你的电话营销没有任何进展，也应在规定的时间给客户回个电话。这将提醒客户你如约而至，没有食言，起码使客户产生好感。

也许这时候客户就会采取行动，行动是指一种达成交易的形式。为了获取卖方许诺的那些优惠，买方必会发电传，拟订订单或交订金。无论怎样做，只要是签订销售合同的必要手续，就必须完成。

成功的推介有一个公式，那就是：产品/服务+用途=好处。

在开口推销之前，先使准客户产生好感。赢得推销最好的方法就是先赢得准客户的心。如果发现自己与准客户有共同点，便能建立起商业情谊。推销员向客户提供一些对客户有帮助的信息，如市场行情、新技术、新产品知识等，会引起客户的注意。这就要求推销员能站到客户的立场上，为客户着想，尽量阅读报刊，掌握市场动态，充实自己的知识，把自己训练成为这一行业的专家。客户或许会对推销员应付了事，可是对专家则是非常尊重的。

这样有利于客户对你建立信心。也许你的产品有很强的可推性，但千万不要喋喋不休地介绍你的产品，记住，人们喜欢谈论自己。让一个人开始谈起自己，可以给你大好良机去发掘共同点、建立好感，并增加你完成推销的机会。交谈时请记住这些重要的客观事实：

第一，多数决定都是在情感战胜理智的情形下作出的；

第二，人们跟着感觉走；

第三，聪明人让对方畅所欲言。

推销员搞清什么能使客户感兴趣并从中获得利益，进而确定他们的需求与希望是很有必要的。每类客户的需求与希望都会有所不同。客户的需求是最基本的条件，这些需求必须得到满足，使客户能以一种最愉快的方式来从事自己的职业。想满足客户的需求，商品宣传是必不可少的。推销就担负着将商品介绍给客户的职责，客户有时会很容易被这种宣传所吸引。在商品宣传中千万不要忘记在销售产品或服务时强调它所能为客户带来的好处，这是每个客户都感兴趣的。

 电话营销的策略

在电话销售中，你是否遇到过或思考过以下问题：

我们的客户到底在哪里，通过什么方法迅速找到他们的详细联系资料？

如何在电话销售前30秒内迅速激发客户的兴趣，从而预防客户的条件反射拒绝心理？

客户对于陌生销售电话越来越抱以怀疑的心态，如何在电话中迅速和客户建立一种亲密的沟通氛围？

我们都知道需求是客户产生购买行为的前提，但是如何去发掘客户的需求或者帮助客户"制造需求"？

第11章 电话销售，一线值万金

面对客户提出的各种反对意见，我们应该如何有效处理，甚至通过事先预防而尽量不让反对意见产生？

成交的时候，客户是如何作出购买决定的，我们又该如何顺着客户的思维模式提出成交请求？

这些问题告诉我们，电话营销是有一定的策略的。

1. 留心捕捉购买信号

使用电话有许多的便利，但也有它的局限性。因为电话剥夺了关键的沟通工具（你的眼睛），你只能用语言来沟通，所以必须弄明白客户的意见。记住，因为你看不到对方的脸，所以你必须仔细倾听，从声音中捕捉信号。倾听是连接你和客户的无声纽带。

准客户的心情、口音，以及个性，在几分钟的电话上都可以表露无遗，推销员应当仔细听他的口音，这是知道准客户可能是哪里人的一大线索。这可是个很好的话题，如果你曾经去那儿游览过，或者你也来自同一个地方，那将缩近你与准客户间的距离。在倾听中，你应细听准客户的心情。如果他很明显地无礼或急躁，你只要说："我听得出来你很忙（或不是很顺利）。我们另定个比较合适的时间，我再打过来给你好吗？"这比继续喋喋不休的效果要好得多。我们都见过只顾自己说而从不留心听的人。对这样的人，我们唯恐避之不及。假设你这样对待客户，他们会作出同样的反应，那么你的介绍将没有任何用处。出色的沟通技巧从倾听开始，而倾听绝不是简单的听，它包括以下几个阶段：

（1）全神贯注，浑然忘我；

（2）评估；

（3）理解；

（4）（消化）吸收；

（5）反馈。

另一个重要之处就是将身体语言带入电话交谈中，如"噢"、"哼"

或"我明白"之类。成功的电话营销人员必须能倾听客户真实的或想象的需求，能理解并加强电话沟通。

在整个推介中，你应留心听购买信号。它们可能在你向客户做完自我介绍之后，或在你的电话推介过程之中出现，或许它们根本不会出现。尽管这样，你还是必须一直认真倾听。

2. 必要时紧追不舍

"你每失败一次，你就被迫向成功更接近一步。等失败的次数多了，你所累积的知识就可以让你拥有绝佳的条件去追求成功。而这跟信心有着很大的关系。"著名的推销员吉·比德一向认为——他已经输掉所有，而且这种情况发生过不只一次——但他仍然相信自己会取得大大的成功，只是时间早晚的问题。

挽救一份已被取消的订单的最佳方法是尽可能了解清楚取消订单的真正原因，然后再与对方谈判。将订单取消总是件不愉快的事，之所以会发生这种事，其主要原因有三个：

（1）客户从别处得到了更优惠的条件。客户一般是不会向你透露这些的。如果真是这样的话，你就很难再想出办法予以补救了。

（2）一般公司都有这样的规定，如果公司下的订单所提出的条件不能满足就取消订单。这就需要你与对方进行深入的沟通以谈妥双方都能接受的条件。

（3）双方谈得不投机，买方订单中所提条件未被履行，或者是卖方无法控制局面，也可能是卖方在说服对方或向对方宣传时做得不够。

要获得长期合作的最佳方法是不断向客户宣传自己的产品，就算对方接二连三地向你订货，也要这样做。

在你发表你的结束语时应当包括两个重点：

①概括所达成的协议，请务必确定好金额的支付日期；

②感谢你的客户，向听者致谢。

第11章 电话销售，一线值万金

有时候一次电话并不能起到多大的作用，这就需要继续跟进。对供应商而言，通过跟进电话可以加强与客户之间的联系。

商业利润得靠贸易不断循环而获得。要得到效益就要买卖双方保持良好的合作关系。交货后的跟进电话就是保持这种友好合作关系的好方法。

跟进电话有六个步骤：

（1）自我介绍；

（2）提醒客户双方在上一次进行的业务交往；

（3）对产品进行补充宣传；

（4）看看对方有什么反应；

（5）说服对方；

（6）就继续交易达成协议。

像所有商业关系电话一样，跟进电话应事先有所准备，即在打电话的同时，提出报价单，催促对方迅速与自己达成交易。有些买主愿意买你的货，但实际上他们并未作出任何行动，其主要原因有三个：

（1）惰性；

（2）工作太忙；

（3）对方希望与你讨价还价。

3. 与客户增进感情

许多推销员都要掌握一定与客户增进感情的技巧，其实最好的技巧不是技巧，而是交情，是一种温暖的、开放的、人性化的关系。

除了接订单之外，还应该与客户保持经常性的联系。

与新客户打交道时，要遵循这样一项原则：开门见山地与客户谈生意，不要东拉西扯，说些不着边际的话。但随着双方开始熟悉起来，这项原则是可以改变的。这时，客户就不是一名客户了，他同时是你的朋友。要与客户公司里面的人建立起联系通常不是件轻而易举的事。你为了要从对方那里争得一笔广告生意，或者要赢得一份计算机维修合同，不论是什么，首先你得让对方接听你的电话。这种方式确实有助增进双方的友谊。当然，这种友谊还是建立在互惠互利的原则之上。双方关系的发展，一要靠你的言谈举止，二是要靠你对客户利益所表现出来的关心。

推销电话任何时候都有意义。凭着努力，事后打电话可以带来更多生意，或者对同客户建立密切的贸易关系有所帮助。

周转快、价格低的商品很快会售清，买方和卖方的接触相当频繁。问一问客户对送去的货是否满意能促使客户继续买你的货。

成交后，通过电话收账。现在你打电话是因为对方买了你的产品或服务却没付款，请集中商谈你何时能得到这笔欠款。事实上，收账主要的目标有两个：

（1）将到期的应收账款收回；

（2）让客户对公司感到满意。

你必须确保你的产品和服务能按时发出或提供，货款能及时收回。你最大的兴趣与愿望就是确保客户及时付款，有时还包括督促那些在付款中有失职行为的客户。你的电话将给客户带来压力，他的反应可能是批评、抱怨产品、服务或工作程序。这时候要调查客户反映的事实。特别重要的是，必须记住这可能是你公司所引起的问题。认真倾听客户的讲话，如果不是自己公司的错，对方会提供制定付款计划所需的资料。

你可以告诉客户另外约定一个日子，专门来处理投诉和抱怨问题。不要敌视，也不要太友好，应该直接、诚恳、坚定。推销员应采取坚定而非对立的态度，务必以自信的口吻和慎重的态度对待客户。下意识地将包袱丢给对方，从对方的答复里，你将可以决定下一步的对策，这样就巧妙地将责任转到了客户身上。如果客户不愿约定，那就说明他的反对程度已经削弱；如果客户的投诉合情合理，可另行处理，但不要因此而受影响转移目标。有时表露一点同情心能使客户觉得你真心实意打算帮忙，你应该判断对方推迟付款的理由是否可靠、正当，努力与客户共同寻找双方都能接受的解决方案。

第11章 电话销售，一线值万金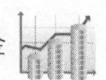

（1）将电话内容维持在商务范畴。你可以而且应该态度友善，但不要太套近乎。要知道这是公事，应该本着公事公办的原则处理。最佳的方式就是沉着、有理有节。

（2）态度积极。善解人意、礼貌谦恭和坚定客观是你必备的素质，粗俗、威胁和侮辱对方绝不可取的，这只会使对方产生敌意。

（3）做你自己。不要模仿别人，心态要保持平和，说话简洁，语速平缓。

作为推销员在推销过程中要制定明确的付款时间表，写清货款何时、通过何种方式转到公司账上。当然，这个付款时间表必须得到双方的认可。

电话联系肯定是有效的。假如这种联系得不到结果，那必然是某个环节出了问题，一定要对所有的电话内容进行检查，找出错误出在哪里。

千万不要奢望马上成功，支票要从那么细小的话孔里挤过来也不是很容易的事。因此，推销员一定要沉得住气。

电话销售巧妙处理异议

电话营销并不是一直顺顺利利的，有时，甚至经常你都会听到反对的声音。当准客户反对时，也就是推销开始的时候。准客户通常不会先告诉你真正反对的理由是什么，他们会先找借口。老练的行销人员可以看穿借口，找到真正的反对理由。这些理由可能是烟幕，对方可能对你的产品不大满意，也可能是曲解了你所提供的资料。客户所说的这个"不"字并不是一个让你说声"多谢你接听电话"，然后放下话筒的信号，而是表示你应该加倍努力，弄清客户的真正意图，并设法满足客户。

如果你可以在商品说明阶段，在准客户还没有提起的时候，先把反对的理由消除掉，你完成推销的可能性就大多了！所以说事前防范是克服反对的最佳方法。要能做到事前防范，关键在于要知道可能发生的反对理由，并拟妥稿子,把"回答"放进平常的商品说明中。

为了做好准备,你应写下10~12个最常听到异议。你可以与业务代表和客户讨论大家一起极力反对的理由。每个人说出前10个他想到的反对理由,他们会如泉水般源源不绝。得出这些反对意见后,要找出合适的答案来应对这些反对意见。不是什么样的答案都可以,你必须确保这些答案不是争论性的,而且每个答案都能用你的产品所能带来的好处收尾。如此一来,当你进行到促成阶段时,就不会有反对的声音了。

作为推销员不要对异议有抵触情绪。

一般来说,异议并不是针对你的人身攻击。不要把它当作私人性的东西,应认识到客户提出异议只是希望获得更多信息的下意识要求。

(1)异议是推销过程中不可避免和不可缺少的一部分。每次销售推介和每位推销人员都可能遭遇客户的异议。在推介过程中推销员务必让客户知道风险所在。

(2)解答异议时,你必须控制自己的情绪。没有人能达成每一笔交易。如果你生气或烦乱不安,将严重损害你将来成交的机会。控制情绪,机会常常有!保持乐观的心态,赢得下一位客户。

(3)客户可能有一个或几个合情合理的异议,尽管如此,你仍需要对这些异议进行分析,使其更加明确;在回答这些异议之前,你应当将其转化成问题。

(4)一般异议基本上牵涉到价格和竞争。这可能是相对客户的价值问题而言,也是客户采用的一种避免正面答复的策略。

(5)这就要你严阵以待,解决价格异议。只有在提升客户价值感、产品或服务的质量后,你才能正确回答这些异议。

向客户作出让步是应付客户投诉的有效方法。给对方打个折扣是容易办到的事,也是一个迅速解决问题的方法。

(6)特殊的异议与你的产品或服务有关。技术规格、性能和售后服务质量是一些典型的特殊异议。要回答好这些问题,你必须对自己的产品或服务

第11章 电话销售，一线值万金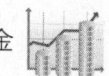

了如指掌。你的客户可能需要得到某些方面的信息和资料。

（7）许多异议只是掩盖真正事实的借口，即你的客户还不确信自己有足够的购买理由。

（8）如果你的客户在压力下改变异议，则暴露了这个异议只是一个借口——客户并不是真正有异议。

（9）客户改变异议或态度有所变化时，你应以退为进，尽可能多地发现客户的需求。

（10）每当客户赞同你对其异议的答复时，这可能意味着他准备购买。

要知道任何与外界的口头联系都是一种公共关系形式。使用电话的人一定要小心，不要因为漫不经心而破坏了与外界的联系，要时刻记住你打电话的目的。

一开始通话就聊些毫不相干的事是没有意义的。当你一引起对方的注意，就要抓住这有利的时机谈正题。以下就是正确的沟通方式。

1. 微笑

跟客户在电话中交谈时，一定要面带笑容，如果能做到轻松自如则更理想。

2. 言辞清晰准确

给人的第一印象一定要好。自我介绍既要简单明了，又要准确无误。

你要报上姓或连名带姓一起报，这完全根据个人喜好而定。假如你清清楚楚且又带有权威性地报上你的姓名，电话就可以很顺利地转过去。

原则上，推销员和客户在电话中，谈话的时间要精短，语调要平稳，出言要从容，口齿要清晰，用字要妥切，理由要充分；切忌心绪浮躁，语气逼人。

3. 充满热情

如果巧言虚饰，强行求见，不但不能达成约见目的，反而会徒增客户的反感。但在与客户约定会面的时间和地点时，推销员应尽量采取积极、主动的行动，不可含糊其辞，以免给客户拒绝接见的机会。

4. 谈吐自信

语气坚定，用商量而非通告的口气交谈。许多人没有得到应有的尊重，因为他（她）没有向对方提出此要求。他们的言谈语调小心翼翼，有时甚至满怀歉意，而不是语气坚定。

专业接线人能迅速辨认出那些缺乏控制能力的来电者。这时，他（她）们会开始控制对方。而正确的讲话方式则能传递出紧急和权威，也就能避免上述情况出现了。

明确你要找的人和要办的事，然后以坚定的语气与之通话。正确的方式是以坚定的语气暗示自己与布朗先生相识，而且布朗先生肯定会接自己的电话。

你应积极自信，需对你所推销的产品或服务、你为之工作的公司和你专业人士的身份深感自豪。你必须自信地认为自己能推销出产品、解决问题，或能得到所需要的信息。

采取了这种态度，你将形成专业、令人信服和特别有效的工作风格。

5. 标新立异

如果你想给对方留下深刻印象，就必须摒弃这些"陈词滥调"，并且富有创新精神。许多人用诸如"今天您好吗"之类的"标准"问候语作为开场白。这样并不能立即吸引听者的注意力，打电话者对别人时间的尊重和执著精神的有机结合颇具说服力。用别出心裁的开场白来吸引对方的办法有：

第一，阐明能给对方带来的益处；

第二，激发对方的好奇心；

第三，使对方参与进来。

陈腐平凡的开场白会导致索然无味的听者飞快地将你拒之门外。正确的方式是迅速声明对听者的好处，之后以求助为由让对方参与进来。这样会比较快地引起对方的兴趣。例如："布莱特先生吗？我代表消费者调研机构给您打电话。您是经精心挑选出来参加一项重要的消费者调研活动小组中的一员。您的回答将完全保密，这项调查约需5分钟。如果现在不方便，我什么时候再打来？"

6. 对遭到拒绝有所准备

你无法控制别人的动机或行为，因此你绝对不能认为对方否定的答复涉及任何私人因素。你就把它看作工作中遇到的正常情况好了。这时你有两种选择：

第一，应坚持探听下去，直到得到至少是模棱两可的答复（当然最好是得到肯定的答复）。对客户提出的异议不仅能给予一个比较圆满的答复，而且能选择恰当的时机进行答复。推销员应懂得在何时回答客户，一般来说在异议提出后立即回答。绝大多数异议需要立即回答，这样，既可以促使客户购买，又是对客户的尊重。

第二，找到一个让对方参与其中的话题。如果通话陷入僵局，你可以建议换一个时间通话，或者结束通话，换下一个拨打对象。为对方提供选择的余地，就能找到变通的办法，并能防止对方作出否定的答复。变通的办法有：

（1）提出将在对方比较方便的时间再打进来；

（2）如果你打电话时，你未来的客户不能或不愿与您交谈，请表示将寄资料供其参阅；

（3）为怒气冲冲的客户提供几种解决问题的办法。

千万不能在后面的介绍中，又提及客户前面提到的异议。这样做，只能夸大问题的严重性，容易在客户脑子里留下不必要的顾虑。

7. 考虑客户的个性特征

凭借一些蛛丝马迹，你就可以了解对方对你的态度和接受程度。

在这些蛛丝马迹中，有两条细微的信息值得留意：意向和语调。

要注意对方的意见，有时候或许可以接受，不要因为不是您的问题就忽视它。也许你忽视的话是重要的信息，对方的语气是生硬、愉悦、直率还是焦虑？不要只留意对方的遣词造句，还应特别注意倾听对方的语气。如果你感觉对方不太干脆，请迎难而上。

8. 措辞以利为先

要针对该客户的需要来宣传自己的产品。推销员应当着重向客户宣传产品的优点，并在向客户提供资料的同时，尽力推销产品。当然，介绍产品要实事求是：有好说好，有坏说坏，切忌夸大其辞或片面宣传。

避免电话推销中可能出现的错误

第一，推销人员通常会与首位接电话的人交谈。但这样做有一个问题：即使此人想帮忙，他也可能无权作任何决定和承诺。

并非人人都是决策者，但许多人却可以阻碍你与决策者接洽。即使他们影响了你的工作进度，你也得耐心地与之周旋。还有一些具有影响力、能随心所欲扼杀你的推销机会的人。对于这种人，有时只需进行一些公关活动就能使之成为盟友，这相当值得。

不要忘记给接待员或秘书致以礼貌的问候。记住他们的名字，必要时用笔记录下来。他们可能对老板有巨大的影响力，甚至还可能成为你成功道路上的障碍。

第二，大谈产品特点而不提能给对方带来的好处。

与你不同，客户并不是你的产品或服务的专家，务必让客户了解产品或服务有哪些新特点，以及能为他带来什么样的好处，不要自认为他了解一切。

第三，说得太多。

我们都能想象那种口若悬河、硬性推销的推销人员形象。为了使你的效率发挥到极致，并成为最有说服力的人，你需在介绍方案的同时，在措辞上充分强调你的产品将如何帮助客户的公司受益。

第四，不争个输赢绝不罢休。

你也不要为了图一时的口头痛快与客户展开舌战，发表主观的、有明显偏袒的论点或看法，这样只会使推销陷入僵局。请保持理智，俗话说，"不要捡了芝麻丢了西瓜"。客户是一锤定音的人，请让他敲出最强音！

第五，没有主动问客户是否想购买。

人们总是过早地展开推介攻势而不问客户是否购买，推销人员应力戒之。

客户会主动提出购买吗？几乎不会。因为我们多数交流都融入了各种征兆和信号，它们告诉了你一切。客户可能正在暗示你询问其是否购买，但是如果你不问，他也不会主动购买。而且，当你继续回避成交，他可能会对你失去兴趣或信心。因此，推销员一定要学会察言观色，适当的时候询问客户是否有意购买。

记住，你的推销方式给客户留下的印象将持续到你们之间的下一次接触。相信每个推销员都不希望只做"一次性"的生意，那么每次推销活动都需要你的特别关注。

让客户记住你的声音

电话是销售员的第一工具，销售员必须最大限度地利用电话。有一个公式是：电话销售成功=55%声音+45%内容，可见声音在电话销售中的重要性。

1. 声音有无穷的魅力

面对面的谈话，即使讲得不好也不会太糟糕，还可以用态度和表情来弥补，所以声音好坏无所谓。打电话则不同，对方只能感受声音，声音就是一切，一个好的声音真是所向无敌。我们都有这种体会，不经意在打电话或收听电台时，常常被某个声音所感动所迷惑，而沉醉其中。

销售员丽华就亲身领教了一回声音的力量。她说：我本质上不是一个温柔的人，因而，对于温柔声音的分量，并没有太多感性的认识，可是不久我就亲身领教了一回它的力量。

我在一家公司做售后回访，一般要问完5个问题才算做完一个访问。通常，我很客气地问候对方时，对方大多能比较有礼貌地回应我。但也有态度很粗暴的客户，没等你话说完，就啪地挂了电话，或虽在听，但相当不友善。由于职业道德的约束，我绝不能受影响，不能因为他的粗鲁我也变得狂躁，相反我继续有礼貌地温柔地与其对话，这时我惊奇地发现，往往态度不好的客户在听我讲第一句话时，语气冲得我都怕他从电话里伸出手来扇我一记耳光，可在我依然温柔不变的话语中，第二句、第三句对话时，对方已平静了很多，到最后一句话时简直就判若两人了，非常客气，甚至能主动向我致谢。

第一次我以为是碰巧了，可第二次，第三次，当我坚持以不变的温柔态度和声音对待不太友善的客户时，得到的都是同样的结果，我忽然记起朋友的那句话——"温柔的力量"。看来我在无意中运用了温柔的力量。在温柔面前，烦躁、粗鲁、不愉快都土崩瓦解了。原来，温柔声音的力量如此巨大。

2. 让你的声音有杀伤力

世间只有两种武器，一个是力量，另一个是温柔。温柔是一种力量。她会营造一个温馨的氛围，形成一个神秘的磁场，让人们潜移默化地就认同了某一种价值观，行为也随之发生了微妙的趋同性变化。这种武器你应该用在电话中。

用电话工作不要以为随便怎么说都可以，只要说清楚就行了。其实，你这样做恰恰是不对的。

咬字准确、吐字清晰固然是声音具有魅力的基本前提，但这只是技术性的，而声调、音量的控制就不仅是一个技术性的问题了，这还具有艺术性。要知道，人体对声音是很敏感的。你有没有注意到你的声调是否过高？是唠唠叨叨还是冷冰冰？是尖厉刺耳还是唉声叹气？是盛气凌人还是支支吾吾？

第11章 电话销售，一线值万金

也许，在你还没有意识到的时候，你已因你那不能打动人的声音而推走了不少听众和潜在的客户。

打电话要比平时面对面说话更讲究情感的倾注，因为相互间都不见面，声音是唯一的沟通媒介。可以说，要有好的声音，就要有好的性情和情感，要把听话的对方当作是自己的恋人，就像对自己的恋人说话一样，舒缓，温柔，低语，磁性，当然不可娇滴滴。

下面就告诉大家一些技巧。

1. 心气下沉

销售新手都是年轻人，新新人类，血气方刚，这样的心气跟温柔的要求差得太远。试着把头顶的气朝下压，压到脚底，你的心气就下降了。这样温柔就可以显现出来了。想想那些在外面叱咤风云的大女人，见到心爱的人就变成了小女人，就是她的心气在他面前就转换了，就温柔了。

2. 语速舒缓

在增强声音的感染力方面有一个很重要的因素就是讲话的语速。如果语速太快，语音是不可能温柔的，所传递的气息都是急促、不安、紊乱的，不可能有温馨的气场。而且对方可能还没有听明白你在说什么，你说的话却已经结束了。要练习说话温柔，就要从语速开始，注意，要沉住气，慢慢地说，你就能感受到有一丝温柔在里面了。

3. 耳语低调

温馨的气氛都是卿卿我我，耳语低调的，声音太大就没有温和的情感，所以练习把自己的声音压低。耳语低调会让电话的对方感到你整个身心都沉静在与他的通话中。不要大声大气地与对方讲话。

4. 运用停顿

停顿也能带来好的气场。例如在你讲了一分钟时，你就应稍微停顿一下，不要一直不停地说下去。要有停顿有安静，适当地停顿一下可以更有效地吸引客户的注意力。客户示意你继续说，就能反映出他是在认真地听你说话。停顿还有另一个好处，就是客户可能有问题要问你，你停顿下来，他才能向你提出问题。在一问一答中自然气氛就会很好。

5. 身体语言

不要认为这时的身体语言是没有作用的，在电话交流时客户虽然看不见你，但是你的微笑和动作却能有效地影响你的声音，能透过声音传播给对方，客户是可以通过你的声音感受到的。要微笑着打电话，身体语言要与想表达的事情结合起来。

6. 自我调节

有时电话打多了感觉很疲倦，精神状态也会相应地越来越差，这就需要自我调节。在你精神状态不佳时打电话，一定要注意自己是在笑还是板着脸讲话。你的精神状态客户虽然看不见但是可以感受到，如果你自己没有注意到，就很有可能因此而失去一次机会。当自己处于好的状态时再沟通。

好好练习自己的声音，用自己富有杀伤力的声音给客户打电话，一边做工作，沟通了解，一边向对方问好。如果能坚持这样做的话，事业命运必有大改观。

在电话中找对决策人

电话是如今商业活动中不可缺少的工具，但在公司里"电话过滤"的现象越来越普遍。助手们都经过培养，懂得如何巧妙地限制进入老板办公室的电话。好在这些障碍并非不可逾越。本文将为你介绍绕开障碍的技巧。

在找资料的时候，顺便找到老板的名字，在打电话的时候，直接找老总，这样找到的机会会大一些。

1. 多尝试法

- 多准备几个该公司的电话，用不同的号码去打，不同的人接，会有不

第11章 电话销售，一线值万金

同的反应，这样成功的几率也比较大。

- 随便转一个分机再问（不按0转人工），可能转到销售员那里或人事部，这样就躲过前台了。或让前台转其他科室，与外面有业务联系的科室是比较好转的，如：人事招聘、销售、市场、广告、采购等部门。然后就看你如何与他们沟通了，没准一下就转到了老总那里。

- 如果你觉得这个客户很有戏，你就不要放弃，可以找另外一个同事帮你打，顺便考考你的同事，也可以学到新的方法！

2. 核对资料法

- 你：我是邮局的，请问你们公司的全称是？总经理是？我现在找他核对一下。

- 你：我是银行的，需要和老总核对资料，或者是存款出了些问题，要通知老总。

（前台一般不敢过问老总钱的事情。）

- 你：你好！我是www.51job的，贵公司在我们这里登记招聘员工的信息，我想问一下贵公司的法人是谁？我们要核对他的相关资信情况！

3. 急事法

- 你：小姐，这事情很重要，你能否做主？我很急，马上帮我转给你们公司老总。

- 你：请找×总，怎么不在？不是说好今天这个时候让我去个电话吗？你看他什么时候回来？这事挺重要，他的手机是138还是139？你告诉我，我记一下。

- 你：小姐，张总可能有急事找我，他打了我的手机，现在还在公司吗？请让他给我回电！谢谢！

- 你：王老板在吗？

前台：不在。

你：他来过我公司没有呀？怎么还没来？手机多少？

4. 威胁法

- 前台：你哪里？

你：厦门的，刚来福州，有重要事情找你们老总（知道姓名，那就直说姓名）。

- 前台：我问你哪里，哪个公司的？

你：小姐，你姓什么？我很不习惯你这样问话知道吗！（语气要强，拍着桌子说话，）在不在？在就给我转进去。

5. 朋友亲戚法

- 你：你好，转你们李总（声音要大）！我是××公司的王总啊！
- 前台：你好！这是公司。

你：你好！李叔叔在吗？我是他的侄子！

- 很多接线员好管闲事，非要问清楚，你可以发拽。

你：×总在不在啊？

前台：你是哪位啊？

你：我是他一个朋友。

前台：找他有什么事？

你：有点私事，他是不是不在啊？

这时她就给老总了。或者

前台：他不在。

你：那你告诉我他的手机号码，我把他号码弄丢了，谢谢，有点急事。

- 知道该公司老总名字（男性）后，请男同事打电话。

你：我找××（直呼其名）。

前台：他不在。

你：不在？他手机号码是多少？

前台：你是谁？

你：我是谁？昨天还一起喝酒了的！（很拽的语气）

- 你：你好，转总经理。

前台：你有什么事？

你：有。

前台：你是哪个单位的？

你：我是黄×。

前台听到我们的名字一定会以为我们和总经理很熟。

6. 尊重法

针对平常方法绕不过的前台时，索性坦白，相当尊重她。

- 你：我知道你很为难，每天接到各种各样的电话都很多，很难确定哪个电话该去找老总，我也有过这样的经历，我很理解你。我给你们老总打电话是有一个对贵公司很重要的事情。我必须马上和你们老总取得联系，麻烦你现在帮我找一下。

- 你：您好，请问，贵姓啊？

前台：什么事？

你：我是国企报的，有一些情况想找老总了解一下，给我一个老总的电话好吗？我记一下，谢谢您。

用和缓的口吻问一下对方的姓氏，他会觉得不可以不认真对待这个电话，否则，会有一些责任上的追究。

7. 外国人法

- 可把自己说成是外商的翻译员，这个方法挺管用的。不妨试试。

你：你好，有一家德国的公司，看到你们公司的英文网页（供求信息），想和你们公司老总通个电话，你们老总的手机号码是多少？他在吗？

- 假如你英语好的话，给前台几句纯正的英语，立马搞定，百试不爽。

在电话销售的过程中，找对关键人很重要。在公司里"电话过滤"的现象越来越普遍。助手们都经过培训，懂得如何巧妙地限制进入老板办公室的电话。因此，销售员必须懂得一些绕过接线人，找对决策人的技巧才能有利于电话销售。

缩短谈话时间，次数才是关键

电话销售本身就是打扰别人的事情，销售员与客户通话时，要懂得把握时间，不能只是一味地大谈特谈，而应该缩短谈话时间，增加通话次数。

作为一名称职的销售员，在推销商品时，最重要的是不能让客户感到讨厌，一旦让客户厌烦了，再好的商品人家也不会买。因此，有人想出了极好的办法，那就是频电话短交谈，增进了解，加深友谊。

真诚的心与关怀的态度会让你的客户对你留下很好的印象！那样，在他要用到这个产品的时候就会想到你，或是帮你介绍其他客户！刚做销售不久的小凡就遇到过一个这样的客户！他们直到现在也没有见过面，通过几次电话，那老总总是在开会，所以小凡会很有礼貌地告诉他自己是做什么的之后就说一些祝福的话！没有想到，一天打电话过去，那老总说他这个工程上面有业主自己指定的产品，他让小凡等一下，之后就是另一个人跟小凡说他们需要这个产品，让小凡第二天拿去样品！

美国的百货业竞争非常激烈，蒙哥马利百货公司为扩大营业额，成立了汽车俱乐部，由会员以电话购买东西，公司送货上门。他们直接给客户寄邮件推销，但客户对邮件广告根本不予理睬。于是该公司决定采取电话营销。实施电话销售之后，一年之内就有了可观的成绩：第一，汽车俱乐部增加新会员15万多人；第二，会员的购买量大幅回升。之所以产生这么好的效果，是因为客户感觉蒙哥马利公司重视他们，关心他们，时常打电话给他们。俱乐部采用电话营销后获得了空前成功。

许多电话销售员，尤其是刚刚进入电话营销的新人，总想"一口吃个胖子"，心想这回客户可接电话了，我得抓紧这个机会，好好地把产品介绍出去，争取一次成功！于是开始进行滔滔不绝、激情昂扬的介绍，电话这边

第11章 电话销售，一线值万金

说得是飞沫四溅，而电话那边早已厌烦，脾气不好的客户可能早已经把电话挂了。

电话销售是一个打持久战的过程，在建立目标客户阶段时应该加大与客户通话的频次，每次通话的时间不宜过长，不要急于求成，电话销售是一个自然的过程，水到渠成！

商场上的推销技巧多种多样，其中的奥秘不外乎抓住客户的心理，根据具体情况，采用不同的攻心方法。频电话短交谈是一种技巧，既可以体现你的关心关怀，又增加了解，加深友谊，亦可以完成推销任务。

电话营销员还要善于用这一技巧，做好客户关系的维护，要把公司产品的创新信息以及公司最近推出的重大活动及时传达给客户，让客户建立忠诚度。

力的作用是相互的，一次次用真心与客户交流，你得到的也是客户的一片真心，是他们一生的忠诚。

第12章　步步为营，稳扎稳打促成交

菲利普·科特勒说过："销售就是发现还没有被满足的需求并去满足它。要想有个好的结果，就得在找准市场需求点上下工夫。通俗点说，就是知道客户真正需要什么，同时用比竞争者更好的方法满足客户的需求。"

准确捕捉客户购买信号

当客户对产品感到满意，并产生购买欲望时，往往会不自觉地释放出一些信号，尽管购买信号并不必然会导致购买行为，但是销售员可以把购买信号的出现，当作促使购买协议达成的有利时机。

销售中，一些客户可能会明确地向你表示，他会购买产品，比如说"我就买这个"，这就说明你的说服工作已获得成功。这一阶段也宣告结束了。但是是不是每个客户都会主动提出他要购买呢？当然不是。很多客户虽然已经决定购买，但是他们并不会表达出来。所以"我要购买"、"我买了"这些话不能作为说服阶段结束的唯一标志。其实一些其他的信号，同样可以判

第12章 步步为营，稳扎稳打促成交

断客户已经下定决心购买了。在把握客户发出的成交信号时，你要坚持"宁可信其有，不可信其无"的基本原则，即在无法确信客户的某些表现是否表明有意成交时，你也要抓住这样的信号不断深究，而不要轻易地将其忽略过去。

一般来说，有经验的销售员可以从客户的某些行为和举动方面的变化有效地识别成交信号，而这种能力的获得需要销售员多观察、多努力、多询问。

那么比较明确的信号有哪些呢？

1. 表情信号

表情信号是指从客户的面部表情和体态中所表现出来的一种成交信号，如在洽谈中面带微笑、下意识地点头表示同意你的意见、对产品的不足表现出包容和理解的神情、对销售员推介的商品表示兴趣和关注等。

以下几种情况都属于成交的表情信号：

（1）目光在产品逗留的时间增长，眼睛发光，神采奕奕。俗话说，眼睛是心灵的窗户。观察客户眼睛、目光的微妙变化可以洞察先机；

（2）客户由咬牙变成表情明朗、放松、活泼、友好；

（3）表情由冷漠、怀疑、拒绝变为热情、亲切、轻松自然；

（4）客户神态轻松，态度友好。

2. 语言信号

语言信号是指客户通过询问价格、使用方法、保养方法、使用注意事项、售后服务、交货期、交货手续、支付方式、新旧产品比较、竞争对手的产品及交货条件、市场评价、说出"喜欢"和"的确能解决我这个困扰"等表露出来的成交信号。以下几种情况都属于成交的语言信号：

（1）客户对产品或服务给予一定的肯定或称赞；

（2）征求别人的意见或者看法；

（3）询问交易方式、交货时间和付款条件；

（4）详细了解产品或服务的具体情况，包括产品或服务的特点、使用方法、价格等；

（5）提出意见，挑剔产品。俗话说"挑剔是买家"。当客户提出异议或对产品评头论足，甚至表现出诸多不满时，有可能是产生购买的欲望，在尽可能地为自己争取利益。

（6）褒奖其他品牌。其实和上边的道理一样，客户是在为自己争取好的谈判地位，以便在下步的购买中得到更多的"便宜"。

（4）问有无促销或促销的截止期限。客户总是想买到价廉物美的产品。能少掏点就少掏点，毕竟掏腰包对客户而言是最痛苦的过程，能有优惠打折赠品的促销活动消费者是绝对不会放过的。

（8）问团购是否可以优惠。这也是客户在变相地探明厂家的价格底线。

（9）声称认识公司的某某人，或者是某某熟人介绍的。

（10）了解售后服务事项。

语言信号种类很多，销售员必须具体情况具体分析，准确捕捉语言信号，顺利促成交易。

3. 行为信号

由于人们的行为习惯经常会有意无意地从动作行为上透漏出一些对成交比较有价值的信息，当有以下信号发生的时候，销售员要立即抓住良机，勇敢、果断地去试探、引导客户签单：

（1）反复阅读文件和说明书；

（2）认真观看有关的视听资料，并点头称是；

（3）查看、询问合同条款；

（4）要求销售员展示样品，并亲手触摸、试用产品。

销售员要随时做好准备接受客户发出的成交信号，千万不要在客户已经做好成交准备的时候你却对客户发出的信号无动于衷。要准确识别客户发出的成交信号，无论是识别错误还是忽视这些信号，对我们来说都是一种损

第12章 步步为营,稳扎稳打促成交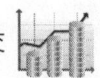

失,对客户来说也是一种时间和精力上的浪费。

主动地请求客户购买

很多销售员,尤其是刚入行的销售员在面对客户时,不敢说出请求成交的话,他们害怕遭到客户的拒绝,生怕只因为这一句请求葬送了整笔交易。其实销售员所做的一切工作,从了解客户、接近客户、到后来的磋商等等一系列行为,最终的目的就是为了成交,而遗憾的是,就是这临门一脚也是最关键的一环却是销售员最需要努力学习的。

在客户犹豫不决时,我们不能一味地等待,因为一些客户可能会说服自己不要购买,或是自己也弄不清自己真正需求。作为销售人员,在工作中应当掌握主动权,尤其是在即将达成交易的时候。客户可以有技巧地引导客户作出决定,但是这种决定权转移的时候,过程要显得流畅和自然。

那么达成协议的障碍有哪些呢?

1. 害怕拒绝

有的销售人员不能主动地向客户提出成交要求。

这些销售人员害怕提出成交要求后,如果客户拒绝会破坏洽谈气氛,一些新销售人员甚至对提出成交要求感到不好意思。

据调查,有70%的销售人员未能适时地提出成交要求。许多销售人员失败的原因仅仅在于他们没有开口请求客户订货。美国施乐公司前董事长波德·麦克考芬说,销售人员失败的主要原因是不要订单。不提出成交要求,就像你瞄准了目标却没有扣动扳机一样。这是错误的。没有要求就没有成交。

客户的拒绝也是正常的事。美国的研究表明,销售人员每达成一次交易,至少要受到客户6次拒绝。销售人员只有学会接受拒绝,才能最终与客户达成交易。

2. 等待客户先开口

有的销售人员认为客户会主动提出成交要求，因此，他们等待客户先开口。

这是一种错觉。一位销售人员多次前往一家公司销售。一天该公司采购部经理拿出一份早已签好字的合同，销售人员愣住了，问客户为何在过了这么长时间以后才决定购买，客户的回答竟是："今天是您第一次要求我们订货。"这个故事说明，绝大多数客户都在等待销售人员首先提出成交要求。即使客户主动购买，如果销售人员不主动提出成交要求，买卖也难以成交。

3. 放弃继续努力

还有一些销售人员把客户的一次拒绝视为整个销售失败，放弃继续努力。

研究表明，一次成交失效，并不是整个成交工作的失败，销售人员可以通过反复的成交努力来促成最后的交易。

其实，如果你已经确认这位客户非常认同你的产品，在价格上也可以接受，但还是迟迟作不了决定，每当你要求他成交时，他总会告诉你"我要考虑考虑，过几天再说"，遇到这样的情况是不是特别让你心神不宁，感觉夜长梦多呢？这时你应该主动要求甚至"逼迫"客户成交。

你可以在客户到来前写好一份销售订单。当客户看过产品，又和你谈了一阵子之后，请他坐下来，然后把那份事先填好的销售订单拿出来，直接把笔和订单一起递给他，并对他说："您看这样有没有问题，请签个字吧！"

这时需要注意的是，销售员此时千万不要讲话，平静地看着客户。当客户看你的时候，你就向他点头表示鼓励。通常情况下，客户会仔细地看过你为他已经填写好的销售单，然后会告诉你他的真实想法。或许，他会用你递给他的笔写上他的名字。试一试吧，就算不能成交，你也不会得罪客户，而且还可以捕捉到客户的真实意图。

在你运用这些正确的逼单的话语时会有三种情况发生：第一：真正有购买意向的客户马上成交；第二：无心购买的客户找一些借口马上离开专卖店；第三：确实对产品有异议的客户说出他真实的想法，例如：客户会说：

"我觉得贵了"或者说:"我要和我的妻子商量一下","我还要到别处比较一下"等等。

"逼迫"客户成交有一些技巧性的用语是销售员一定要掌握的,以下这几则正确和错误话语,销售员们可以对比参考一下:

正确的说法:

"请把名字签在这里。"

"你同意后,请在这里签字,写用力一点,因为里面有三份复写纸。"

"你是刷卡还是现金付账?"

错误的说法:

"你今天能订吗?"

"在这边来交钱吧?"

销售员们一定要记住,成交其实很简单:要求,要求,再要求,要求就是成交的关键。大多数人在结束销售的时候根本不敢要求,你想想看你做销售的时候每一次都有要求吗?没有。那么你每一次销售结束的时候都必须要求客户成交。也许三次要求都不行,那么你还要有第四次、第五次以后才有可能拿到生意。

把握时机从说服转向成交

在实际销售中,许多销售员有这样一种倾向:他们不停地介绍自己产品的特点和好处,将他们与客户的交流逗留在信息传递阶段,而迟迟不能转入说服阶段。这使得他们的演说要么说服力不强,要么等到最后想说服对方却为时已晚。

说服应该贯穿推销过程的始终。尽管在结尾着重劝说甚至"逼迫"是常用的方法,但是如果通篇都能说到观众的心里去,效果会更好,因为你的销售一步步地引导他们自然而然地作出决定。

在介绍产品的品质和功能等之前，甚至在选择推销对象之前，你对自己的论点就应该一清二楚。为什么客户要选择与你合作，为什么要选择你的公司，为什么要马上行动？你都应该准备好充足的理由。然后在演说一开始时便把最得力的理由陈述清楚，而在结尾部分介绍产品的品质和功能。这才是正确处理说服和信息传递之间关系的方法。

而要想说服听众，你不能仅仅单向地输出信息，你必须学会如何恰到好处地提出问题，倾听对方的回答，并且在演说结束前给出适当的回答。

总结起来催促成交一般按以下步骤进行：总结现象，指出问题，解决问题，展示效果，鼓励行动。

（1）总结现象。总结现象即指出客户的潜在需求。客户在听演说前可能并不清楚自己究竟需要什么，他们可能根本不知道你卖的是什么东西，或你卖的东西能给他们带来什么样的便利。这些都是你应该告诉他们的。

（2）指出问题。大多数人购买商品或服务的原因是因为他们产生了某种需求或遇到了某些问题，包括时间、金钱或者感情上的需要。而你要告诉他们，这些商品或服务能够帮助他们解决问题。

（3）解决问题。作为销售人员，你的任务就是向客户展示你的产品将怎样解决他们的问题。

（4）展示效果。这里是指视觉效果，包括产品包装、造型、性能等等。往往是决定着消费者是否购买关键的一步。

（5）鼓励行动。最后一步是鼓励听众采取行动。这是整篇演说最关键的一步，也是你的根本目的所在。没有这一步，你前面的工夫就白费了！

此外，还应注意，在以往很多销售员认为，只要努力地宣传产品的品质和功能就足以让客户选择你的产品。但是在今天这样已经不够了。当今市场竞争激烈，消费者如果觉得某种产品太昂贵或非必需品，就不会花这笔额外的钱。

第12章 步步为营，稳扎稳打促成交

销售员要让客户相信，没有我们的产品、服务，他们就无法正常地生活和工作，也就是说，会承受某种损失，他们就会接受我们的推销。损失的"创造"能够帮助销售员超越对手，成功地卖出自己的产品或服务。

不要被客户的拒绝借口打败

在达成成交过程中，客户的拒绝在所难免，销售员应该训练自己不要过分在意客户的拒绝，很多时候这种拒绝也不过是拖延的借口，只要销售员坚持不懈地将借口逐个击破，那么就能在很大程度上提高成交率。

为了方便销售员处理客户的成交借口问题，我们将客户在成交阶段的一些常用拒绝借口整理如下，并附上正确的应付办法，希望能对销售员有所帮助：

（1）客户说：再考虑一下。不要相信客户真会再去考虑，买或是不买客户心中其实已经打好主意了，销售员应该积极追击：

询问法：通常在这种情况下，客户对产品感兴趣，但可能是还没有弄清楚你的介绍（如：某一细节），或者有难言之隐（如：没有钱、没有决策权）不敢决策，再就是推脱之词。所以要利用询问法将原因弄清楚，再对症下药，药到病除。

假设法：假设马上成交，客户可以得到什么好处（或快乐），如果不马上成交，有可能会失去一些到手的利益（痛苦），利用人的虚伪性迅速促成交易。如：我们一个月才做一次促销活动，现在有许多人都想购买这种产品，如果您不及时决定，会……

直接法：通过判断客户的情况，直截了当地向客户提出疑问，尤其是对男士购买者存在钱的问题时，直接法可以激将他、迫使他付账。

（2）客户讲：我觉得不值那么多钱啊。销售员要打消客户的怀疑，怀疑的背后就是肯定。

反驳法：利用反驳，让客户坚定自己的购买决策是正确的。如：您是位眼光独到的人，您现在难道怀疑自己了？您的决定是英明的，您不信任我没有关系，您也不相信自己吗？

肯定法：自信且明确地给客户肯定的答案，再来分析给客户听，以打消客户的顾虑。可以对比分析，可以拆散分析，还可以举例佐证。

（3）客户讲：不，我不要……销售员任何时候也不能接受"不"字，要婉转地让客户点头说"是"。

吹牛法：吹牛是讲大话，推销过程中的吹牛不是让销售员说没有事实根据的话，而是通过吹牛表明销售员销售的决心，同时让客户对自己有更多的了解，让客户认为您在某方面有优势、是专家。

死缠法：我们说坚持就是胜利，在推销的过程中，没有你一问客户，客户就说要什么产品的。客户总是下意识地防范与拒绝别人，所以销售员要坚持不懈、持续地向客户进行推销。同时如果客户一拒绝，销售员就撤退，客户对销售员也不会留下什么印象。

（4）客户说：能不能便宜一些。客户总是想将价格压到最低，销售员必须让客户明白价格是价值的体现，便宜无好货。

得失法：交易就是一种投资，有得必有失。单纯以价格来进行购买决策是不全面的，光看价格，会忽略品质、服务、产品附加值等，这对购买者本身是个遗憾。

底牌法：销售员可以告诉客户，这个价位是产品目前在全国最低的价位，已经到了底儿，您要想再低一些，我们实在办不到。通过亮出底牌（虚假底牌），让客户觉得这种价格在情理之中，买得不亏。

诚实法：在这个世界上很少有机会花很少钱买到最高品质的产品，这是一个真理，告诉客户不要存有这种侥幸心理。如：如果您确实需要低价格的，我们这里没有，据我们了解其他地方也没有，但有稍贵一些的产品，您可以看一下。

第12章 步步为营，稳扎稳打促成交

（5）客户说：市场不景气。销售员应该告诉客户，这话也可以反过来讲，不景气时买入，景气时卖出。

讨好法：聪明人透漏一个诀窍：当别人都卖出，成功者购买；当别人都买进，成功者卖出。现在决策需要勇气和智慧，许多很成功的人都在不景气的时候建立了他们成功的基础。通过说购买者聪明、有智慧、是成功人士的料等，讨好客户，得意忘形时掉了钱包！

化小法：景气是一个大的宏观环境变化，是单个人无法改变的，对每个人来说在短时间内还是按部就班，一切"照旧"。这样将事情淡化，将大事化小来处理，就会减少宏观环境对交易的影响。如：这些日子有很多人谈到市场不景气，但对我们个人来说，还没有什么大的影响，所以说不会影响您购买产品的。

例证法：举前人的例子，举成功者的例子，举身边的例子，举一类人的群体共同行为例子，举流行的例子，举领导的例子，举歌星偶像的例子，让客户向往，产生冲动、马上购买。

销售员们要记住，不管客户对成交代什么样的态度，积极、热忱都是成功成交的关键，如果我们不够积极、表现得不够热忱，缔结是不可能成功的。促进交易与缔结应该先假设生意已有希望，请求对方下订单。同时必须具备自信的精神与积极的态度，并不断总结给对方带来的好处与利益。

不断加强客户的购买决心

很多时候，客户其实已经有了很强的购买意愿，只是在价格上还有一点犹豫，在这样的时刻，销售员应该努力地加强客户购买的决心，而不是转移注意力做其他的事情，结果导致客户离去，一笔买卖功败垂成。

越是接近最后的成交时段，销售员越应该小心应对，特别是当客户表现出购买意愿时，销售员应该做的就是不断加强客户的这种决心，及早敲定买卖。这时候如果放松了节奏或者转移了注意力，那么客户也可能会改变主意，之前的一切努力就都白费了。

据有关资料的统计，在即将达成交易的销售沟通过程中，如果双方都没有主动地提出达成交易，结局往往是60%的沟通最终会以没有达成交易而告终。因此，销售员如果不适时加强客户的购买决心，那就会失去很多成交机会。

即使在客户的购买意向很强烈的时候，他们也可能需要销售员的一点催促帮助他们下最后的决心。因此销售员除了确定购买讯息之外，还要掌握一定的方式和方法促进交易的达成。

1. 假定客户已经同意购买

这是在不管成交与否的条件下，对方仍稍有疑问时或犹豫不决拿不定主意时，你便以对方当然会购买的说法迫使她交易的方法。

假定她已经要了。

我帮你把这支洗面奶包起来，好吗？

二选一

我们看了这两种洗面奶，您看要这一支还是要另外一支。

开单据法

这是单据，一共78元。

这个方式，其实就是推动客户下决心购买。但如果没有这种推力，她也许决定要下得慢一点，或者根本不想买。

2. 帮助客户挑选

购物时，一些客户即使有意购买，也不喜欢迅速购买，她总要东挑西拣，在产品的颜色、味道、包装、规格上不停地打转，下不了决心，这时，就要改变策略，暂不谈购买的问题，转而热情地帮对方挑颜色、味道、包装、规格等，一旦上述问题解决，这笔生意就成功成交了。

第12章 步步为营,稳扎稳打促成交

3. 利用"怕买不到"的心理

人们对越是得不到、买不到的东西,越想得到它、买到它。我们可以利用这种"怕买不到"的心理,来促成订单。比如销售员可以告诉客户说:"今天是我们的促销期,过了这个促销期就没有折扣了。""这种皮鞋库存就剩一双黑色的,如果您要购买就得尽快!"

4. 强化客户特别满意的产品优势

在达成交易的关键时刻,客户尤其需要销售员的支持和协助。这时,如果销售员能把客户先前特别满意的产品优势加以强化,那么客户的购买决心会更加坚定。记住:此时销售员不要再在解释产品缺点上浪费口舌,而要集中力量强化产品优势,尤其是那些客户一直都比较关注的优势。例如:

"您买货可是行家,这双鞋是整牛皮的……"

"您的眼光真是独到,这种产品除了具有制造技术和质量水平的优势之外,还可以使您的室内设计凸显出十分尊贵的气派……"

5. 先买一点试用看看

如果客人想在你的小店买产品,可又有一点下不了决心,这时你可建议对方先买一点试用看看。只要你对你们的治疗或产品有信心,而且对方试用满意之后,就可能会继续消费。

6. 快刀斩乱麻法

在尝试几种技巧后,都不能打动对方时,你就得使出杀手锏,快刀斩乱麻,直接要求客人购买,这种方式多用在犹豫不决的客人身上。

例如:给您介绍了半天,不用犹豫了,拿一支回去用,我的介绍是不会错的。

7. 试探成交法

越是到接近成交的关键时刻,销售员越要注意自己的言辞和态度表现,最好采用客户比较容易接受的询问方式来创造成交机会,例如:

"您准备现在就要,还是我明天给您送到家里?"

"我先给您包好吧,您喜欢哪种包装?"

"您愿意一次集中交货还是两次交货?"

"您先在这里看看杂志好吗?我去帮您到库房拿货。"

在向客户提出询问的时候,销售员一定要注意恰当的态度和语气,要尽可能地让客户感到放松和愉快。

8. 优待法

此法是通过给予特殊优惠的方法来完成交易,是不得已而为之的,对节俭型客户或爱占便宜的客户,这种方法是很好的。比如你可以说:这样好不好,如果您今天购买,就会送您一样小礼物,以示感谢。

用优待法要注意尺度,不要随便给折扣,如果太随便的话,客户就会得寸进尺。

9. 情景描述法

我们也可采用情景描述法来促成销售,即通过语言在客户脑海中形成一幅图案,使她感受到用后的效果。

总之,不要埋头于产品介绍,要边介绍边观察客户的表现,一旦发现购买讯息,就要马上采取合适的方式向客户提出达成交易。客户需要销售员帮助他们坚定购买决心,这时你可以一边拿出订单一边向他们展示购买产品后的种种好处。

谨慎完成收尾阶段工作

一些销售员往往错误地认为,进入签字阶段销售就大功告成了。经过一番艰苦的讨价还价,该谈的每个问题都已经谈过,取得了不少进展,但也存在最后的一些障碍。交易已经渐趋明朗,成交接近尾声,但是在成交的最后阶段,销售员应当有敏锐的谈判观察能力,如果对对方发出的成交信号反应迟钝,就会坐失良机。如果急于求成,对对方使用高压政策放松警惕,则可能前功尽弃，功亏一篑，如果过分地表露自己的成交热情，就会迫使自己作出更大的让步。

收尾在很大程度上是一种掌握火候的艺术。通常会发现，一场销售旷日持久，进展甚微，然后由于某种原因，大量的问题会神速地得到解决，双方再做一些让步，而最后的细节在几分钟内即可拍板。一项交易将要明确时，双方会处于一种准备完成的激奋状态，这种激奋状态的出现，往往由于一方发出成交信号所致。

发出信号，目的在于推动对方脱离勉勉强强或惰性十足的状态，而达成一个承诺，设法使对方行动起来。这时销售员要明白：如果过分地使用高压政策，有些谈判对手就会退出，如果过分地表示出你希望成交的热情，对方就可能会不让一步地向你进攻。

具体地说，你可以采取以下步骤来尝试达成协议。

第一步，总结客户已接受的利益

运用客户的利益来强调客户明确的需求及需求产生的原因。

例如，"陈经理，正像我们刚才所探讨的，掌中宝可以让您随时放入口袋而不会有任何感觉，方便您外出携带。"

第二步，建议下一步行动

建议下一步行动包含了两层含义：一个是指获取订单；另一个是指获得客户下一步要做什么的承诺。获取订单也就是要求客户在订单上签字、盖章，与客户达成合作协议。有时时机不太成熟，我们需要客户给我们一个承诺，这个承诺是指客户下一步要做什么。例如，仔细研究一下我们的报价单，向总经理作一个汇报，等等。这时要注意的一点就是，最好能与客户确定下次再通过电话的具体时间。这样，客户也会对他的承诺认真对待，他会知道销售人员下次什么时候给他打电话，而且也知道打电话给他的目的及要探讨的事情。这会提高销售人员下次电话联系达成目标的成功率，以推动销售前进。

第三步，做最后确认

确认客户时销售人员所提示的有关下一步建议的看法，例如，"您觉得怎样"，"您觉得我们的产品符合您的要求，对吧？"

如果销售人员觉得客户已表达了浓厚的兴趣，这时他（她）应该建议客户下订单，或要求下订单。

如果销售人员觉得时机还不是很成熟，这时关于下一步行动的建议可能是再向客户提供需要的资料，如证明材料等；要求与客户中有影响力的人或决策人通电话；安排企业的外部销售代表再次去拜访他们；安排客户参观工厂、参加活动等。

有时进行到了这一步，销售人员要求客户下订单的时候，客户可能还会有另外没有解决的问题提出来，也可能他有顾虑。想一想，我们前面更多地探讨的是如何满足客户的需求，但现在，需要客户真正作出决定了，他会面临决策的压力，他会更仔细地询问与企业有关的其他顾虑。例如，刚才他可能没有同销售人员探讨售后服务的问题，现在，他想起来了，他会提出来。这时，销售人员可能还得作些解释。如果客户最后没作出决定，在销售人员结束销售前，千万不要忘了向客户表达真诚的感谢："张经理，十分感谢您对我工作的支持，我会与您随时保持联系，以确保您愉快地使用我们的产品。如果您有什么问题，请随时与我联系，谢谢！"

在完成这些步骤的同时，销售员也必须注意一些禁忌情况。

1. **最后一次报价禁忌**

报价过晚，或者过于匆忙；

让步幅度太大，显得过于慷慨；让步幅度太小显得毫无意义。

有时，当谈判进展到最后，双方只是在最后的某一两个问题上尚有不同意见，需要通过让步才能求得一致，签订协议。在碰到这种情况时，怎样作出最后让步呢？第一，最后让步的时间，不能过早，也不能过晚。第二，最后让步的幅度，不能太大，也不能太小。

2. 成交协议的起草和签字的禁忌

协议或条款与谈判记录不吻合；

协议文字含混不清，模棱两可。

谈判的成果要靠严密的协议来确认和保证。一般说来，协议是以法律形式对谈判结果的记录和确认，它们之间应该完全一致。但是，常常有人在签订协议时故意更改谈判的结果，故意犯错误，在数字、日期、关键性的概念上搞小动作，甚至推翻当初的承诺和认可。

因此销售员必须明白，将销售成果转变为协议形式的成果是要花费一定力气的，不能有任何松懈。在签订之前，他会与对方就全部的谈判内容、交易条件进行最终的确定。协议确定后，再把协议的内容与谈判结果一一对照，在确认无误之后再签字。对一个销售员来讲，必须明白：一旦在协议上签了字，生了效，那么双方的一切交易关系都只能以协议为准。

3. 庆贺谈判成功时的禁忌

过分地喜形于色；只为自己庆祝。

谈判即将签约或已签约，可谓大功告成，可能在这场谈判中你获得了较多的利益，而对方只得到较少的利益，聪明的谈判人员此时是大谈双方的共同收获，强调这次谈判的结果是共同努力的结晶，满足了双方的需要，并且，还要称赞一番对方谈判人员的才干。这样做，会使对方因收获较少而失衡的心理得到安慰和恢复，他们会逐渐地由不满转为满足。

如果你认为本次谈判的结果只是你个人或你这一方的杰作，只是庆贺自己的胜利，为自己的收获沾沾自喜，喜形于色，甚至将自己在谈判中所做的某些漂亮的动作坦白地告诉对方，以表现自己的谈判艺术，讥讽对方的无能，那么，你是在自找麻烦，对方会为你的行为所激怒，或者将前面已约定的东西统统推倒重来，或者故意提出某些苛刻的要求使你无法答应而不能签约；或者，即使勉强签了协议，对方在今后的执行过程中也会想方设法予以破坏，以示报复。

别忘记做一点附加销售

所谓附加销售，就是在客户原有需要的基础上向客户介绍一些附带的商品。例如服装销售员向客户推销了西服，你还可以介绍给他衬衣、领带，甚至是领带夹。例如一些女性客户在逛商场的时候并没有很明显的购物目的，但是如果你和她多聊一会，她们对其他需求可能就会出来了，即使她这次不买，但是当她需要类似产品的时候，就可能首先会想到你的品牌。如果她购买了你的产品，你又把适合她的产品介绍给她，让她得到了实惠，那么你就会多一位忠实客户，同时也提高了你的销售业绩。

销售界有这样一个有趣的故事：

一个小伙子去应聘百货公司的导购员，老板问他做过什么？他说："我以前是挨家挨户推销的小贩。"老板喜欢他的机灵就录用了他，先试用几天。

第二天老板来看他的表现问他说："你今天做了几单买卖？"

"1单，"小伙子回答说。

"只有1单？"老板很生气："你卖了多少钱？"

"3 000 000元，"年轻人回答道。

"你怎么卖到那么多钱的？"老板目瞪口呆。

"是这样的，"小伙子说，"一个男士进来买东西，我先卖给他一个小号的鱼钩，然后中号的鱼钩，最后大号的鱼钩。接着，我卖给他小号的渔线，中号的渔线，最后是大号的渔线。我问他上哪儿钓鱼，他说海边。我建议他买条船，所以我带他到卖船的专柜，卖给他长20英尺有两个发动机的纵帆船。然后他说他的大众牌汽车可能拖不动这么大的船。我于是带他去汽车销售区，卖给他一辆丰田新款豪华型'巡洋舰'。"

老板后退两步，几乎难以置信地问道："一个客人仅仅来买个鱼钩，你

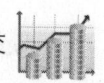

就能卖给他这么多东西？""不是的，"小伙子回答道，"他是来给他老婆买卫生巾的。"我就说："你的周末算是毁了，干吗不去钓鱼呢？"

这个小伙子可以说是一个做附加销售的高手，他把一个几元钱的小买卖做成了300万元的大买卖，凭的就是对客户需求的体察和执著的附加销售。

当我们已经成功地说服了客户，客户也决定购买我们的产品时，如果我们还能劝说客户购买其他商品，就有可能提高我们的销售业绩。但是，如果不恰当的劝说又会导致客户反感，甚至他会取消原有的购买计划。那么，我们在劝说客户购买其他产品的时候，怎么做才不会引致他们的反感呢？

我们在给客户提出购买建议时，首先要把握一个原则：要让客户认为你的建议是善意的而不是意图继续推销或是强硬推销。我们可以从三个方面入手。

1. 要站在客户的立场上思考，力求为其增值

提出建议前，首先要站在客户的立场上去思考，不要为了销售而去销售。在提出建议之前，我们要问自己，如果我是客户我会不会需要这件商品？同时还要问自己，客户买了这件商品会不会为他增值？比如，客户买了一件颜色和款式都很单调的上衣，如果配上一条丝巾或者其他饰品就能取得很好的效果，花很少的钱就可以改变服装的风格，这时候就需要勇敢地提出建议。

2. 在提建议前，用正面及支持性的话语开头

在提建议前，用正面及支持性的话语开头。比如说："这件上衣款式很好，稍加一些配饰就可以感觉有多种变化了。"这样可以让客户感觉到你是在为他考虑。

3. 轻描淡写地提议，观察客户的反应

在你提出建议时要轻描淡写地提，同时要观察客户的反应。如果客户没有任何回应，就不要追着不放，不然会让客户觉得你是在做下一轮的推销；如果客户表示出兴趣，你才可以进行。

具体地说，方法有以下几种。

方法一：新型号、主推商品积极推

当新品上货，最能吸引那些紧追时尚的人。最新款的手机、最新款的服装都应该主动向客户推荐，它们最能吸引客户视线。当客户尚未挑中时，我们都有必要根据客户的需求把新品或主推介绍给客户，当客户选中试穿时，我们同样需要把符合客户要求的备选给客户。

方法二：不要忽略客户的朋友、同伴

销售中我们看到，很多时候目标客户都是和朋友（同伴）一起购物，在货品推荐和介绍的过程中，无视客人同伴的感受是不明智的销售。聪明的销售人员不但懂得讨好同伴的喜欢，同时在时机合适的时候怂恿他（她）也购买一件，反正闲着也是闲着，这样做不仅能够获得朋友对销售员的肯定，培养潜在客户，更能积极地推动连带销售。

比如在服装销售中，当客户对几件衣服都爱不释手时，我们可以告诉客户：给家人朋友也顺便捎带两件，现在是特价优惠，机会很难得。

（1）在销售服务过程中，开展连带销售是为了给客人更大的增值和好处，满足客户的多样需求是我们的目的。

（2）多给客户正面及支持性建议，学做客户的顾问，为客户提供更多的选择、配搭建议和更多的实惠。

（3）当你向客户推荐商品时，永远用最快的速度把具体的货品展示给客户，多多借助货品的搭配效果，而不是停留在嘴上说，说到哪件就去拿哪件，展示将给客户最生动的感受，有助于你销售每一件产品。

（4）永远把握销售的度，不要给客户一种你只感兴趣做一单大生意的印象。当你在花时间介绍每一件产品来满足客户的其他需要之前，请给他一个说法。要让客户感觉你是从他的切身利益出发的。

（5）向客户展示三件产品以使生意翻番，但不要就此停留在那里，继续介绍连带销售直到客户的每一种需要都被满足，到你实现了每一个存在的销售机会。连带销售不仅满足了客户的多种需要，更重要的是它增加了销售机会。

第13章　催收回款，实现真正的销售

作为销售员，把产品销出去并非就完成了任务，还应该把账款收回来。严格说，货款没有回收之前的销售并不能成为真正的销售。只有货款及时回收，公司资金周转才能加快，效益才能变好，你的销售提成也才能拿到，可见货款及时回收意义重大。回收账款是销售员的一项义不容辞的职责和重要任务。

精明收款10大技巧

当前，由于商业信用普遍不高，企业的风险很多是由销货后客户不能及时回款造成的，货款无归已成为困扰企业正常经营的"老大难"问题。销售员在账款回收的过程中会遇到这样那样的情况。这里提出10条"收款"的技巧供销售新手们参考使用。

1. 要有防人之心

对新客户或没有把握的老客户，无论是代销或赊销，交易的金额都不宜过大。宁可自己多跑几趟路，多结几次账，多磨几次嘴皮，也不能图方便省事，把大批货物交给对方代销或赊销。须知欠款越多越难收回，这一点非常重要。

有些新客户，一开口就要大量进货，并且不问质量，不问价格，不提任何附加条件，对卖方提出的所有要求都满口应承，这样的客户风险最大，可能还怀有欺诈目的。作为销售新手的你，遇到这样的人，一定要小心，多和领导商量，以防栽跟头。

2. 要有坚定信念

一些销售员，特别是销售新人，在催款中会表现出某种程度的怯弱。

一个人在催收货款时，若能信心满怀，遇事有主见，往往能出奇制胜，把本来已经没有希望的欠款追回；反之，则会被对方牵着鼻子走，本来能够收回的货款也有可能收不回来。因此，这里一个很重要的问题是必须要有坚定的信念。

还有的销售员认为催收太紧会使对方不愉快，影响以后的交易。如果这样认为，你不但永远收不到货款，而且也保不住以后的交易。客户欠货款越多，支付越困难，越容易转向他方（第三方）购买，你就越不能稳住这个客户，所以还是加紧催收才是上策。

3. 写清交易条件

为预防客户拖欠货款，在交易当时就要规定清楚交易条件，尤其是对收款日期作没有任何弹性的规定。例如，有的代销合同或收据上写着"售完后付款"，只要客户还有一件货物没有卖完，他就可以名正言顺地不付货款；还有的合同或收据上写着"10月以后付款"，这样的规定今后也容易扯皮。

另外，交易条件不能由双方口头约定，必须使用书面形式（合同、契约、收据等），并加盖客户单位的合同专用章。有些客户在合同或收据上仅盖上经手人的私章，几个月或半年之后再去结账时，对方有可能说，这个人早就走了，他签的合同不能代表我们单位；有的甚至说我们单位根本没有这个人。如果加盖的是单位的合同专用章，无论经手人在与不在，对方都无法推脱或抵赖。

4. 防止倒债

交易达成之后，要经常观察客户的经营状况，及时察觉其异动。防止因客户破产、倒闭而可能给公司带来的损失。防止倒债，把风险降到最低点，这是每个企业都非常关心的大事。一个公司在倒闭前，一般事先会有一些征兆出现，如：

第一，付款途径和方式变化，原来是通过工商银行结款，突然变成农业银行结款；小额付款比较干脆，大额付款拖延，这些都是不正常现象。

第二，采购渠道变化。客户突然中止原有的进货渠道，另寻新家，或突然转向我们公司进货，或毫无正常理由，突然大幅度增加订货量，或进货额突然减少。

第三，营业状况的变化。诉讼增多，处理并不滞销的库存商品，胡乱倾销，大幅降价抛售商品。客户单位的员工辞职者突然增多，老板插手毫不相干的事业或整天沉溺于声色之中。还有些外部环境的变化也要及时察觉，例如客户附近的房子上用红漆写下了"拆迁"字样，说明客户商店近期内就要关门拆迁。如果发现这些情况，要立刻结账，防止客户不知去向。

5. 事前就提醒

对于支付货款不干脆的客户，如果只是在合同规定的收款日期前往，一般情况下收不到货款，必须在事前就催收。

事前上门催收时要确认对方所欠金额，并告诉他下次收款日一定准时前来，请他事先准备好这些款项。这样做，一定比收款日当天来催讨要有效得多。

如果客户太多，距离又远，可事先通过电话催收，确认对方所欠金额，并告知收款日前来的准确时间。或者把催款单邮寄给对方，请他签字确认后再寄回。

6. 上门催款

到了合同规定的收款日，上门的时间一定要提早，这是收款的一个诀窍。

登门催款时，不要看到客户处有另外的客人就走开，一定要说明来意，专门在旁边等候，这本身就是一种很有效的催款方式。因为客户不希望他的客人看到债主登门，这样做会搞砸他别的生意，或者在亲朋好友面前没有面子。在这种情况下，只要所欠不多，一般会立刻还款，打发你了事。

收款人员在旁边等候的时候，还可听听客户与其客人交谈的内容，并观察对方内部的情况，也可找机会从对方员工口中了解对方现状到底如何，说不定你会有所收获。

7. 超过额度停止发货

这样做是为了防止客户倒债，给公司造成损失。这要求给每个客户限定一个信用额度（赊卖到某个程度的限度）。比如，某个客户的信用额度为万元，但他欠公司的钱达到万元后，他如果还要向公司订货，公司就应该拒绝。只有当他结清账款后，才继续给他发货。

8. 强硬对待

对于付款情况不佳的客户，一碰面不必跟他寒暄太久，应直截了当地告诉他你来的目的就是专程收款。如果收款人员吞吞吐吐，反而会使对方在精神上处于主动地位，在时间上做好如何对付你的思想准备。

一般来说，欠款的客户也知道这是不应该的，他们一面感到欠债的内疚，一面又找出各种理由要求延期还款。对于一开始就认为延期还款是理所当然的客户，与其结清这笔货款后，最好不要再跟他来往。

如果客户一见面就开始讨好你，或请你稍等一下，他马上去某处取钱还你（对方说去某处取钱，这个钱十有八、九是取不回来的，并且对方还会有"最充分"的理由，满嘴的"对不起"），这时，一定要揭穿对方的"把戏"，根据当时的具体情况，采取实质性的措施，迫其还款。

如果只收到一部分货款，与约定有出入时，你要马上提出纠正，而不要等待对方说明。

9. 发挥缠劲

销售员要有一定的缠劲。如果经过多次催讨，对方还是拖拖拉拉不肯还款，一定要表现出相当的缠劲功夫。到客户那里一定要做好打持久战的准备，有时坐在那里不走也很奏效。如果再有一些感人的表现，打动了客户那里的人，对客户造成压力效果更好。要注意：

不要感情用事。有的客户会套近乎："小张啊，我们一向感情好，平时我对你不错，这次放一马吧！"作为新手，常常就会碍于情面，不能这样，要不为所动。

不能陷入圈套。客户会诉苦："现在手头比较紧，把你的结清了，明天就该破产了。"绝不能心软被骗。

丑话说在前面。必要的时候对客户说"如再不结款，我们会停止和你的业务。""如再不结款，公司就会起诉你们。"或"我今天来的目的就是要把货款结清，不结账我今天是不会离开的。你手头紧，我们手头比你更紧，你穷我们比你还穷。"

对方向我们作三次揖，我们要回对方四次揖，反正就是要结款。

或者在侦知对方手头有现金时，或对方账户上刚好进一笔款项时，就即刻赶去，逮个正着。

一系列软磨硬缠的功夫都不奏效时，就只有使用最后两个"杀手锏"：一是把货拖回去（如果还未销售的话），另一个就是请求法院强制执行。

10. 见好就收

如果你的运气好，客户给了钱，注意在收款完毕后再谈新的生意。这样，生意谈起来也就比较顺利。如果在一个付款情况不好的客户处出乎意料地收到很多货款时，就要及早离开，以免他觉得心疼。另外，要告诉他现在正是进货的好机会，再过10天就要涨价若干元，请速做决定以免失去机会等，还要告诉他与自己联系的时间和方法，再度谢谢他之后，马上就走。

催收货款的口才底气

回款既是销售人员平步青云的垫脚石,也是销售人员寝食难安的紧箍咒。

对于销售人员来说,销售成交并非代表任务完成,回款拿到手中才是根本。对于企业而言,资金是企业运行的血液,而销售回款则是血液的源泉,回款几乎决定着企业的生死命脉。销售人员面对的压力不仅是把商品销售出去,更重要的是能够把货款如期收回来。所以,作为一名优秀的销售人员不但要善于把产品推销出去,'还应该懂得如何去催收货款。

决定讨款行为成功或失败的因素是多方面的,是十分复杂的,但是,大量事实证明,讨款人的讨款口才技巧对讨款成败有着很大的影响。有些原本是很容易讨回的货款,却因不善于"说话"而宣告失败;相反,有些原本是很难讨到的货款,却因讨款人善"说",而获得成功。

当然,这个"说"必须是针对不同的情况或不同的人而灵活运用的变换方式和技巧。那么销售人员该如何灵活地运用自己的口才,采取不同的方式和技巧,成功地催回债款呢?销售人员在去"说"服客户前应该做以下准备工作。

1. 做好催收货款的心理准备

销售人员在催收货款时的心态是发挥自己的口才技巧和催收能力的一个重要因素。一个人的思想很容易影响到他说话的语气、语言的选择,这是我们大家都明白的一个事实。

销售活动将销售至收回货款视为一个完整的循环,所以销售人员在面对将要收回的货款时,应该抱有这样一个信念:"收回货款是正当的商业行为!"

既然客户购买了产品,付清货款自然也是理所当然的事情,所以,销售人员应该抛弃那些不必要的心理负担,在催收货款时要尽量保持一种坦然的态度。

2. 催收货款的口才技巧基础

任何一个销售人员，哪怕你巧舌如簧，业务精通，但在催收货款这种工作中，还应该记住这样一个前提：还债是建立在对方有相应能力的基础上的。因此，在销售工作中，销售人员应遵循以下原则，才能为催款扫除不必要的障碍。

这些原则可以归纳为以下几点：

第一，充分调查对方的支付能力，选择能够按时缴款的客户。

第二，签订合同时，要清楚地向对方说明支付的时间期限。

第三，只顾自己利益的销售，是难以收回货款的根源。

第四，用金额计算客户的信誉度，无限制的赊销是导致死账的根源。

第五，松懈无力的要求只能涣散对方如期支付的义务感。

第六，议定收回资金的日期，就一定如期收回。

第七，对于和那些已经延期付款的客户再次交易要慎之又慎。

第八，对由于一时不便，延时付款的客户，要尽快进行支付资金的洽谈。

第九，对于已不可能付款的客户，要果断处置，以最大限度地减少损失。

在明白了以上的一些基本知识之后，销售人员应该认真地把握好，因为以上的任何一点都会直接影响到催收货款的效果。

把握催收货款的制胜因素

销售人员在催收货款时要抓住制胜因素。归纳起来，回款的制胜因素有以下几种。

1. 利

客户为什么愿意回款？很多时候客户能忍受厂家大力度的"吸款"、"压货"，其实最根本的原因在于一个"利"字。

如果厂家品牌有一定的市场影响力，产品在渠道终端能顺利卖掉，能适应市场状况经常做些传播推广，能为商家提供良好的售后服务，不定期出台大力度的优惠政策，且派销售人员帮助商家做市场，客户就会积极回款以维护良好关系。

2. 理

很多时候，销售人员得把账给客户算清，道理给客户说透，给他找到回款理由，让客户"理"所应当地回款。

3. 情

客户都是在市场的"枪林弹雨"中发展起来的，不懂市场规则，是不可能获得现有地位的。销售人员要用真情去打动客户，从而在不知不觉中感化客户，主动配合你的工作。

在这方面，销售人员至少有三情可用：一是公司领导跟客户的情，即保持公司领导与客户沟通顺畅；二是销售人员跟客户的情，天天低头不见抬头见，人情做到了，事情也就迎刃而解；三是销售人员跟客户具体工作人员的情，尤其是采购和财务，千万别小看这些人，关键时刻，说不定就有画龙点睛之效。

4. 压

就是给客户制造一定压力。在品牌众多的市场上，很多时候，如果销售人员发现客户总是不把自己的品牌当回事，就应该适当地给他加加压。一种是"硬"压：不回款，就砍批发权、缩区域、扣返利、拖资源等。一种是"软"压：不回款，无论客户抱怨什么，想申请什么，不赞成也不反对，采取拖延战术。这么一来，客户自己就会清楚哪些地方做得有些过分，自然也就会适当收敛，赶紧回款。但要注意把握这种压力的"度"，过了头，就会伤害与客户的关系。

5. 迷

这也是那些经验丰富的销售人员惯用的一招。

第13章 催收回款,实现真正的销售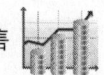

一种是从"上"迷,例如,"公司产品即将涨价,别的区域客户都在抢货,你还不回款备货?""畅销型号都要断货了,你还不抢?到时别怪我,你就是拿钱给我,我都没货给你。""这个月你回80万元,下个月我打个专项报告,一定帮你把5 000元的运输补贴拿到手",等等。

另一种是从"下"灌,例如,"这个月,我又给你开了4个网点,他们不久都要提货了。你还不打款,现在仓库里那点货哪够卖?"或者找几个关系较好的分销商,让他们给上游打电话要货,造成一时市场繁荣之象,或者设别的"套",等等。

通过一系列上拉下推,督促客户回款。

6. 导

很多时候,客户并不是不愿意回款,而是怕进的货卖不掉,或者卖得太慢,资金周转不开挣不到多少钱。关键时候,销售人员要帮他们做些实实在在的事情,先帮其把产品分销出去,把下游的钱收回来,再让客户回款。

唯有如此疏导,整个销售渠道和体系才能处于良性的运营中。

7. 挤

客户的流动资金本来就不多,销售人员要说服客户给竞争品牌少投点,把资金抽出来投给本品牌。客户的资金被你占用得越多,你就越主动。更何况,你不占用客户的资金,别的品牌也会下手。

8. 激

把握客户心理,激发其危机感,促使其尽早回款。回款工作中,客户一个普遍心态就是等、观、拖。如果销售人员能在适当的时机、适当的场合"激"一下客户,很多时候也会有意想不到的效果。

9. 纵

打破常规思路,欲擒故纵,将市场和客户掌握手中。品牌较为强势时,客户回款没有达到要求,销售人员可以故意摆出拒收票据的姿态,让客户承受巨大压力,以免客户开了一次坏头,以后将麻烦不断。

再如客户出款一般都在月底，此时各品牌都在激烈拼抢，销售人员若能换个思路，改为月头收一部分，月中收一部分，月末再去收一部分。这么做，回款风险将会小得多。

在现在的生意场中，货款往往是很难要的。一定要掌握一些窍门，抓住一些催款过程中的制胜要素。只有这样，才能让你轻轻松松要到货款。

机智应对欠款人的借口

在生意场中，销售人员要学会识别欠款人的借口，在催款之前，预先做好对付各种借口的准备。美国企业家C.S.Frischer总结了10条欠款人常用的借口和应对方法，很值得借鉴：

（1）"由于电脑故障，我们无法立即打印支票"。

当欠款人说他们的电脑失灵时，就应当能够准确地说出何时将有人来修理。电脑修好后，销售人员再打电话去催款，不要让这个期限超过两天。

（2）"我从未见过这项产品（或服务）的账单"。

幸好有现代技术的帮助，只需要拨个电话，销售人员就能把醒目的发票传真给欠款的客户。

（3）"我们只能根据发票的原件付款，传真件不行"。

在95％的场合，销售人员都可以认为这是借口。这个借口在法庭上是站不住脚的。销售人员应该给欠款公司送去发票的另一份原件，还需要向对方说明，一旦收到原件，立即付款。

（4）"支票已经在邮寄途中"。

首先，要弄清楚欠债人发出支票的确切时间，以及是否寄往正确的地址；其次，要了解支票是怎样寄出的。在支票发出两个星期以后，如仍未收到，则要求对方取消这张支票，重新签发另一张支票。

(5)"我们遇到了严重的现金周转问题"。

销售人员必须尽快找出该公司出现现金周转问题的确切原因,这类公司可能没有足够的资金付清所欠全部款项,但他们肯定能偿还部分欠款。可以制订一个还款计划,同对方约定能够付清余额的时间。

(6)"我们一个月后将收到一张大额支票,届时就可以偿付你的全部款项"。

销售人员绝对不要相信这个借口。这些欠款人要求你安心等待一个月,如果你同意了,只不过是多给他们一个月时间编造另一个借口。

(7)"我们对发票有争议"。

没有哪一家公司从不出错,然而,如果只是在打电话催款的时候听到了这种抱怨,欠款人很可能是利用发票来拖延时间。这种说法是站不住脚的。

(8)"我们对这项产品(或服务)有争议"。

销售人员可以向客户询问他抱怨的是什么,他从什么时候开始对产品或服务不满,是否向你的哪位同事表示过,如果他记不清楚,就进一步询问细节问题,再据理力争,收回欠款。

(9)"我们在等候批准"。

弄清楚需要谁批准这份账单,为什么仍未批准,什么时候能够批准,告诉他过了期限所要承担的后果。

(10)"我们公司在90天之内付清"。

这个借口通常出自大公司。这些公司一般都是能够付款的好客户,只不过要按照他们的时间表,打电话给对方的当事人,说明你们自己的苦衷,他们的时间表也不是一成不变的。

王老板:"小张,你们最近到底有什么好的政策?"

小张:"你不说,我还忘了,这个月政策没什么变化。以后不要道听途说,搞得那么紧张。"

王老板:"那现在的政策到底是什么?"

"还是每个月返利,按照这个阶梯来返。"小张边说边递上表格。

王老板:"刘经理还在干吗?这个政策是不是他定的,好久没有看到他了。"

小张:"还是经理,不过也有些官僚了。"

王老板:"谁当了领导都这样,不信你试试?"

小张:"还要你支持我才行呀,你不上量,我怎么能上去?"

王老板:"哈,要上量还不容易?多做促销不就行了,我是靠你吃饭的。"

小张:"促销,应该怎么搞?这个月你还差5万元就能达到返利最高要求了,王总,多可惜?"

王老板来了兴致:"是啊……可是……要不这样,我再回款10万元,你看看能否再为我多争取点促销费用,让销量'火上浇油'烧一把?"

小张:"王总,款子办好了吧,我马上过去拿?"

王老板:"款子,我给财务讲了,不知办得怎么样了?"

小张:"呵呵,王总啊,公司大了,人员也难管理了!"

王老板:"小张,这话什么意思?"

小张:"没什么,办款这样的小事还要你亲自操心去问,不主动给你汇报。"

王老板:"小张,和你开个玩笑,款子已经办好了,促销政策给我争取得怎么样了?你马上到我们公司来拿。"

几天后,小张再次来到经销商王老板办公室。

小张:"王总,怎么只有8万元啊?"

王老板:"小张,真不好意思,昨天公司账上只有6万元现金,我还是借钱才凑到8万元,你要理解我啊,小兄弟。"

小张:"我已经给领导打过包票了,我担心领导看到款子会不高兴。"

王老板:"是吗?我给刘经理打个电话,不就差2万元吗?又不伤大雅!"

第13章 催收回款，实现真正的销售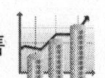

小张："那就好，这样我就省心多了，你也应该多和我们领导聊聊天。"

王老板给小张的领导刘经理打电话。

王老板："你好，刘总，我是创新实业的老王。"

刘经理："王总，好久不见了，真对不起，好久没去看你这位老大哥了，不会兴师问罪来了吧？"

王老板："怎么敢？刘总，就是打个电话增进感情。和你商量件事，不知小张和你讲了没有，就是关于回款和促销的事情。"

刘经理："回款和促销的事情，出了什么纰漏？小张给我打包票说你一定能再回款１０万元，难道……"

王老板："没什么大事，汇票小张已经拿走。刘总，你也知道，我这个月已经连续回款50万元了，压了一仓库的货，请你帮帮忙，多给些促销支持。"

刘经理："王总啊，促销的事情，小张会给安排好的，放心吧。"

结果，王老板在第二天就把２万元打到了小张所在公司的账户上了。

就这样，小张通过挤压的方法有效地争取到了王老板的回款，同时督促其落实。当王老板少了2万元没兑现时，抓住关键找王老板解决。同时刘经理又把王老板谈起的关于促销的事情，反推给王老板去找小张解决。王老板8万元的汇票已被小张拿走了，如果现在因为２万元钱而损失促销支持就得不偿失了，所以只好再回款2万元补齐。

在生意场中，销售人员要学会识别欠款人的借口，在催款之前，预先做好对付各种借口的准备。只有这样，才能成功要到欠款。